Administración
del Estado

Procesador de texto, Hoja de cálculo y ortografía

Ejercicio práctico

Cuerpo General Auxiliar

Administración del Estado

eRodio ediciones

Autores

Bingen Loinaz Bordonabe

Agla Trabajos Técnicos, S.L.

Cuarta edición, febrero 2018 (382 páginas)
Diseño de portada: Ediciones Rodio, Soc. Coop. And.
Edita: Ediciones Rodio, Soc. Coop. And.
Alameda de Hércules, 32-33. 1.ª planta. 41002-Sevilla
Teléfono: 955 28 74 84
Fax: 955 09 38 48
www.edicionesrodio.com
info@edicionesrodio.com
ISBN: 978-84-17287-80-1

Índice

Presentación

El equipo editorial de Ediciones Rodio, con más de 20 años de experiencia en el sector del libro para la preparación de oposiciones, pone a tu disposición este eficaz manual para la preparación del Segundo Ejercicio de las pruebas de acceso al Cuerpo General Auxiliar de la Administración del Estado.

Este volumen práctico tiene como objetivo la preparación del ejercicio de carácter práctico en el que se utilizará el Office 2010 Professional Plus actualizado al Service Pack 2 (SP2). En dicha prueba se valorará los conocimientos y habilidades en las funciones y utilidades del procesador de textos (con un peso relativo del 50%) y de la hoja de cálculo (con un peso relativo del 30%), así como la transcripción de un texto y la detección y corrección de las faltas de ortografía en él introducidas (con un peso relativo del 20%).

Por ello, este libro incluye el procesador de texto, la hoja de cálculo y práctica sobre ortografía. En él se exponen diversos ejercicios, tanto de Word como de Excel, con la siguiente estructura:

- Enunciado de la prueba.
- Temas y contenidos implicados en la prueba.
- Instrucciones para la elaboración del documento.
- Desarrollo de la solución, paso a paso, indicando dónde están las herramientas y cómo se utilizan para conseguir el resultado esperado.
- Resultado final.

Esperamos que con este excelente material puedas prepararte con éxito a la prueba selectiva y alcances los objetivos marcados.

Te deseamos el mayor de los éxitos.

Tu triunfo es nuestro triunfo

Queremos felicitarte por el paso que has dado. Sabemos que afrontar unas oposiciones es una decisión importante, una tarea que precisa, entre otras cualidades, de grandes dosis de constancia y determinación. Pero no solo eso, también es importante poder contar con ayuda.

La colaboración es nuestra piedra angular, porque la razón de ser del cooperativismo está en la persecución de un beneficio común, aunando voluntades, afianzando recursos y mejorando la situación de quienes forman parte de un mismo proyecto.

Fieles a nuestros principios fundacionales, las cooperativas mantenemos un compromiso ético en aras de una sociedad más justa, a través de valores como la democracia, la transparencia, la responsabilidad social, la equidad o la solidaridad. Así como la Igualdad de género, y la sostenibilidad empresarial y medioambiental, que tienen carácter transversal al resto de principios.

Porque nosotros mismos hemos adoptado la fórmula del emprendimiento cooperativista, apreciamos el valor de contar con el apoyo de quienes confían en un mismo proyecto. Por eso, en nuestro compromiso con el empleo, queremos decirte que no estás solo en tu propósito. Desde este momento formamos contigo un equipo, y estamos convencidos que, con los recursos que ponemos a tu disposición, podrás obtener el máximo provecho al esfuerzo invertido y alcanzar con éxito tus objetivos de empleo.

Procesador de textos

eRodio
ediciones

INSTRUCCIONES DE USO DEL MANUAL

Este manual presenta ejercicios prácticos sobre la elaboración de documentos con Microsoft Word 2010.

Las pruebas se presentan desde la primera que contiene las opciones más básicas del procesador de textos, en adelante. Cada prueba contiene conceptos practicados en ejercicios anteriores y otros nuevos, con lo cual, conviene seguir el orden de las mismas.

La estructura de cada prueba es la siguiente:

- Nº de la prueba
- Temas implicados en esta prueba
- Instrucciones para la elaboración del documento (es el enunciado de la prueba)
- Ejercicio práctico correspondiente a las instrucciones
- Solución paso a paso indicando dónde están las herramientas y cómo se utilizan para conseguir el resultado esperado
- Resultado final

INTRODUCCIÓN

A continuación, haré unas breves referencias a elementos del interfaz con los que el usuario debería estar familiarizado.

La barra de acceso rápido

Muestra las herramientas que se utilizan con frecuencia como guardar, deshacer y repetir acciones.

Se puede personalizar, para ello debe:

1. Hacer clic en la flecha que acompaña a esta barra.
2. Se abrirá un menú en el que se puede elegir el comando para el botón de una lista de los más habituales, o bien, en la opción "Más comandos..." puede elegir otros.
3. Aparecerá dicho comando a modo de botón.

Cintas de Opciones

Es un nuevo elemento que sustituye a los menús y a las barras de herramientas usadas en versiones anteriores de Word, pretende mejorar la localización de comandos, entre otras novedades, sin necesidad de hacer clic en menús, submenús y cuadros de diálogo anidados.

Se compone de **Fichas** organizadas en escenarios que se activan cuando son necesarias y estas a su vez, se organizan en **Grupos** de comando.

Fichas: Al hacer clic sobre el nombre de una ficha su contenido variará. El orden de las fichas coincide con los pasos de elaboración de un documento. Tipos de fichas:

- Fichas estándar: son las que aparecen cada vez que se inicia Word como Inicio, Insertar, Diseño de página, Referencias, Correspondencia, Revisar, Vista y Acrobat.
- Ficha contextual: es la que aparece al seleccionar un objeto como una tabla o una imagen o un dibujo. Contiene herramientas específicas para trabajar con ese objeto. Puede constar de una única ficha o más, dependiendo del objeto seleccionado. Además para distinguirlas de las estándar aparecen con un color resaltado en la barra de título.).

Los comandos disponibles en las cintas de opciones varían, dependiendo de qué ficha esté seleccionada. Para ocultar y/o mostrar las cintas de opciones, se puede pulsar la combinación de teclas <Ctrl> + <F1>, >, es decir, se pulsa la tecla <Ctrl> y, sin soltarla, se pulsa la tecla <F1>.

Ficha Archivo

Esta ficha contiene un menú, con opciones tales como Nuevo, Abrir, Guardar, Guardar como..., Imprimir... que se pueden aplicar al documento.

Este menú también aparece en las aplicaciones de Microsoft Office Excel 2010, Microsoft Office Access 2010, Microsoft Office Power Point 2010 y Microsoft Office Outlook 2010.

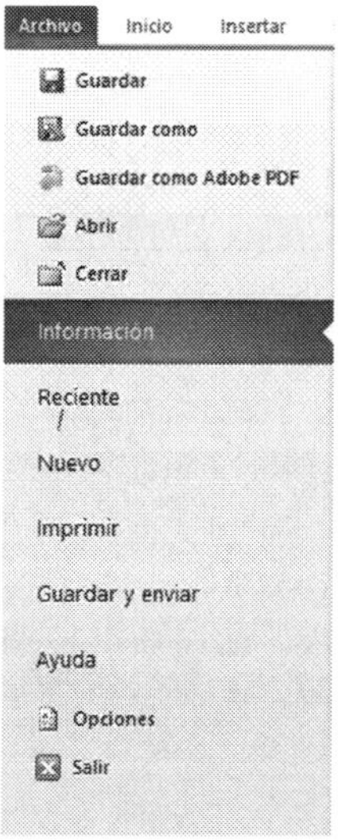

Ficha Inicio

Esta ficha contiene los comandos básicos del portapapeles, comandos relativos al formato del texto, párrafos, estilos, más un surtido de comandos de edición de documento.

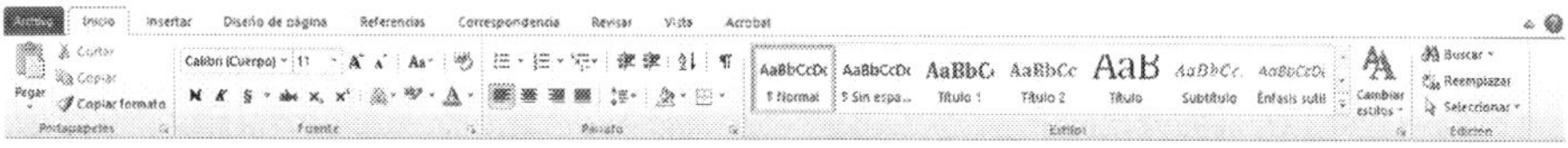

Ficha Insertar

Seleccione esta ficha cuando necesite insertar algún elemento en el documento, una tabla, un diagrama, un gráfico, encabezados y pies de páginas, hipervínculos ....

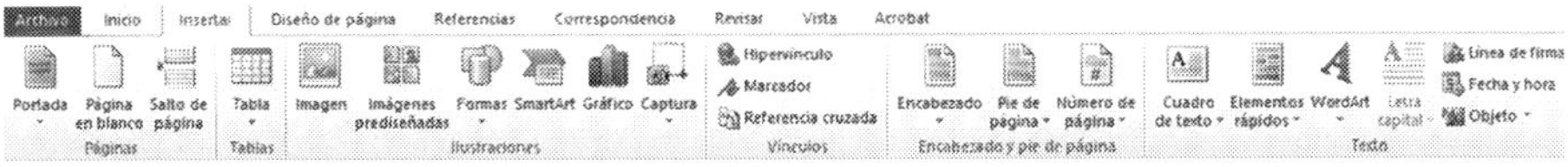

Ficha Diseño de página

Esta ficha contiene comandos que afectan a la apariencia general de documento, incluyendo configuraciones que tienen que ver con la impresión. Columnas, espaciados, sangrías....

Ficha Referencias

Seleccione esta ficha cuando necesite agregar notas al pie, índices, títulos o tablas de contenido.

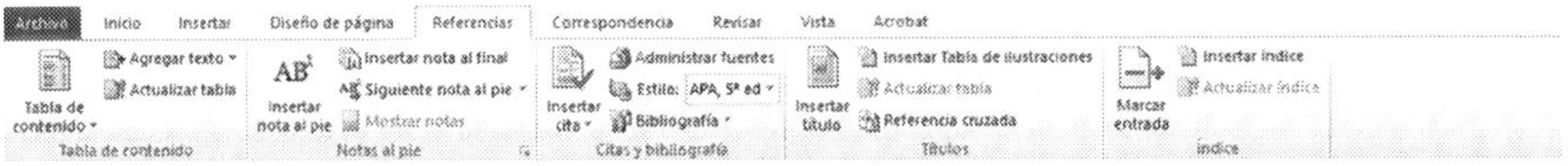

Ficha Correspondencia

Desde esta ficha puede elaborar documentos para hacer envíos masivos; en cartas, etiquetas o sobres.

Ficha Revisar

Esta ficha contiene comandos relacionados con la revisión del documento, como el corrector ortográfico, comentarios del autor y protección del documento.

Ficha Vista

En esta ficha se pueden activar las distintas vistas de documentos, mostrar y ocultar la regla, zoom, dividir ventana y macros.

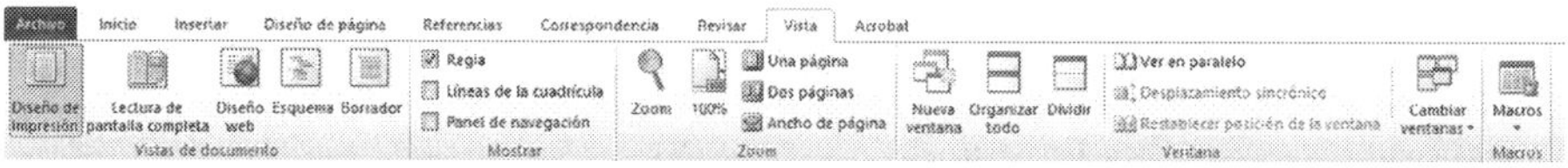

Ficha Acrobat

En esta ficha se pueden crear documentos en formato PDF basados en los documentos de Word ya existentes. Estos resultados en PDF pueden ser enviados por correo electrónico.

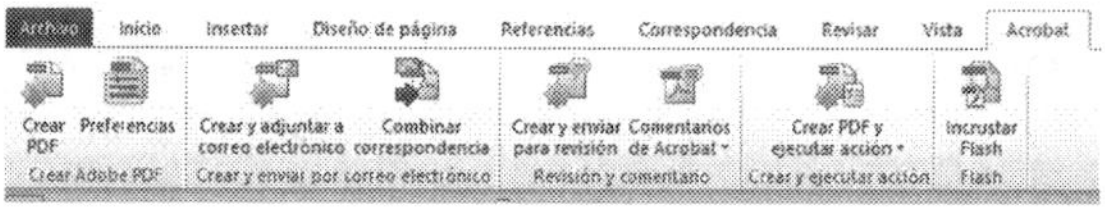

Grupos: En cada ficha se agrupan los botones de herramientas según tareas, cada grupo aparece con un título en la parte inferior de la cinta y un botón a su derecha que activa un cuadro de diálogo o un panel de tareas que proporcionará más herramientas relacionadas con el grupo activo.

Los botones pueden ir acompañados de un botón con punta de flecha, eso indica que puede contener un menú con opciones propias de esa herramienta, o bien, una galería de posibilidades.

***NOTA**: Si hay alguna duda sobre para qué sirve una herramienta o comando de la interfaz, basta con colocar el puntero del ratón sobre el mismo y mantenerlo unos segundos, de esta manera, aparece un mensaje aclaratorio en pantalla.*

Prueba 1

Temas implicados: Crear Documentos, Márgenes, Fuente, Alineación, Interlineados, Copiar y Pegar, Corrector Ortográfico y Guardar Documentos

eRodio ediciones

INSTRUCCIONES

- El documento debe ocupar una página.
- Márgenes: superior a 2,5cm, inferior a 2,5cm, izquierdo a 3cm y derecho a 3cm.
- Título: fuente Verdana, negrita, tamaño 12 y alineación centrada.
- Párrafo 1: fuente Verdana, tamaño 11, alineación izquierda e interlineado sencillo. Contiene texto con subrayado de sólo palabras y texto en cursiva.
- Párrafo 2: fuente Verdana, tamaño 11, alineación justificada e interlineado de 1,5 líneas.
- Párrafo 3: fuente Tahoma, tamaño 10, color rojo, alineación a la izquierda e interlineado de 1,5 sencillo.
- Párrafo 4: fuente Tahoma, tamaño 10, negrita alineación centrada e interlineado de 1,5 doble.
- Párrafo 5: fuente Verdana, tamaño 10, alineación justificada e interlineado sencillo. Contiene texto tachado y " ¡Las nuevas e innovadoras ... " tiene la misma fuente con tamaño 12.
- "Firmado y Fecha" está escrito con fuente Verdana, tamaño 11, alineación a la derecha.
- Use el corrector ortográfico para las faltas de ortografía.
- Guarde el documento en el disco duro, dentro de una carpeta llamada "Word" y llámelo "prueba01".

Ejercicio Práctico 1

MICROSOFT WORD

Microsoft Word proporciona todo lo necesario para crear documentos con un aspecto profesional, comunicar sus ideas y compartir información en papel o <u>Intranet</u> e <u>Internet</u>. *¡Las nuevas e innovadoras herramientas de Word simplifican y agilizan la obtención de resultados espectaculares!*

Word simplifica las tareas de procesamiento de texto habituales con inteligencia incorporada. Después de identificar lo que se desea hacer, Word genera rápidamente los resultados deseados, con lo que el trabajo se realiza en menos tiempo y con menos esfuerzo.

Además, Word dispone del Ayudante de Office interactivo que ofrece respuestas inmediatas, sugerencias y teclas abreviadas mientras se trabaja. De esta forma convierte el aprendizaje o la actualización a Word en algo sencillo, tanto para los principiantes como para los expertos.

Las herramientas de edicion mejoradas permiten identificar errores ortograficos a medida que se escrive y muestran posibles corecciones al hacer clic con el votón derecho del raton.

~~Microsoft Word~~ proporciona todo lo necesario para crear documentos con un aspecto profesional, comunicar sus ideas y compartir información en papel o Intranet e Internet. ¡Las nuevas e innovadoras herramientas de Word simplifican y agilizan la obtención de resultados espectaculares!

FIRMADO

FECHA

1. Abra Word y cree un documento nuevo

- Desde la ficha "Archivo":
  1. Haga clic sobre la ficha "Archivo" y seguidamente, haga clic sobre "Nuevo".
  2. Aparece un panel central con varias opciones. Para crear un documento en blanco haga un clic el icono "Documento en blanco".
  3. Haga clic sobre el botón "Crear".
- Desde la Barra de acceso rápido:

  Haciendo clic en el botón "Nuevo". (Si no está, mostrarlo con el botón de flecha "Personalizar barra de herramientas de acceso rápido").

2. Guarde el documento y llámelo "prueba01"

Debe tener la carpeta "Pruebas" creada, o bien, la puede crear mientras guarda el documento.

Guardar por primera vez

Una vez creado el documento conviene guardarlo para poder consultarlo o modificarlo en un futuro. Para ello, se deben seguir los siguientes pasos:

1. Es necesario indicarle a Word que quiere guardar el documento activo. Se puede hacer de tres formas diferentes:
   - ▹ Desde la ficha "Archivo", haciendo un clic sobre ella, y eligiendo la opción "Guardar como", entonces se activará un panel con diferentes opciones de almacenamiento
   - ▹ Haciendo un clic sobre el botón "Guardar" de la "Barra de acceso rápido"
   - ▹ A través del teclado, pulsando la combinación de teclas <Ctrl> + <G>, es decir se pulsa la tecla <Ctrl> y, sin soltarla, se pulsa la tecla <G>.
2. Aparece el cuadro de diálogo "Guardar archivo", dónde se debe especificar dónde se va a guardar y con qué nombre. Esta ventana le permite crear carpetas.
3. Y por último, haga clic en el botón "Guardar".

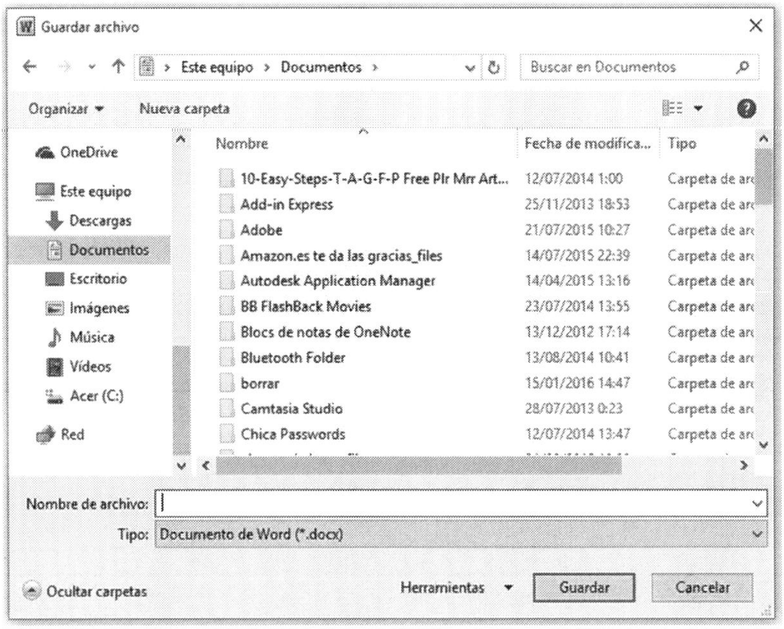

3. Teclee el texto sin formato, fíjese que el último párrafo es el mismo que el primero. Use la herramienta copiar y pegar

Si necesita hacer una copia o duplicado de un bloque de texto a otra parte del documento, debe usar los botones "Copiar" y "Pegar" de la siguiente manera:

1. Seleccione el texto a duplicar.
2. Pulse el botón "Copiar" del grupo "Portapapeles", o bien, use el atajo de teclas <Ctrl> + <C>. Aparentemente no sucede nada.
3. Sitúe el cursor, haciendo clic, en el lugar destino deseado.
4. Pulse el botón "Pegar" del grupo "Portapapeles", o bien, use el atajo de teclas <Ctrl> + <V>.

Si necesita mover un bloque de texto a otra parte diferente del documento, para darle más sentido al informe o carta que esté escribiendo, debe usar los botones "Cortar" y "Pegar" de la siguiente manera:

1. Seleccione el texto a mover.
2. Pulse el botón "Cortar" del grupo "Portapapeles", o bien, use el atajo de teclas <Ctrl> + <X>. El bloque de texto desaparece.

3. Sitúe el cursor, haciendo clic, en el lugar destino deseado.
4. Pulse el botón "Pegar" del grupo "Portapapeles", o bien, use el atajo de teclas <Ctrl> + <V>.

4. Compruebe los márgenes

Cambiar o establecer los márgenes de página

Todo documento tiene unos márgenes establecidos y Word permite que se personalicen.

1. En la ficha "Diseño de página", en el grupo "Configurar página", haga clic sobre el botón "Márgenes".
2. Puede elegir de los modelos de la galería que ofrece, o bien, puede crear una configuración propia de márgenes. Para ello:
   - ▹ Haga clic en el botón "Márgenes.
   - ▹ Elija la opción "Márgenes personalizados..."

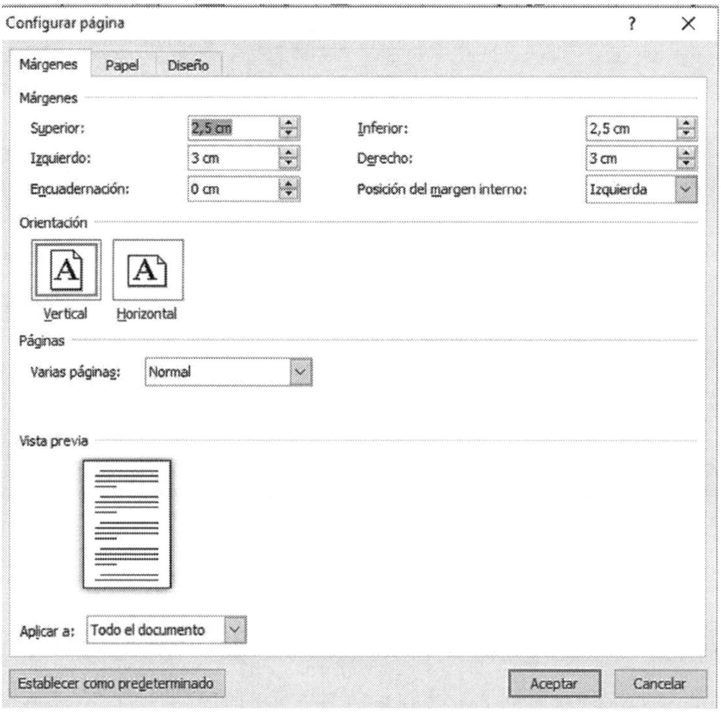

- ▹ En los cuadros Superior, Inferior, Izquierdo y Derecho, escriba los nuevos valores para los márgenes.

5. Seleccione el título "MICROSOFT WORD" y aplique los formatos

Seleccionar texto con el ratón

Existen varios métodos:

1. *Arrastrando*: Coloque el cursor al principio de la selección con un clic, a continuación, presione el botón izquierdo del ratón y, sin soltar este botón, mueva el cursor hasta el final de la selección.
2. *Haciendo doble clic:*
   - ▷ Coloque el cursor en una palabra y haga doble clic, la palabra completa quedará seleccionada.
   - ▷ Coloque el puntero del ratón en el margen izquierdo a la altura del párrafo a seleccionar, entonces el puntero cambia de forma convirtiéndose en una flecha que apunta a la derecha. Haga doble clic y el párrafo completo quedará seleccionado.
3. *Haciendo clic:*
   - ▷ Coloque el puntero del ratón en el margen izquierdo a la altura de la línea a seleccionar, entonces el puntero cambia de forma convirtiéndose en una flecha que apunta a la derecha, haga clic y la línea completa quedará seleccionada.
   - ▷ Para seleccionar un gráfico o una imagen basta con hacer un clic sobre él. El objeto aparecerá enmarcado.
4. *Haciendo triple clic*: Coloque el puntero del ratón justo al inicio de la línea, entonces el puntero cambia de forma convirtiéndose en una flecha que apunta a la derecha, haga triple clic y se seleccionará todo el documento.

En esta versión existe la posibilidad de seleccionar palabras que no estén adyacentes a otras, esto es, puede seleccionar palabras dispersas por el documento. Para ello, haga doble clic sobre la primera palabra a seleccionar y manteniendo pulsada la tecla <Ctrl>, haga doble clic en otra palabra, y este segundo paso tantas veces como palabras desee seleccionar.

Formatos

Las opciones de formato se encuentran en la ficha "Inicio"

- Fuente (Tipo de letra)
  1. Seleccione el texto que desea modificar.
  2. Haga clic en la flecha desplegable del cuadro de diálogo del grupo "Fuente" y elija el tipo de letra que más le guste haciendo un clic sobre él.

- Tamaño de fuente
  1. Seleccione el texto que desea modificar.
  2. Haga clic en la flecha desplegable del botón "Tamaño de fuente" y seleccione el tamaño que desee usar.
- Negrita
  1. Seleccione el texto.
  2. Use el botón "Negrita", del grupo "Fuente", en la ficha "Inicio".

NOTA: *Mientras que el texto está seleccionado puede hacer clic en varios formatos como el "Color de la fuente", "Negrita", "Cursiva" o "Subrayado" (contiene diferentes estilos para subrayar).*

- Alineación

  La alineación horizontal determina la apariencia y la orientación de los bordes del párrafo: texto alineado a la izquierda, texto alineado a la derecha, texto centrado o texto justificado, que se alinea uniformemente a lo largo de los márgenes izquierdo y derecho.

  - ▹ Alinear texto a la izquierda: El texto queda alineado al margen izquierdo.
  - ▹ Centrar: El cursor se sitúa en el centro de la línea de escritura y desde ahí, fluye el texto. Quedaría alineado a una línea vertical imaginaría situada en el centro del documento.
  - ▹ Alinear texto a la derecha: El texto queda alineado al margen derecho.
  - ▹ Justificar: El texto queda alineado tanto al margen izquierdo como al derecho.

Sitúe el puntero del ratón sobre el párrafo y elija la alineación más adecuada para su documento.

NOTA: *Las teclas rápidas asociadas disponibles aparecen entre paréntesis al situar el puntero del ratón sobre cualquier botón de las cintas de opciones*

6. Seleccione el primer párrafo y aplique los formatos

Formatos

- Subrayados
  1. Seleccione el texto que desea subrayar.
  2. Haga clic en la flecha desplegable del cuadro de diálogo del grupo "Fuente" y elija el tipo de subrayado deseado.

- Cursiva
  1. Seleccione el texto.
  2. Use el botón "Cursiva", del grupo "Fuente", en la ficha "Inicio"
- Interlineado

  El interlineado se refiere al espacio entre líneas de un mismo párrafo. Por defecto, Word tiene predeterminado el interlineado sencillo. Despliegue la lista que acompaña al botón "Espaciado entre líneas y párrafos" (situado en el grupo "Párrafo" de la ficha "Inicio") y elija el interlineado deseado.

  Puede afinar más tecleando valores en la flecha desplegable del grupo "Párrafo", en la zona "Espaciado" de la ficha "Sangría y espacio".

7. Seleccione el segundo párrafo y aplique los formatos ya explicados

8. Seleccione el tercer párrafo y aplique los formatos

Formatos

- Color del texto
  1. Seleccione el texto.
  2. Use el botón "Color de fuente", del grupo "Fuente", en la ficha "Inicio"

     Puede hacerlo por el otro camino:
     1. Seleccione el texto.
     2. Haga clic en la flecha desplegable del cuadro "Fuente" y elija el color de la fuente deseado.

9. Seleccione el cuarto párrafo y aplique los formatos ya explicados

10. Seleccione el quinto párrafo y aplique los formatos. Hay una palabra tachada

Formatos

- Tachado
  1. Seleccione el texto.
  2. Use el botón "Tachado", del grupo "Fuente", en la ficha "Inicio"

     Puede hacerlo por el otro camino:
     1. Seleccione el texto.
     2. Haga clic en la flecha desplegable del cuadro "Fuente" y elija "Tachado" en la zona "Efectos", de la ficha "Fuente".

11. Seleccione "FIRMADO" y "FECHA" y aplique la alineación pedida

12. Use el corrector ortográfico para las faltas de ortografía

Una de las herramientas más sofisticadas de los procesadores de texto es la incorporación de un diccionario que permite corregir la ortografía (siempre hasta cierto punto).

Word realiza la corrección palabra por palabra, deteniéndose en aquella que no se encuentra en su diccionario, puede que esta no esté bien escrita o que no la reconozca, como un nombre propio de persona o lugar; y proporcionando una lista de posibles palabras correctas de las cuales debe seleccionar la adecuada (si es que la hay) para que pueda sustituirla.

Hay varias maneras de activar esta herramienta:

- Desde la ficha "Revisar": haciendo un clic en el botón "Ortografía y gramática" del grupo "Revisión".

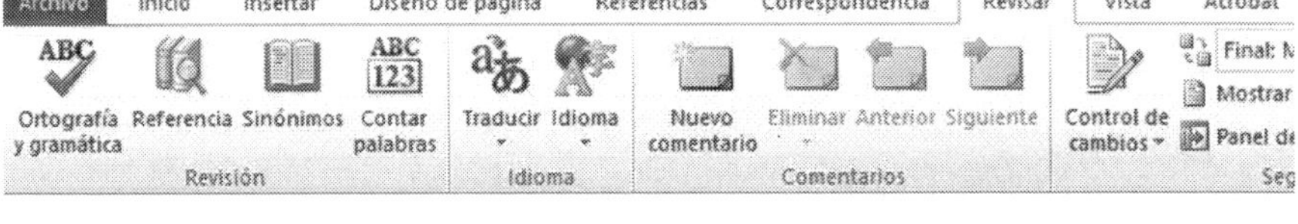

- Pulsando la tecla de función <F7>.

Si su corrector encuentra alguna palabra con una falta de ortografía, mostrará en pantalla, el siguiente cuadro de diálogo:

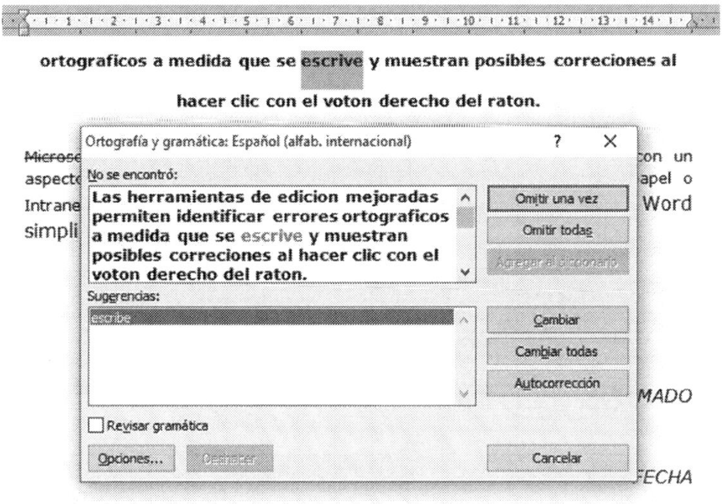

Donde aparece la palabra no encontrada en su diccionario (supuestamente mal escrita) y debajo, las sugerencias con palabras que pueden sustituir a la "*mal escrita*". También aparecen unos botones:

- El botón "Cambiar" sirve para cambiar solo este error.
- Use el botón "Cambiar todas" si sabe que esta palabra la ha escrito más de una vez.
- Si tiene la seguridad de que está bien escrita pero el diccionario no la reconoce puede pulsar el botón "Agregar" y se añadirá al diccionario.
- Si no desea añadirla pulse "Omitir una vez" u "Omitir todas", si aparece más de una vez.

En el caso de encontrarse ante un fallo gramatical, en el apartado "Error gramatical" aparecerá de color verde el texto que muestre el error gramatical. Aparecerá una lista con posibles sugerencias, que en algunos casos pueden no ser correctas. Además, aparecen los siguientes botones de comando:

- "Omitir": permite ignorar el error gramatical, dando este por bueno.
- "Omitir todas": Word excluirá este error gramatical cada vez que se lo encuentre.
- "Cambiar": Cambiará el fallo gramatical por el seleccionado en la lista de sugerencias.

Existe otro modo más rápido de hacer una corrección de ortografía:

1. Debe hacer un clic con el botón secundario del ratón sobre la palabra subrayada con una línea roja o verde ondulada.

2. Seguidamente aparecerá un menú contextual con una lista de correcciones para la palabra con la falta de ortografía.
3. Si el menú que aparece muestra la ortografía correcta de la palabra, haga un clic sobre ella. Automáticamente se hace la corrección.

Cabe la posibilidad de añadir una nueva palabra al diccionario desde el menú contextual:

1. Debe hacer un clic con el botón secundario del ratón sobre la palabra subrayada con una línea roja ondulada.
2. Seguidamente aparecerá un menú contextual donde debe elegir la opción "Agregar al diccionario".

13. Guarde el documento terminado

Guardar los cambios realizados

Si se quieren guardar los cambios realizados en un documento existente, es necesario tenerlo abierto y basta con pulsar el botón "Guardar" de la "Barra de herramientas de acceso rápido", o bien, desde el la ficha "Archivo", elija la opción "Guardar".

RESULTADO FINAL

MICROSOFT WORD

Microsoft Word proporciona todo lo necesario para crear documentos con un aspecto profesional, comunicar sus ideas y compartir información en papel o Intranet e Internet. *¡Las nuevas e innovadoras herramientas de Word simplifican y agilizan la obtención de resultados espectaculares!*

Word simplifica las tareas de procesamiento de texto habituales con inteligencia incorporada. Después de identificar lo que se desea hacer, Word genera rápidamente los resultados deseados, con lo que el trabajo se realiza en menos tiempo y con menos esfuerzo.

Además, Word dispone del Ayudante de Office interactivo que ofrece respuestas inmediatas, sugerencias y teclas abreviadas mientras se trabaja. De esta forma convierte el aprendizaje o la actualización a Word en algo sencillo, tanto para los principiantes como para los expertos.

Las herramientas de edición mejoradas permiten identificar errores ortográficos a medida que se escribe y muestran posibles correcciones al hacer clic con el botón derecho del ratón.

~~Microsoft Word~~ proporciona todo lo necesario para crear documentos con un aspecto profesional, comunicar sus ideas y compartir información en papel o Intranet e Internet. ¡Las nuevas e innovadoras herramientas de Word simplifican y agilizan la obtención de resultados espectaculares!

FIRMADO

FECHA

Prueba 2

Temas implicados: Sangrías y tabulaciones

eRodio ediciones

INSTRUCCIONES

- El documento debe ocupar una página.
- Márgenes: superior a 3cm, inferior a 2,5cm, izquierdo a 3cm y derecho a 3cm.
- Párrafo 1: fuente Calibrí, tamaño 14, alineación izquierda, interlineado doble, sangría izquierda a 1,5 cm del margen izquierdo, sangría de primera línea a 3cm del margen izquierdo y derecha en el cm. 14.
- Párrafo 2: fuente Lucida Sans, tamaños 11 y 18, interlineado sencillo, sangría izquierda a 0,5 cm del margen izquierdo, de primera línea a 2 cm del margen izquierdo y derecha en el cm.12.
- Párrafo 3: fuente Arial, tamaño 12, interlineado 1,5 cm, sangría izquierda a 2cm del margen izquierdo, de primera línea a 3,5 cm del margen izquierdo y derecha en el cm.11,75.
- Párrafo 4:
    - ▷ El título “CANTIDAD ARTÍCULO ...” tiene tabulación centrada en el cm. 1, izquierda en el cm. 3,5, centrada en cm. 10,5 y centrada en cm. 14. Escrito en negrita.
    - ▷ Los artículos tiene tabulación centrada en el cm. 1, izquierda en el cm. 3,5, decimal en cm. 10,5 y decimal en cm. 14.
    - ▷ “TOTAL FACTURA...” tiene tabulación Izquierda en el cm. 3,5 y centrada en cm. 14 con relleno de puntos. Escrito en negrita.
- Use el corrector ortográfico para las faltas de ortografía.
- Guarde el documento en el disco duro, dentro de una carpeta llamada “Pruebas” y llámelo “prueba02”.

Ejercicio Práctico 2

Del mismo modo que se puede cambiar el aspecto del texto, es posible también **modificar** el aspecto de los **párrafos**. Para definir sangrías personalizadas se puede actuar directamente sobre la regla que existe en la parte superior de la pantalla.

La regla está ***predefinida*** para que muestre las medidas en centímetros, estando divido cada *centímetro* en cuatro cuartos. Los **marcadores** triangulares que existen en la ***regla*** permiten controlar los sangrados del párrafo actual.

En la parte izquierda de la regla existen tres iconos. El triángulo superior controla la primera línea del párrafo; el triángulo inferior controla las líneas restantes del párrafo.

CANTIDAD	ARTÍCULO	PRECIO	IMPORTE
100	Fotocopias de DINA/4	5,30	530
6	Bolígrafos	55	330
10	Gomas de borrar	25	250
3	Manuales de Word	30,5	91,5
15	Plantillas	10	150
30	Fotocopias de DINA/3	36	1.080
55	Recambios de grapas	8,8	484
15	Cuadernos de cuadrícula	12,1	181,5
	TOTAL FACTURA...3.097,00 €		

1. Abra Word y cree un documento nuevo

2. Guarde el documento y llámelo "prueba02"

3. Compruebe los márgenes

4. Teclee el texto sin formato excepto el último párrafo que se tecleará después de establecer las tabulaciones (punto 7)

5. Aplique los formatos básicos, tipo de letra y tamaño

6. Aplique las sangrías a los tres primeros párrafos

Aplicar una sangría a un párrafo consiste en desplazar un poco el párrafo hacia la derecha o izquierda con respecto al margen.

Las sangrías pueden ser de diferentes tipos:

- A la izquierda (afectan a todas las líneas respecto al marco de texto izquierdo).
- A la derecha (afectan a todas las líneas respecto al marco de texto derecho).
- Especial:
    - ▹ De primera línea (afecta únicamente a la primera línea del párrafo, por la izquierda)
    - ▹ Francesa (afectan a todas las líneas excepto a la primera respecto al marco de texto izquierdo).

Aplicar sangrías desde el cuadro de diálogo:

1. Seleccione el párrafo o párrafos a sangrar.
2. Active el cuadro de diálogo del grupo "Párrafo", a través del botón del grupo.

3. En la zona "Sangría" hay cuadros con cada tipo de sangría. Tienen en su lado derecho unos botones con una flecha arriba y abajo que permiten aumentar o disminuir la sangría respectivamente.
4. Haga clic sobre el botón "Aceptar".

Aplicar sangrías desde la regla

A diferencia del método anterior, no se puede indicar una posición exacta directamente en la regla (por ejemplo, 5,3 cm), pero establecer las sangrías desde la regla es una forma rápida y fácil de ver el resultado por pantalla.

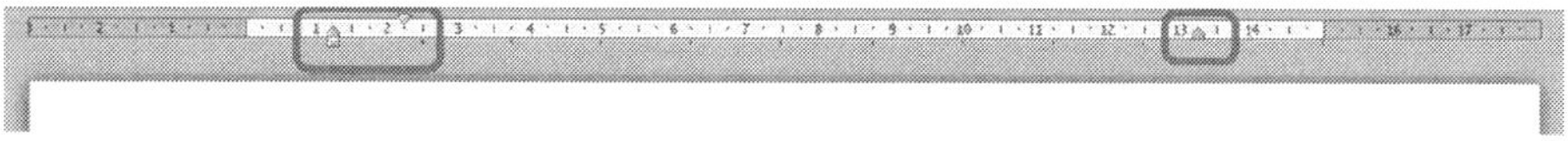

Los pasos a seguir son:

1. Colocar el cursor en un lugar del párrafo a sangrar.
2. Haga un clic sobre el botón de la regla que represente la sangría a aplicar y arrástrelo a la posición deseada.

Aplicar sangrías desde la cinta de opciones

Use los botones "Disminuir sangría" y "Aumentar sangría" para cambiar de nivel el párrafo.

7. Establezca las tabulaciones para el título y teclee el texto

Las tabulaciones permiten escribir texto en una misma línea a distintas distancias y con alineaciones independientes.

Son posiciones fijas en las que se sitúa el texto dentro de una misma línea. El cursor o punto de inserción se desplaza a la siguiente tabulación usando la tecla <Tab>, si desea desplazarse a la anterior tabulación pulse la combinación de teclas <Shift> + <Tab>.

De forma predeterminada las tabulaciones se encuentran en intervalos de 1,25 cm a partir del margen izquierdo. Pero se pueden establecer tabulaciones en otras posiciones.

Tipos de tabulaciones

La tabulación lleva implícita una alineación (izquierda, derecha, centrada...).

Existen cuatro tipos de tabulaciones determinadas por la forma que utilizan de alinear el texto:

Tipo	Símbolo	Descripción
Tabulación izquierda		Establece la posición inicial del texto que se irá extendiendo hacia la derecha a medida que se escribe.
Tabulación centrada		Establece la posición del centro del texto, que se centra en este punto a medida que se escribe.
Tabulación derecha		Establece el extremo derecho del texto. A medida que se escribe, el texto se desplaza hacia la izquierda.
Tabulación decimal		Alinea los números entorno a una coma decimal. Independientemente de los dígitos que tenga el número, la coma decimal permanece en la misma posición
Tabulación Barra		No establece la posición del texto, sino que inserta una barra vertical en la posición de la tabulación.

Puede aplicar las tabulaciones desde el cuadro de diálogo del grupo "Párrafo" o a través de la regla horizontal.

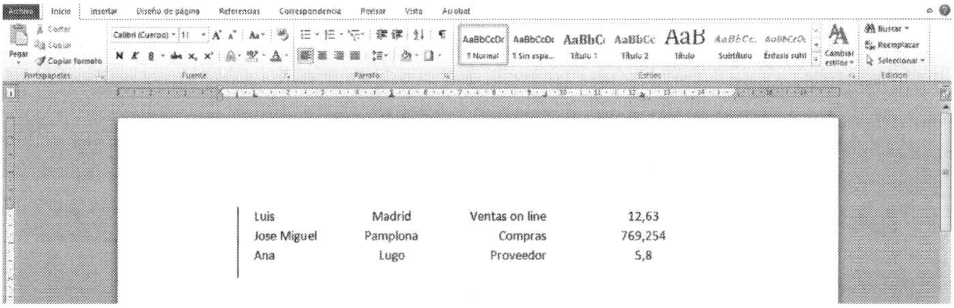

Aplicar tabulaciones a través del cuadro de diálogo

Este método de aplicación de tabulaciones permite establecer medidas precisas para las mismas.

Las tabulaciones se pueden aplicar antes de escribir el texto o después. Si las aplica antes, serán efectivas para la línea en la que esté situado el cursor y las posteriores que se creen a partir de ella. Pero si las aplica después de haber escrito el texto, debe seleccionar la línea o líneas a las que quiere aplicar la tabulación o tabulaciones nuevas.

1. Haga clic sobre el botón iniciador del cuadro de diálogo del grupo "Párrafo".
2. Haga clic sobre el botón "Tabulaciones".

3. Aparece en pantalla el siguiente cuadro de diálogo:

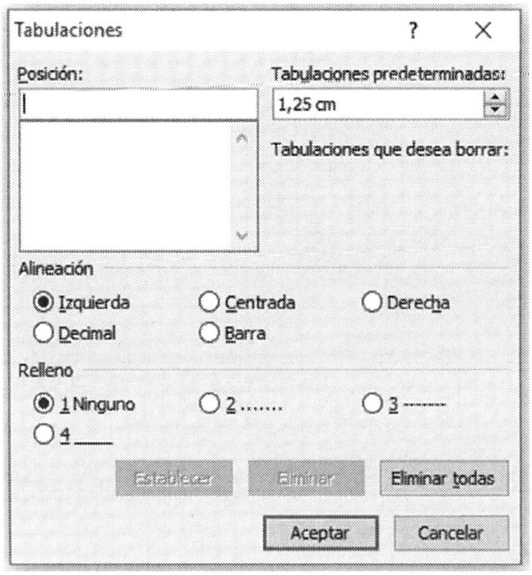

1. Debe determinar la posición (en centímetros) y el tipo de tabulación que quiere aplicar en los apartados correspondientes. También puede aplicar un tipo de relleno (puntos, rayas…) al espacio vacío que hay a la izquierda de la tabulación.
2. Pulse sobre el botón “Establecer” para fijar dicha tabulación. La ventana sigue abierta para añadir nuevas tabulaciones.
3. Una vez establecidas todas las tabulaciones haga clic sobre el botón “Aceptar”.
4. Comience a escribir el texto y pulse la tecla <Tab> para desplazarse a la siguiente tabulación. Esto lo hará tantas veces como tabulaciones tenga marcadas.

Borrar tabulaciones desde el cuadro de diálogo

1. Debe seleccionar las líneas o párrafos que contienen esas tabulaciones.
2. Active el cuadro de diálogo de “Tabulaciones” *(desde el iniciador del cuadro de diálogo de Párrafo – botón “Tabulaciones”).*
3. Seleccione en el recuadro de “Posición” la tabulación a eliminar.
4. Pulse el botón de comando “Eliminar”.
5. Si desea eliminar todas las tabulaciones pulse el botón “Eliminar todas”.
6. Pulse “Aceptar”.

Gestionar las tabulaciones a través de la regla horizontal

Este método de aplicación de tabulaciones es más impreciso pero tan útil como el anterior:

1. Sitúe el cursor en la línea o seleccione el párrafo donde aplicar la nueva tabulación.
2. Debe hacer clic en el extremo izquierdo de la regla horizontal para elegir el tipo de tabulación a insertar. Por cada clic que haga irán apareciendo rotativamente las siguientes tabulaciones: izquierda, centrada, derecha, decimal, barra y sangrías.
3. Haga clic sobre la regla horizontal en la posición donde desee situar la tabulación elegida. Aparece el símbolo de la tabulación correspondiente, en el lugar elegido. Así, tantas veces como tabulaciones desee insertar.
4. Comience a escribir y pulse la tecla <Tab> para desplazarse a la siguiente tabulación.

Si desea modificar la posición de una tabulación seleccione todo el texto afectado y arrastre esa tabulación, en la regla horizontal, hasta la nueva posición.

Para eliminar tabulaciones debe seleccionar el texto afectado y arrastrar el símbolo de la tabulación fuera del área que ocupa la regla.

8. Revise los caracteres no imprimibles con el botón "Mostrar todo"

Cada vez que se pulsa esta tecla se genera una marca especial de párrafo. Es un símbolo que no se imprime y para verlo hay que activar el botón llamado **"Mostrar todo"** que está situado en el grupo "Párrafo" de la ficha "Insertar".

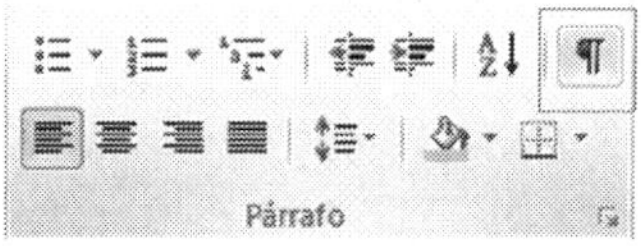

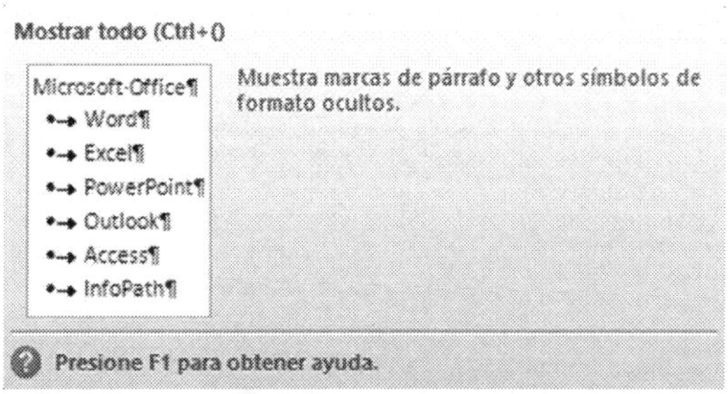

Orienta al usuario sobre las teclas usadas, marcando un símbolo que no se imprime en el lugar donde se pulso la tecla o se insertó algún elemento, como puede ser un salto de página o de columna.

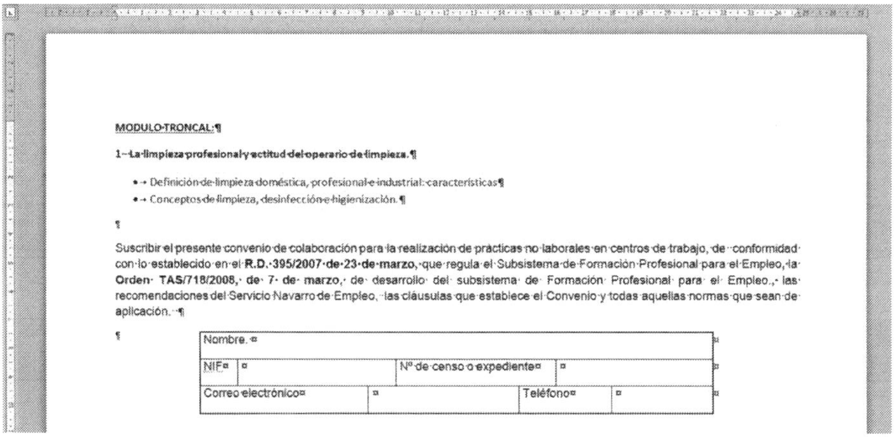

MODULO TRONCAL:

1 La limpieza profesional y actitud del operario de limpieza.

- Definición de limpieza doméstica, profesional e industrial: características
- Conceptos de limpieza, desinfección e higienización.

Suscribir el presente convenio de colaboración para la realización de prácticas no laborales en centros de trabajo, de conformidad con lo establecido en el **R.D. 395/2007 de 23 de marzo**, que regula el Subsistema de Formación Profesional para el Empleo, la **Orden TAS/718/2008, de 7 de marzo**, de desarrollo del subsistema de Formación Profesional para el Empleo., las recomendaciones del Servicio Navarro de Empleo, las cláusulas que establece el Convenio y todas aquellas normas que sean de aplicación.

Nombre.			
NIF		Nº de censo o expediente	
Correo electrónico		Teléfono	

9. Establezca las tabulaciones para los artículos y teclee el texto

10. Establezca el relleno de la tabulación situada en el cm. 14 y teclee el texto. Fíjese que en esta línea sólo va a usar dos de las cuatro tabulaciones existentes. Desplácese usando la tecla <Tab>

11. Aplique los tipos de letra, tamaños, negritas, cursivas y subrayados

12. Use el corrector ortográfico para las posibles faltas de ortografía

13. Guarde el documento terminado

RESULTADO FINAL

Del mismo modo que se puede cambiar el aspecto del texto, es posible también **modificar** el aspecto de los **párrafos**. Para definir sangrías personalizadas se puede actuar directamente sobre la regla que existe en la parte superior de la pantalla.

La regla está ***predefinida*** para que muestre las medidas en centímetros, estando divido cada *centímetro* en cuatro cuartos. Los **marcadores** triangulares que existen en la ***regla*** permiten controlar los sangrados del párrafo actual.

En la parte izquierda de la regla existen tres iconos. El triángulo superior controla la primera línea del párrafo; el triángulo inferior controla las líneas restantes del párrafo.

CANTIDAD	ARTÍCULO	PRECIO	IMPORTE
100	Fotocopias de DINA/4	5,30	530
6	Bolígrafos	55	330
10	Gomas de borrar	25	250
3	Manuales de Word	30,5	91,5
15	Plantillas	10	150
30	Fotocopias de DINA/3	36	1.080
55	Recambios de grapas	8,8	484
15	Cuadernos de cuadrícula	12,1	181,5
	TOTAL FACTURA..3.097,00 €		

Prueba 3

Temas implicados:
Numeración y Viñetas, Bordes y Sombreados, Saltos de Página, Columnas, Cuadros de texto y Tablas

eRodio ediciones

INSTRUCCIONES

- El documento debe ocupar dos páginas.
- Márgenes: superior a 3cm, inferior a 2cm, izquierdo a 3cm y derecho a 3cm.
- Fuente: Tahoma, tamaño 10.
- Párrafo 1: alineación justificada, interlineado en 1,5 líneas, sangría izquierda a 2cm del margen izquierdo, sangría de primera línea a 3,25cm del margen izquierdo y derecha en el cm. 13.
- Columnas: dos columnas con línea entre ellas. Cada columna tiene 6,5cm. De ancho y hay un espaciado de 2cm entre ellas. Interlineado múltiple en 1,15.
- Cuadro gráfico "NO OLVIDE...": alineación vertical del texto ´en el medio´, dirección del texto horizontal, márgenes internos hacia la izquierda en 0,25cm, hacia la derecha en 0,25cm., superior e inferior en 0,2cm., las dimensiones del cuadro son 2,5cm. de alto y 8,5cm. de ancho, el borde es una línea de color negro y grosor 3pto..
- Numeración: alineación justificada, sangrías izquierda y derecha a 2cm. de los márgenes izquierdo y derecho, interlineado sencillo. Lista numerada (1., 2., 3., ...).
- Cuadro gráfico "MONTAÑA...": tamaño de letra 48, alineación horizontal del texto ´izquierda´, girado 270°, márgenes internos hacia la izquierda en 0,25cm, hacia la derecha en 0,25cm., superior e inferior en 0,13cm., las dimensiones del cuadro son 19,37cm. de alto y 2,86cm. de ancho, sin borde.
- Texto "Cómo distribuir....": tamaño de letra 13, borde con estilo de puntos, con grosor de $2^{1/4}$ pto. y con sombreado gris, todo ello aplicado sólo al texto escrito.
- Viñetas: alineación izquierda, sangría izquierda en 0,63cm. y francesa en 0,63cm., interlineado mínimo en 18pto.
- Texto " Lo más importante es....": con borde superior e inferior de línea con grosor $2^{1/4}$ pto.
- Tabla: con 5 filas y 2 columnas, con bordes de línea con grosor de 1pto.. La columna "Tipo" tiene alineación centrada tanto horizontal como verticalmente y una anchura de 3cm., La columna "Actuación" tiene un ancho de 12cm..
- Guarde el documento en el disco duro, dentro de una carpeta llamada "Pruebas" y llámelo "prueba03".

Ejercicio Práctico 3

MONTAÑA - CONSEJOS

Aunque normalmente solemos practicar actividades en el medio natural en nuestro tiempo libre (y por ello nos parece que cualquier cosa que requiera un mínimo esfuerzo ya nos viene grande), el guion de planifica, equípate y actúa con prudencia debemos seguirlo siempre, puesto que muchas veces es nuestra seguridad y nuestra vida (o la de quienes nos acompañan) lo que está en juego. Los dos primeros pasos (planificar y equiparse) debemos hacerlos en casa, antes de salir, y realizarlos correctamente nos permitirá realizar el tercer.

Antes de empezar

Planificar debe ser siempre el primer paso de nuestra actividad. No debería ser una carga o algo que hagamos con pocas ganas: es la primera toma de contacto con la actividad, el momento inicial de empezar a imaginarla y, por lo tanto, disfrutarla. Planificar una actividad es también un proceso educativo, en el que deberíamos implicar a los que menos saben o a los que nos van a acompañar.

Este paso, que debemos hacerlo preferiblemente en casa, nos permitirá hacernos una idea mental de lo que nos vamos a encontrar.

Equiparse correctamente

Tan importante como planificar, y también una labor a hacer preferiblemente mientras todavía estemos en casa, es preparar el equipo que vamos a necesitar. Todo lo que no hayamos echado a la mochila no podremos utilizarlo, así que aunque ya sabemos que todo pesa, intenta no regatear en tu seguridad.

Habrá cosas que quizás (¡ojalá!) nunca lleguemos a utilizar, pero por precaución siempre deberemos llevar: es ese material de seguridad que está ahí por si acaso, y el día que falte seguro será el día que lo eches de menos.

NO OLVIDE

Botiquín, Mapa, Brújula, GPS, Teléfono móvil y protección solar

1. Escogeremos una actividad, evitando improvisar
2. Buscaremos los datos básicos de la misma: desniveles y distancias, tiempos -horarios-, dificultades técnicas específicas..
3. Consultaremos la predicción meteorológica
4. Prepararemos un plan alternativo
5. Dejaremos aviso de adónde vamos

Cómo distribuir el contenido en la mochila

Tendremos la precaución de **colocar** el material de la siguiente manera:

- En la parte inferior el material más ligero y que menos vayamos a utilizar durante la marcha (por ejemplo saco de dormir, ropa de muda...), aunque normalmente las mochilas poseen un compartimento inferior independiente para acceder a él.
- En el centro, y sobretodo pegado a la espalda, colocaremos lo más pesado.
- En la parte superior (en la seta) objetos poco pesados y muy utilizados (por ejemplo GPS, gafas, botiquín, documentación...).
- En los bolsillos los objetos más pequeños, teniendo la precaución de evitar posibles robos al estar más accesibles.

Lo más importante es que la carga esté bien distribuida en la mochila, es decir, que a izquierdas y derechas la mochila pese lo mismo, para evitar problemas al caminar y que se nos sobrecarguen unos músculos sí y otros no.

Peligros objetivos

Son los peligros que no dependen del propio montañero sino de factores externos.

La siguiente tabla recoge los principales peligros objetivos, la forma de prevenirlos y la actuación recomendada.

Tipo	Actuación
Rayo	Cubrirnos a más de 2 metros de paredes. Sentarse sobre objetos aislantes. Dispersarse, no correr. En cuevas, alejarnos de la entrada.
Niebla	Permanecer sin movernos hasta encontrar alguna referencia. Utilizar técnicas de orientación. Seguir puntos de referencia claros (ríos, crestas...).
Lluvia	Tener en cuenta posible desorientación. Protegernos. Cuidado con crecidas de ríos.
Sol	Beber con frecuencia. Usar cremas con buena protección. Ponerse gafas y gorro.

1. Abra Word y cree un documento nuevo

2. Guarde el documento y llámelo "prueba03"

3. Compruebe los márgenes

4. Teclee el texto, excepto el contenido en la tabla y aplique los formatos básicos

5. Párrafo 1: aplique los formatos de alineación y sangría desde el cuadro de diálogo del grupo "Párrafo"

Fíjese que la sangría de la primera línea debe tener el valor 1,5cm. que sumados a los 2cm. del margen izquierdo harán 3,5cm. que pide el enunciado

6. Columnas

Word permite usar este tipo de escritura de manera rápida y sencilla, a través del botón "Columnas" del grupo Configurar página, situado en la ficha "Diseño de página".

Introducir más de una columna de manera rápida

1. Escriba el texto, si no lo tiene ya hecho.
2. Seleccione dicho texto.
3. Haga clic sobre el botón "Columnas" del grupo "Configurar página", situado en la ficha "Diseño de página".
4. Seleccione el número de columnas deseadas.
5. En el documento, aparecerá el texto distribuido en el número de columnas elegido.

Introducir columnas desde la opción "Más columnas"

1. Escriba el texto, si no lo tiene ya hecho.
2. Seleccione dicho texto.
3. Haga clic sobre el botón "Columnas" del grupo "Configurar página", situado en la ficha "Diseño de página".
4. Elija la opción "Más columnas..."
5. Aparece un cuadro de diálogo donde puede:

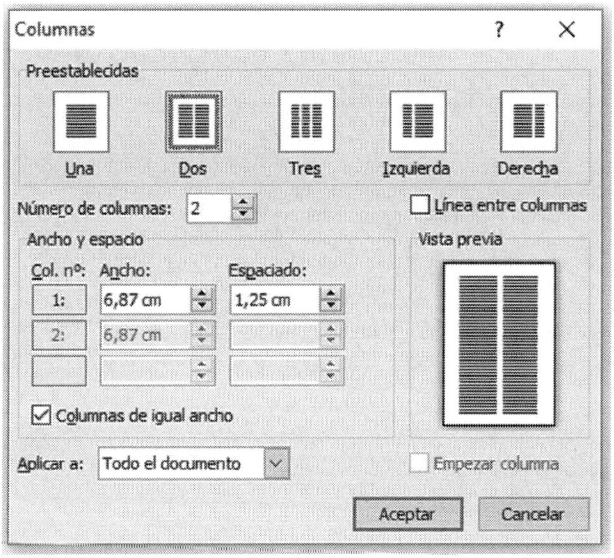

- Seleccionar el tipo de columnas más comunes en el apartado de "Preestablecidas".
- Definir el número de columnas deseadas en el apartado de "Número de columnas".
- Activar el botón de "Línea entre columnas" para que aparezca una línea vertical entre cada columna.
- Modificar el ancho y el espacio entre las columnas.
- "Aplicar a": adapta el formato de columnas al texto escrito en todo el documento o desde donde está el curso en adelante o a esa sección del documento.

En el documento, aparecerá el texto distribuido en el número de columnas elegido.

Trabajar con columnas

El texto se distribuye rellenando la primera columna y continuando por la siguiente, si desea que el texto pase a la siguiente columna antes de terminar la anterior debe insertar un salto de columna de la siguiente manera:

1. Coloque el cursor donde quiere que termine el texto de la columna.
2. En el grupo" Configurar página", seleccione el botón "Saltos".
3. Elija "Columna".
4. Por último, haga clic sobre "Aceptar".

Si desea volver a tener el texto como estaba originalmente, es decir, sin columnas:

1. Seleccione el texto distribuido en columnas.
2. Haga clic sobre el botón "Columnas" del grupo "Configurar página", situado en la ficha "Diseño de página".
3. Elija "Una" del menú.

7. Cuadro gráfico "NO OLVIDE..."

Dibuje un cuadro de texto

Los pasos para insertar un cuadro de texto son:

1. Haga clic sobre el botón "Cuadro de texto" del grupo "Texto", en la ficha "Insertar" y elija la opción "Dibujar cuadro de texto".
2. Pulse el botón izquierdo del ratón sobre una parte del documento y sin soltarlo, arrastre el ratón hasta otro punto y suelte el botón del ratón.
3. Teclee el texto.

Con la forma seleccionada se activa una nueva ficha, "Herramientas de dibujo – Formato" y a través de ella puede mejorar el aspecto de la forma como rellenar con un color, cambiar el ancho o forma del contorno, dar un efecto 2D o 3D...

Ficha Herramientas de dibujo

La ficha "Herramientas de dibujo – Formato" está dividida en 6 grupos:

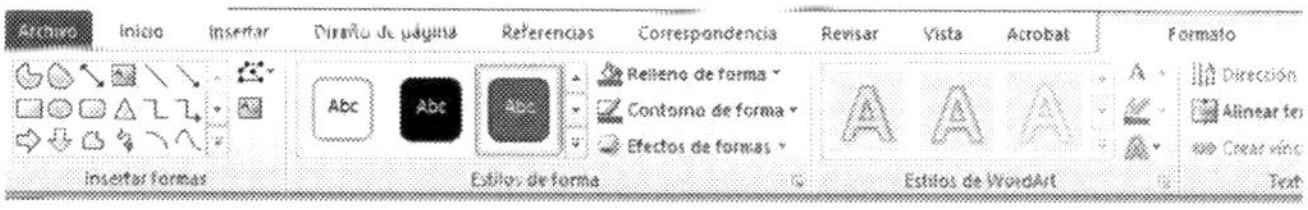

.../...

.../...

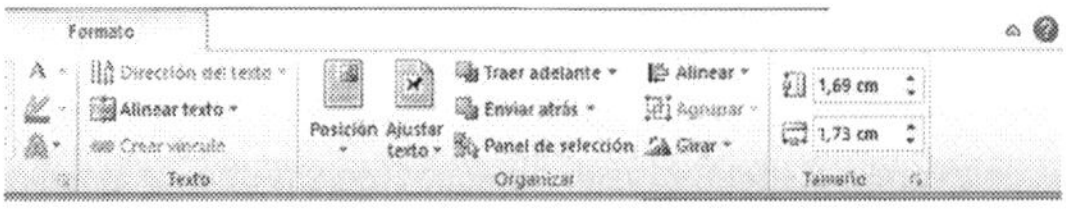

- Insertar formas
- Estilos de forma
- Estilos de WordArt
- Texto
- Organizar
- Tamaño

Grupo Insertar formas

La galería de formas permite insertar figuras como las que contiene el botón "Formas" de la ficha "Insertar".

El botón "Editar forma" contiene un menú donde puede cambiar de forma o modificar los puntos de la misma, convirtiendo la forma seleccionada en libre y dando la posibilidad de editar los puntos para modificarla.

El botón "Dibujar cuadro de texto" agrega un cuadro donde puede escribir dentro. El recuadro se trata como una forma y el texto, como tal, permitiendo aplicarle formatos.

Grupo Estilos de forma

La galería de estilos da la posibilidad de aplicar un estilo para la forma y el texto que la contuviera con un solo clic.

El botón "Relleno de forma" muestra un menú donde puede rellenar con un color sólido, una imagen, un degradado o una textura la forma seleccionada.

El botón "Contorno de forma" muestra un menú donde puede especificar el color, el grosor y el estilo de línea del contorno de la forma seleccionada. Si el objeto fuera una flecha también estará activada la opción "Flechas" donde puede elegir entre los diferentes tipos que ofrece.

El botón "Efectos de formas" muestra un menú que le permite aplicar sombras, reflejos, efectos de iluminación, suavizado de bordes, biseles y rotaciones 3D a la forma seleccionada.

Grupo Texto

Los cuadros de texto son contenedores donde se puede escribir y colocarlos en cualquier parte del documento. Posibilitan maneras interesantes de organizar el texto en la página. Las formas también pueden contener texto escrito, haga clic dentro de la forma y comience a teclear.

A este texto se le pueden aplicar las opciones de formato conocidas.

Este grupo ofrece otras posibilidades de manipulación del texto contenido en una forma.

El botón "Dirección del texto" muestra un menú donde están las posibilidades de mantener el texto en horizontal, girarlo 90° o girarlo 270°.

El botón "Alinear texto" muestra un menú que sirve para alinear el texto a la derecha, al centro o a la izquierda dentro de la forma.

El botón "Crear vínculo" permite vincular el texto de la forma con el de un cuadro de texto que debe estar vacío, de manera que cuando el texto no quepa en la forma continúe en el cuadro de texto vinculado.

Una vez creado el vínculo, el botón se tornará a "Romper vínculo" con el fin de eliminarlo si lo desea.

1. Inserte la forma.
2. Inserte un cuadro de texto.
3. Teclee el texto dentro de la forma y cuando no quepa más, continuará escribiendo en el cuadro de texto.

Grupo Organizar

En este grupo se encuentran las herramientas para posicionar, voltear, alinear y ajustar la imagen a su contexto.

El botón "Ajustar de texto" acomoda la imagen con respecto al texto que la rodea de varias formas, tal y como se puede ver en los iconos del menú.

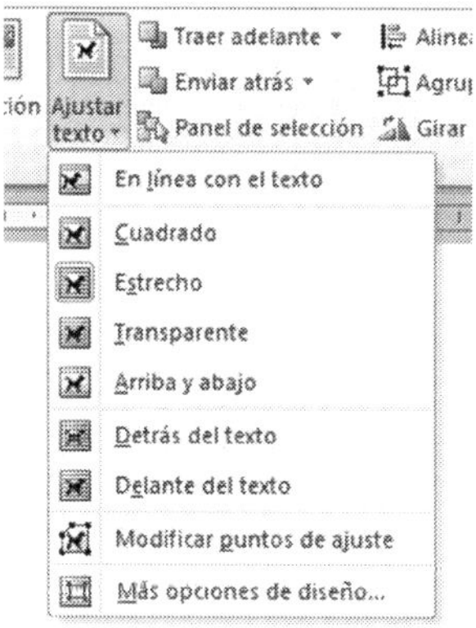

- En línea con el texto: Trata a la imagen insertada como un carácter más, es decir, la imagen se comportará como si fuera una letra, o un número más parte del texto. Este ajuste es el predeterminado, no importa el tipo de imagen que sea.
- Cuadrado: Este tipo de ajuste se caracteriza porque da la libertad de mover la imagen a cualquier posición del documento, a diferencia de la anterior, donde no es posible mover la imagen libremente, solo cambiarla de posición en el texto.
- Estrecho: Hace que el texto se coloque alrededor de la imagen al igual que el anterior, pero el texto va siguiendo la forma o el contorno de la imagen. En este tipo de ajuste puede colocar la imagen en cualquier posición de un párrafo y el texto quedará interrumpido antes de la imagen y continuará después de esta, si es que queda espacio entre la imagen y el margen de la hoja.
- Transparente: Es como el anterior, salvo que si el fondo lo permite será transparente dejando ver el texto.
- Arriba y abajo: El texto fluye por encima y por debajo de la imagen.
- Detrás del texto: Coloca el texto sobre la imagen, es decir el párrafo continúa como si la imagen no existiera.
- Delante del texto: Es similar al anterior, hace que el párrafo se coloque sin ninguna interrupción, sin embargo queda una parte del texto oculto por la imagen ya que esta se coloca sobre el texto y lo cubre.
- Modificar puntos de ajuste: Aparece un cuadro rojo con cuatro tiradores en las esquinas que permiten arrastrar los controladores de tamaño para cambiar la forma del perímetro de ajuste con el texto. La imagen quedará detrás del texto en esa zona.

El botón "Posición" cambia la ubicación del objeto seleccionado en la página y el texto se ajusta de manera automática al objeto.

El resto de botones de este grupo sirven para trabajar con más de una imagen. Será necesario seleccionarlas a la vez, para ello, debe hacer clic sobre las imágenes a seleccionar con la tecla <Ctrl> o la tecla <Shift> pulsadas.

NOTA: *No se podrán seleccionar varias imágenes si alguna de ella tiene el ajuste de texto "En línea con el texto". Si así fuera, cámbielo.*

El botón "Traer adelante" coloca la imagen seleccionada en primer plano, delante del texto o al frente de todos los objetos.

El botón "Enviar atrás" coloca la imagen seleccionada al fondo, detrás del texto o detrás de todos los objetos.

El botón "Alinear". Existen varias formas de alinear objetos. Pueden alinearse con otros objetos, del mismo modo que se alinean los lados, los centros o los bordes superior e inferior de los objetos. Pueden alinearse con respecto a toda la página; por ejemplo, en el borde superior o izquierdo de una página. También pueden alinearse objetos utilizando una cuadrícula para alinearlos con una esquina de la cuadrícula mientras se dibujen o muevan los objetos. La cuadrícula de dibujo es una red invisible de líneas que ayuda a alinear objetos. Las líneas de las cuadrículas no se ven en pantalla. Según se arrastra o se dibuja un objeto, Word lo alinea con la intersección más próxima de la cuadrícula.

- Para alinear los bordes de los objetos a la izquierda, haga clic en "Alinear a la izquierda".
- Para alinear los objetos verticalmente por el centro, haga clic en "Alinear verticalmente".
- Para alinear los bordes de los objetos a la derecha, haga clic en "Alinear a la derecha".
- Para alinear los bordes superiores de los objetos, haga clic en "Alinear en la parte superior".
- Para alinear los objetos horizontalmente por el centro, haga clic en "Alinear al medio".
- Para alinear los bordes inferiores de los objetos, haga clic en "Alinear en la parte inferior".

Si desea que los objetos estén equidistantes entre ellos debe usar las opciones "Distribuir verticalmente" y/o "Distribuir horizontalmente", previa selección de los objetos implicados.

El botón "Agrupar". Cuando se agrupan varios objetos, se combinan de forma que se puede trabajar con ellos como si se tratase de un único objeto. Las ilustraciones agrupadas se mueven, giran, voltean, cambian de tamaño o de escala como una sola unidad. También se pueden cambiar los atributos de todos los objetos de un grupo a la vez; por ejemplo, se podría cambiar el color del relleno o aplicar un sombreado a todos los objetos del grupo.

Debe seleccionar las imágenes implicadas y hacer clic en este botón.

El botón "Girar", pueden girar la imagen 90 grados hacia la derecha o izquierda o hacia cualquier otro ángulo. También se puede voltear un objeto horizontal o verticalmente. En la opción "Más opciones de giro" puede teclear el ángulo deseado para el giro. Al seleccionar la imagen aparece un tirador circular verde que le permite girar libremente arrastrando con el ratón.

Grupo Tamaño

El botón "Recortar" sirve para recortar las partes no deseadas de la imagen. El marco de la imagen toma otro aspecto, ya no son puntos, sino que cambia a líneas, sobre las cuales puede arrastrar con el ratón para hacer el recorte.

El botón "Alto de forma" cambia la altura de la imagen guardando la proporción. Cambie los valores o use las flechas.

El botón "Ancho de forma" cambia la altura de la imagen guardando la proporción. Cambie los valores o use las flechas.

Este grupo dispone de un cuadro de diálogo donde puede cambiar las opciones avanzadas usando las opciones de las fichas "Tamaño", "Posición" y "Ajuste del texto".

8. Numeración

Listas Numeradas

Las listas pueden ser numeradas, dándoles más coherencia y claridad en la exposición de los textos.

Si desea enumerar una serie de párrafos esta es la mejor opción, si se realiza así y no manualmente, conseguirá que al insertar un párrafo en la numeración, los números se actualicen y varíen. Para llevar a cabo esto con párrafos ya escritos se procede como sigue:

1. Seleccione los párrafos que se deseen numerar.
2. Haga clic sobre el botón "Numeración".
3. Elija el tipo de numeración deseada, haciendo clic, sobre ella.

Al igual que con las viñetas se puede aplicar numeración a párrafos ya escritos o a los que se van a escribir, si es el segundo caso, tiene que elegir el tipo de numeración, escribir los párrafos y al finalizar, desactivar la numeración con la opción Ninguno.

Desde el botón "Numeración" se puede activar o desactivar el uso de listas numeradas. Fíjese en que a esta opción sólo se puede acceder al estilo de viñeta actual, si quiere cambiar de estilo acceda al cuadro de diálogo con el botón de flecha que le acompaña, pudiendo, en ese caso, elegir entre los tipos de numeraciones que aparecen como los más usuales, o bien, defina un nuevo formato de número.

Personalizar estilo de numeración

Si desea utilizar un formato de numeración personalizado, y diferente a los que muestra la aplicación, debe elegir "Definir nuevo formato de número", del menú que se despliega en este botón.

En el cuadro "Formato de número" debe añadir o quitar caracteres que acompañen a la numeración. La numeración aparece sombreada en gris, si elimina este carácter sombreado perderá la numeración.

Definir nuevo formato de número

Podrá modificar el estilo del número, la fuente y la alineación.

1. Active el cuadro de diálogo del botón "Numeración".
2. Haga un clic sobre la opción "Definir nuevo formato de número...".
3. Elija el formato numérico de la lista en "Estilo de número", los aspectos de formato carácter en "Fuente", y la alineación.
4. Si el resultado que muestra la vista previa de esta ventana es el buscado, pulse sobre el botón "Aceptar".

Establecer valor de numeración

A la hora de aplicar la numeración, puede indicarle al programa con qué número desea que comience la lista; esto puede ser desde el número uno, continuar con la numeración de párrafos anteriores, o bien indicándole de manera manual el primer número de la lista. Para acceder a estas opciones de formato, debe elegir la opción "Establecer valor de numeración..." de la lista que aparece en el botón "Numeración".

9. Cuadro gráfico "MONTAÑA..."

Aplique los formatos explicados en el punto 7.

10. Texto "Cómo distribuir...."

Cambie el tamaño de letra a 13 (este valor no está en la lista, debe teclearlo en el cuadro del tamaño de fuente).

Aplique el borde y el sombreado sólo al texto escrito.

Bordes

La forma más rápida de aplicar un borde de párrafo es:

1. Active el párrafo o párrafos.
2. Haga un clic sobre la flecha del botón "Borde" y seleccione el tipo de borde deseado haciendo clic sobre él.

Para detallar el grosor del borde o su color seleccione la opción "Bordes y sombreado" del menú desplegable que contiene el botón "Borde". Aparecerá en pantalla el cuadro de diálogo "Bordes y sombreado", con tres pestañas, donde se puede:

- Especificar un valor para el borde (3d, sombra, personalizado…).
- Elegir un estilo de línea para el borde.
- Elegir un color para el borde.
- Establecer un grosor de línea.
- Además cabe la posibilidad de indicar si el borde que se establece se aplica al párrafo activo o sólo al texto, si este estuviera seleccionado.

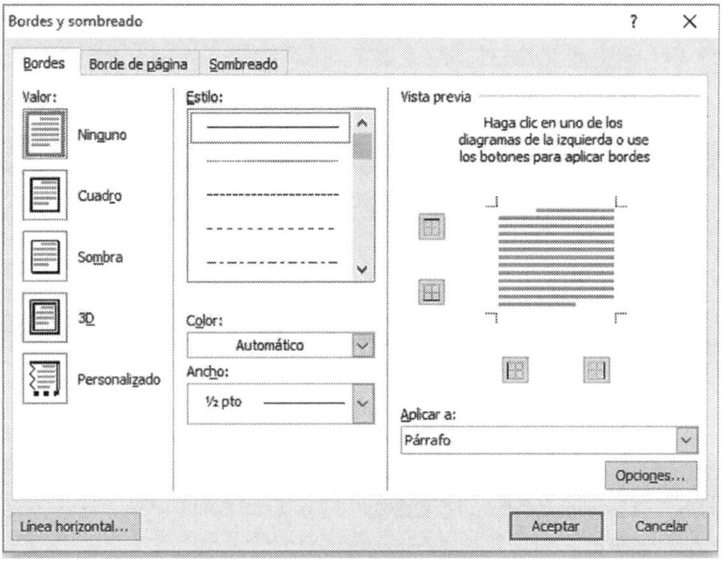

Sombreado

Puede utilizar el sombreado para rellenar de color el fondo de una tabla, párrafo o texto seleccionado.

1. Active el elemento a sombrear.
2. Haga un clic sobre la flecha del botón "Sombreado" y seleccione el color de la paleta de colores que muestra, haciendo un clic sobre él.

Pero si desea añadirle una trama a ese sombreado, despliegue la lista que acompaña al botón "Borde" y elija la opción "Bordes y sombreado". A continuación, haga un clic en la pestaña "Sombreado".

En la lista "Relleno" puede elegir el color del sombreado y en "Tramas" puede escoger el estilo de la trama y debajo, el color de la misma.

Puede aplicarle la trama al párrafo activo o sólo al texto, si este estuviera seleccionado.

11. Viñetas

Listas con Viñetas

Las viñetas son pequeños símbolos que se añaden a la izquierda de cada párrafo y se suelen emplear para indicar que esos párrafos están relacionados y determina una enumeración.

Aplicar viñetas

Para poder establecer viñetas en un documento, haga clic sobre el botón correspondiente a las viñetas, del grupo "Párrafo". Se despliega un panel que muestra las viñetas usadas más recientemente, algunos de los ejemplos más usuales de la biblioteca de viñetas, así como las viñetas que en la actualidad se encuentran colocadas en el documento.

Aplicar viñeta a párrafo de texto escritos

1. Seleccione los párrafos de texto.
2. Despliegue la lista del botón "Viñetas".
3. Elija una viñeta haciendo clic sobre ella.

***NOTA**: Como en otras ocasiones, esta opción de formato de las viñetas ofrece una vista previa simultánea del resultado en el documento, al sobrevolar el puntero del ratón sobre cada una de ellas.*

Para quitar una viñeta se procederá del mismo modo, es decir, haciendo clic sobre el botón (funciona a modo de interruptor, pone o quita las viñetas).

Es interesante fijarse en que a esta opción sólo se puede acceder al estilo de viñeta actual, si quiere cambiar de estilo acceda al cuadro de diálogo anterior, pudiendo en ese caso elegir entre los tipos de viñetas que aparecen como los más usuales, o bien, defina una nueva viñeta.

Aplicar viñetas a párrafos que se van a escribir

1. Active el botón "Viñetas", desde la cinta de opciones.
2. Escriba los párrafos en los que desee aplicar las viñetas.
3. Desactive las viñetas, desde el botón o desde el cuadro de diálogo eligiendo Ninguno.

Definir una nueva viñeta

En el caso de que desee aplicar una viñeta que no aparezca en el panel inicial puede definir una nueva basándose en los símbolos contenidos en Word o una imagen, elija la opción "Definir nueva viñeta". Aparece la ventana:

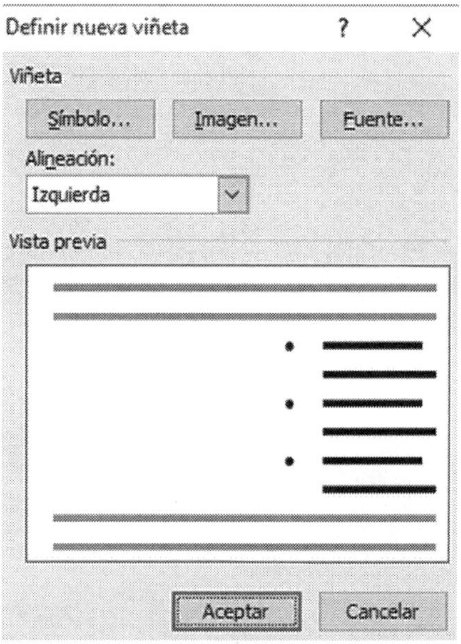

Símbolo

En esta ventana puede elegir los símbolos que desee insertar en el documento, a partir de distintos paneles que varían al cambiar la "Fuente" en la parte superior izquierda. También ofrece un listado de los últimos símbolos utilizados, de esta manera no será necesario volver a buscarlos. Elija uno y pulse en el botón "Aceptar".

Imagen

Abre otro cuadro de diálogo donde puede sustituir las viñetas de siempre por otras más dinámicas mostradas en una galería, además, puede importar archivos de imagen para que sean utilizados también como símbolos de las viñetas.

NOTA: Además Word 2010, le ofrece la posibilidad de incluir el contenido de Office Online, ampliando de esta manera las opciones con las que cuenta para elaborar sus documentos de una manera más atractiva.

Fuente

Un símbolo es tratado como un carácter y como tal puede cambiar su tamaño, su color, subrayado... y todos los demás efectos.

Alineación

Determina la alineación a la derecha, a la izquierda o centrada que se aplica al símbolo utilizado como elemento de las viñetas.

Este cuadro de diálogo contiene una vista previa donde se aprecia el resultado de aplicar estos formatos. Si es el deseado, pulse "Aceptar".

12. Texto " Lo más importante es....": aplique los formatos conocidos

13. Tabla: inserte la tabla con 5 filas y 2 columnas, modifique los estilos de borde. Seleccione cada columna y aplique la alineación y la anchura. Teclee los textos

Las tablas se componen de filas y columnas. Cada celda se puede rellenar con texto y/o ilustraciones. Las tablas suelen utilizarse con frecuencia para organizar y presentar información, pero también tienen muchos otros usos.

En esta versión puede insertar una tabla eligiendo un diseño entre varios modelos de tablas con formato previo (rellenas con datos de ejemplo) o seleccionando el número de filas y columnas deseadas. También puede insertar una tabla dentro de otra para crear una tabla más compleja (lo que se conoce como tablas anidadas).

Inserte cualquier elemento en las celdas de la tabla y aplique los formatos que conoce.

Insertar una tabla

Existen diferentes maneras de insertar una tabla en un documento.

Utilizando la opción Insertar tabla

La opción "Insertar tabla" sirve para especificar las dimensiones de la tabla y aplicarle formato antes de insertarla en el documento. Para ello:

1. Sitúe el cursor donde desee insertar la tabla.
2. En la ficha "Insertar", en el grupo "Tablas", haga clic sobre el botón "Tabla".
3. Haga clic en la opción "Insertar tabla".
4. En pantalla aparece un nuevo cuadro de diálogo donde debe indicar las características de la tabla:

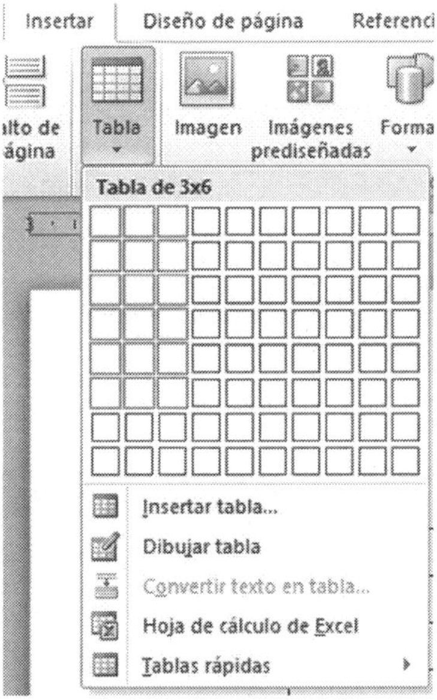

- ▹ En el apartado de Tamaño de la tabla, teclee el número de columnas y filas.
- ▹ En Autoajuste, elija las opciones necesarias para ajustar el tamaño de la tabla.

Usando plantillas de tabla

Otra forma de insertar una tabla en un documento es utilizando las plantillas basadas en una galería de tablas con formato previo. Las plantillas de tabla contienen datos de ejemplo que ayudan a visualizar el aspecto que tendrá la tabla cuando escriba la información.

1. Haga clic donde desee insertar la tabla.
2. En la ficha "Insertar", en el grupo "Tablas", haga clic sobre el botón "Tabla".
3. Elija la opción "Tablas rápidas" y, a continuación, elija la plantilla que quiera usar.
4. Reemplace los datos incluidos en la plantilla por los definitivos.

Dibujar la tabla

Puede crear una tabla dibujándola.

1. Haga clic donde desee insertar la tabla.
2. En la ficha "Insertar", en el grupo "Tablas", haga clic sobre el botón "Tabla".
    1. Elija la opción "Dibujar tabla". El puntero se convierte en un lápiz.
    2. Para definir los límites exteriores de la tabla, dibuje un rectángulo arrastrando el ratón. A continuación, dibuje las líneas de las columnas y de las filas dentro del rectángulo.
    3. Una vez dibujada la tabla, haga clic en una celda y comience a escribir o insertar una imagen, por ejemplo.

Elementos de una tabla

- Bordes y líneas de cuadrícula: De manera predeterminada, las tablas tienen un borde formado por una línea continua negra de 1/2 punto. Si quita el borde, en pantalla verá las líneas de división que forman los límites de las celdas. Las líneas de división no se imprimen.
- Marcas de fin: Las marcas de fin de celda y fin de fila son caracteres no imprimibles que, como las líneas de división, sólo aparecen en la pantalla, pero nunca en el papel impreso.

- Espacio y márgenes de celda: Si utiliza una tabla para organizar un texto y diferentes gráficos puede agregar espacio entre las celdas de la tabla.
- Tablas anidadas: Si utiliza una tabla para diseñar una página y desea usar otra para presentar información, puede insertar una tabla anidada; es decir, una tabla dentro de otra.
- Controladores de movimiento y cambio de tamaño de tablas: Utilice el controlador de movimiento de tabla para mover la tabla a otro lugar de una página, y el controlador de cambio de tamaño de tabla para cambiar el tamaño de una tabla.

Seleccionar partes de una tabla con el ratón

- Una celda: debe posicionar el puntero del ratón en la esquina inferior izquierda de la celda y hacer un clic.
- Varias celdas: si las celdas a seleccionar forman un bloque rectangular, debe hacer un clic sobre cualquier celda que sea una de las esquinas del bloque y, manteniendo pulsado el botón del ratón, arrastre en la dirección adecuada hasta alcanzar la celda de la esquina opuesta al bloque. Cuando llegue a ella suelte el botón del ratón y el bloque quedará seleccionado.
- Una columna: Para seleccionar una columna de una tabla debe hacer clic por encima de ella cuando el puntero tenga forma de flecha negra.
- Varias columnas: haga un clic sobre la cabecera de una columna y sin soltar el botón del ratón, arrastre el ratón por la cabecera de la tabla hacia la izquierda o hacia la derecha.
- Una fila: debe hacer un clic en el lado izquierdo, fuera de la tabla cuando el puntero tenga forma de flecha blanca.
- Varias filas: haga un clic sobre la cabecera de la fila y sin soltar el botón del ratón, arrastre el ratón por la cabecera de las filas hacia arriba o hacia abajo.

En esta **última** versión sí se pueden seleccionar celdas, columnas y filas salteadas al mismo tiempo (usando la tecla <Ctrl>).

Seleccionar desde la ficha Presentación del grupo Herramienta de Tabla:

1. Posicionar el cursor en una celda de la tabla.

2. Aparece una nueva ficha, la ficha "Presentación" del grupo de ficha contextuales "Herramientas de tabla". Solo aparece si el cursor está situado en cualquier lugar de la tabla

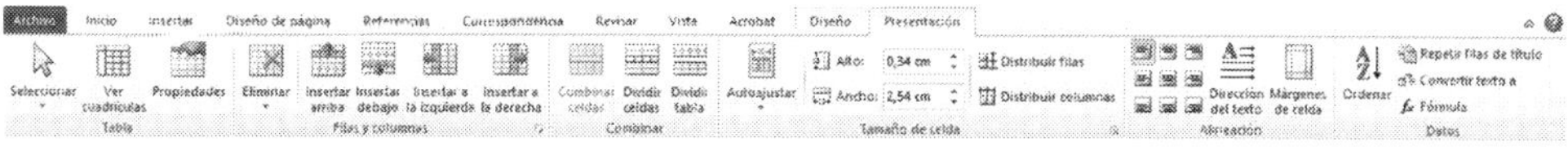

3. Haga clic sobre el botón "Seleccionar" del grupo "Tabla". En pantalla aparecerá un submenú con cuatro opciones:
   - Seleccionar celda
   - Seleccionar fila
   - Seleccionar columna
   - Seleccionar tabla

Elija la opción deseada y quedará seleccionada la zona donde está situado el cursor.

Modificar una tabla

Agregar una fila encima o debajo

Para añadir una nueva fila a la tabla debe seguir los siguientes pasos

1. Haga clic en la celda a cuya fila desea agregarle otra fila por encima o por debajo.
2. En "Herramientas de tabla", en la ficha "Presentación", siga uno de estos procedimientos:
   - Agregue una fila encima de la celda donde está, haciendo clic en el botón "Insertar arriba" del grupo "Filas y columnas".
   - Agregue una fila debajo de la celda donde está, haciendo clic en el botón "Insertar debajo" del grupo "Filas y columnas".

Agregar una columna a la izquierda o a la derecha

Para añadir una nueva columna a la tabla debe seguir los siguientes pasos:

1. Haga clic en la celda a cuya columna desea agregarle otra columna por la derecha o por la izquierda.

2. En "Herramientas de tabla", en la ficha "Presentación", siga uno de estos procedimientos:

- Agregue una columna a la izquierda de la celda donde está, haciendo clic en el botón "Insertar a la izquierda" del grupo "Filas y columnas".
  - ▹ Agregue una columna a la derecha de la celda donde está, haciendo clic en el botón "Insertar a la derecha" del grupo "Filas y columnas".

Eliminar una celda

1. Seleccione la celda que desea eliminar haciendo clic dentro de ella.
2. En "Herramientas de tabla", haga clic en la ficha "Diseño".
3. En el grupo "Filas y columnas", haga clic en el botón "Eliminar" y, a continuación, elija "Eliminar celdas...".
4. Elija una de estas opciones:

Elija:	Para realizar esta acción
Desplazar las celdas hacia la izquierda	Eliminar una celda y desplaza hacia la izquierda todas las demás celdas de esa fila.
Desplazar las celdas hacia arriba	Eliminar una celda y desplaza una fila hacia arriba todas las demás celdas existentes en esa columna. Al final de la columna se agrega una nueva celda en blanco.
Eliminar toda la fila	Eliminar toda la fila que contiene la celda en la que hizo clic.
Eliminar toda la columna	Eliminar toda la columna que contiene la celda en la que hizo clic.

Combinar celdas

Una varias celdas situadas en la misma fila o columna en solo una celda de tabla. Para ello:

1. Seleccione las celdas que desea combinar haciendo clic en el borde izquierdo de una celda y, sin soltar el botón, arrastrando el ratón por las otras celdas que desea unir.
2. En "Herramientas de tabla", en la ficha "Diseño", en el grupo "Combinar", haga clic en el botón "Combinar celdas". La celdas seleccionadas se convierten en una.

Dividir celdas

Al igual que puede unir más de una celda en una sola, también puede dividir una celda en varias, para ello:

1. Seleccione la celda que desea dividir.
2. En "Herramientas de tabla", en la ficha "Diseño", en el grupo "Combinar", haga clic en el botón "Dividir celdas".
3. Indique en cuantas filas y cuantas columnas quiere dividir la celda seleccionada.

Alineación vertical y horizontal dentro de una celda

El texto de una celda puede estar alineado tanto de manera horizontal (izquierda, derecha y centrada) y como verticalmente (superior, inferior y centro) a la vez.

En la ficha "Presentación" de "Herramientas de tabla", dentro del grupo "Alineación" existen nuevos botones para aplicar las alineaciones:

1. Seleccione la celda o celdas donde quiera aplicar una alineación determinada.
2. Haga clic sobre el botón de alineación deseada.

Cambiar la dirección del texto

Puede que necesite cambiar la dirección del texto dentro de una celda (por ejemplo, para ganar espacio). Para aplicarle una nueva dirección de texto, debe:

1. Seleccione la celda o celdas donde quiere cambiar la dirección del texto.
2. Active la ficha "Presentación" de "Herramientas de tabla", si no lo está ya.
3. Haga tantos clics sobre el botón de "Dirección de texto", del grupo "Alineación" hasta dar con la dirección deseada; fíjese cómo los botones que representan los tipos de alineaciones también giran.

Modificar los márgenes de una celda

Esta versión de Word permite personalizar los márgenes de celda. Para ello:

1. Seleccione la celda o celdas cuyos márgenes se van a modificar.
2. Active la ficha "Presentación" de "Herramientas de tabla", si no lo está ya.

3. En el grupo "Alineación" haga clic sobre el botón "Márgenes de celda", y en pantalla aparecerá un nuevo cuadro de diálogo donde debe especificar los nuevos márgenes a establecer.
4. Para que se establezcan, haga clic sobre el botón "Aceptar".

Desde este botón, también puede establecer una distancia entre celdas o/y ajustar automáticamente el tamaño de la celda al contenido.

Modificar estilos y bordes de tabla

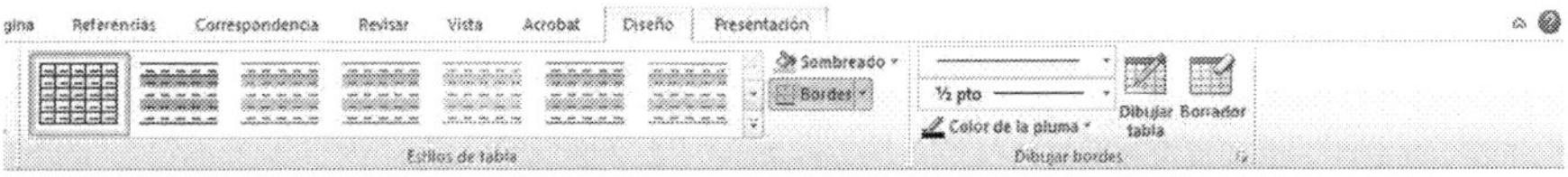

Utilizar Estilos de tabla para aplicar formato a toda una tabla

Una vez creada una tabla, es fácil aplicarle formato de una vez usando los Estilos de tabla. Para ver cómo quedaría la tabla con un estilo concreto debe pasear el puntero del ratón sobre cada uno de los estilos de tabla de la galería.

1. Haga clic en la tabla a la que desea aplicarle un formato.
2. En "Herramientas de tabla", haga clic en la ficha "Diseño".
3. Dentro del grupo "Estilos de tabla", pasee el puntero sobre los estilos de tabla hasta que encuentre el estilo que más le guste y haga clic sobre él.

Agregar bordes de tabla

1. Seleccione la tabla.
2. En "Herramientas de tabla", haga clic en la ficha "Diseño".
3. En el grupo "Estilos de tabla", haga clic en el botón "Bordes" y siga uno de estos procedimientos:
   - Haga clic en uno de los conjuntos de bordes predefinidos.
   - Haga clic en la opción "Bordes y sombreado", después en la ficha "Bordes" y, a continuación, elija las opciones que desea usar.

Quitar los bordes de tabla de toda la tabla

1. Seleccione la tabla.
2. En "Herramientas de tabla", haga clic en la ficha "Diseño".

3. En el grupo "Estilos de tabla", haga clic en el botón "Bordes" y elija la opción "Sin borde".

Mostrar u ocultar las líneas de la cuadrícula

Las líneas de la cuadrícula muestran en la pantalla los límites de las celdas de una tabla siempre que esta no tenga aplicados bordes. Si oculta las líneas de la cuadrícula en una tabla que incluya bordes, no apreciará cambios porque las líneas de la cuadrícula se encuentran detrás de los bordes. Así que para ver las líneas de la cuadrícula, debe quitar los bordes.

A diferencia de los bordes, las líneas de la cuadrícula sólo aparecen en la pantalla y no se imprimen. Si desactiva las líneas de la cuadrícula, la tabla aparece tal y como se va a imprimir. Las líneas de la cuadrícula no están visibles cuando los documentos se ven en un explorador Web o en la Vista preliminar.

Para mostrar u ocultar las líneas de la cuadrícula de una tabla en un documento debe hacer clic en "Ver cuadrículas", en el grupo "Tabla", de la ficha "Presentación", en "Herramientas de tabla".

Otras opciones de la tabla

Convertir la tabla en texto

Puede ocurrir que después de crear una tabla la quiera convertir en párrafos o tabulaciones, por ejemplo.

1. Seleccione las filas o la tabla que desee convertir en párrafos.
2. En la ficha "Presentación" elija la opción "Convertir texto a", del grupo "Datos".
3. En pantalla aparece el cuadro de diálogo correspondiente, que permite que especifique la opción del carácter separador que desee:
4. Haga clic sobre el botón "Aceptar".

Convertir texto en tabla

Si después de escribir con formato tabulaciones desea convertirlas en una tabla, también puede convertir esos párrafos en una tabla.

1. Lo primero de todo es tener los párrafos preparados, separados por comas, tabulaciones o enters, de este modo Word sabrá dónde desea transformar el texto en columnas.

2. Seleccione el texto que desea convertir a tabla.
3. Sitúese en la ficha "Insertar", en el grupo "Tablas" y pulse el botón "Tablas". Elija la opción "Convertir texto en tablas".
4. En el cuadro de diálogo "Convertir texto en tablas", debajo de "Separar texto en", haga clic en la opción del carácter separador que haya usado en el texto.
5. En el cuadro "Número de columnas", elija el número de columnas deseado.
6. Si no aparece el número de columnas esperado, puede que falte algún carácter separador en una o varias líneas del texto.
7. Seleccione cualquier otra opción que desee.
8. Por último, haga clic en el botón "Aceptar".

Ordenar una tabla

Word también ofrece la posibilidad que ordene el contenido de una tabla, ya sea de manera alfabética (de la A la Z o de la Z a la A) o numérica (de mayor a menor o de menor a mayor).

Para ordenar una tabla:

1. Debe seleccionar las filas, o columnas, a ordenar.
2. Haga clic en la ficha "Presentación" de "Herramientas de tabla", si no está activa.
3. A continuación, haga clic en el botón "Ordenar" del grupo "Datos".
4. Aparece el cuadro de diálogo correspondiente, en el que debe indicar la columna por la que desea ordenar la tabla, el tipo de dato que se trata (número, fecha, texto....), si es ascendente o descendente y si la tabla incluye encabezado de fila (una fila con los títulos de cada columna que componen la tabla) o no.
5. Puede indicar que ordene por más de una columna.
6. Una vez establecidas las especificaciones, haga clic en el botón "Aceptar".

Compruebe cómo ha ordenado la tabla.

Introducir fórmulas

La herramienta ideal para hacer cálculos es Excel pero Word también permite que realice cálculos sencillos (sumas, porcentajes, promedios,...) en las tablas como si se tratara de una hoja de cálculo.

Para ello debe seguir los siguientes pasos (la tabla debe contener datos numéricos dispuestos en columnas):

1. Coloque el cursor en la celda donde quiere introducir el cálculo.
2. Haga clic en el botón "Fórmula", del grupo "Datos" en la ficha "Presentación".
3. Aparece el cuadro de diálogo "Fórmula" en el que debe indicar la operación a emplear y el formato del número a introducir.
4. Cuando se utiliza una tabla de Word para realizar cálculos matemáticos sencillos, Word la "convierte" en una hoja de cálculo propia de Excel, por eso internamente nombra las columnas con letras (A, B, C...) y las filas, las enumera (1, 2, 3...). De modo que las celdas las rotulan con la letra de la columna en la que se encuentra y el número de la fila en la que se ubica.
5. Si quiere que calcule una multiplicación debe indicarle a Word que la realice; para ello:
   1°. Borre la fórmula que aparece en el apartado de Formula, dejando el signo igual.
   2°. Del apartado "Pegar función" seleccione la función 'product' (si desea multiplicar dos valores, por ejemplo).
   3°. Ahora entre los paréntesis tiene que escribir las coordenadas (fila y columna) de las celdas implicadas en la operación separadas por un punto y coma (;).
   4°. Para que realice el cálculo, haga clic sobre el botón "Aceptar". Y compruebe qué aparece el resultado esperado.

14. Guarde el documento terminado

RESULTADO FINAL

MONTAÑA - CONSEJOS

Aunque normalmente solemos practicar actividades en el medio natural en nuestro tiempo libre (y por ello nos parece que cualquier cosa que requiera un mínimo esfuerzo ya nos viene grande), el guion de planifica, equípate y actúa con prudencia debemos seguirlo siempre, puesto que muchas veces es nuestra seguridad y nuestra vida (o la de quienes nos acompañan) lo que está en juego. Los dos primeros pasos (planificar y equiparse) debemos hacerlos en casa, antes de salir, y realizarlos correctamente nos permitirá realizar el tercer.

Antes de empezar

Planificar debe ser siempre el primer paso de nuestra actividad. No debería ser una carga o algo que hagamos con pocas ganas: es la primera toma de contacto con la actividad, el momento inicial de empezar a imaginarla y, por lo tanto, disfrutarla. Planificar una actividad es también un proceso educativo, en el que deberíamos implicar a los que menos saben o a los que nos van a acompañar.

Este paso, que debemos hacerlo preferiblemente en casa, nos permitirá hacernos una idea mental de lo que nos vamos a encontrar.

Equiparse correctamente

Tan importante como planificar, y también una labor a hacer preferiblemente mientras todavía estemos en casa, es preparar el equipo que vamos a necesitar. Todo lo que no hayamos echado a la mochila no podremos utilizarlo, así que aunque ya sabemos que todo pesa, intenta no regatear en tu seguridad.

Habrá cosas que quizás (¡ojalá!) nunca lleguemos a utilizar, pero por precaución siempre deberemos llevar: es ese material de seguridad que está ahí por si acaso, y el día que falte seguro será el día que lo eches de menos.

NO OLVIDE

Botiquín, Mapa, Brújula, GPS, Teléfono móvil y protección solar

1. Escogeremos una actividad, evitando improvisar
2. Buscaremos los datos básicos de la misma: desniveles y distancias, tiempos -horarios-, dificultades técnicas específicas..
3. Consultaremos la predicción meteorológica
4. Prepararemos un plan alternativo
5. Dejaremos aviso de adónde vamos

Cómo distribuir el contenido en la mochila

Tendremos la precaución de **colocar** el material de la siguiente manera:

- En la parte inferior el material más ligero y que menos vayamos a utilizar durante la marcha (por ejemplo saco de dormir, ropa de muda...), aunque normalmente las mochilas poseen un compartimento inferior independiente para acceder a él.
- En el centro, y sobretodo pegado a la espalda, colocaremos lo más pesado.
- En la parte superior (en la seta) objetos poco pesados y muy utilizados (por ejemplo GPS, gafas, botiquín, documentación...).
- En los bolsillos los objetos más pequeños, teniendo la precaución de evitar posibles robos al estar más accesibles.

Lo más importante es que la carga esté bien distribuida en la mochila, es decir, que a izquierdas y derechas la mochila pese lo mismo, para evitar problemas al caminar y que se nos sobrecarguen unos músculos sí y otros no.

Peligros objetivos

Son los peligros que no dependen del propio montañero sino de factores externos.

La siguiente tabla recoge los principales peligros objetivos, la forma de prevenirlos y la actuación recomendada.

Tipo	Actuación
Rayo	Cubrirnos a más de 2 metros de paredes. Sentarse sobre objetos aislantes. Dispersarse, no correr. En cuevas, alejarnos de la entrada.
Niebla	Permanecer sin movernos hasta encontrar alguna referencia. Utilizar técnicas de orientación. Seguir puntos de referencia claros (ríos, crestas...).
Lluvia	Tener en cuenta posible desorientación. Protegernos. Cuidado con crecidas de ríos.
Sol	Beber con frecuencia. Usar cremas con buena protección. Ponerse gafas y gorro.

Prueba 4

Temas implicados:
Tablas, Orientación del papel, Salto de Sección, Listas Multinivel, Encabezados y Pies de páginas y Notas al pie

Rodio ediciones

INSTRUCCIONES

- El documento debe ocupar tres páginas. La primera y la segunda serán con orientación horizontal y la tercera con orientación vertical.
- Las páginas deben ir numeradas en principio de la página, a la derecha.
- Márgenes: superior a 2,5cm, inferior a 2,5cm, izquierdo a 3cm y derecho a 3cm.
- Fuente: Times New Roman, tamaño 12.
- Tabla1: con 4 filas y 7 columnas, con bordes exteriores con triple línea de grosor de 1pto. y bordes interiores con línea simple de 1pto.. Las columnas son de igual tamaño y las filas son tan altas como lo requiera el texto contenido.
- Tabla2: con 4 filas y 8 columnas, con bordes exteriores con doble línea de grosor de $1^{1/2}$pto. y bordes interiores con línea simple de $1^{1/2}$pto.. Las columnas son de distintos tamaños y las filas son tan altas como lo requiera el texto contenido. La tabla está centrada en la página.
- Los párrafos de la tercera página contienen notas al pie con tipo de letra Calibrí, tamaño 9.
- El título "Llegó la hora..." está sombreado en color morado, el color del texto es blanco y tamaño de letra 14.
- El último párrafo es una lista multinivel personalizada.
- Guarde el documento en el disco duro, dentro de una carpeta llamada "Pruebas" y llámelo "prueba04".

Ejercicio Práctico 4

1

INVENTARIO	DESCRIPCIÓN	PRECIO COSTO	PRECIO VENTA
Camisas manga larga Camisas manga corta	Material 100% algodón, colores: rojo, amarillo. Rojo- 220 Amarillo - 655	Manga larga - 750 Manga corta - 620	Manga larga - 950 Manga corta - 820
Pantalones	Material 70% algodón Azul - 400	Pantalones - 1.200	Pantalones - 1.500
Chaquetas	Material 100% lana colores: blancas y negras Blancas - 530 Negra - 735	Chaquetas - 3.000	Chaquetas - 4.200
Faldas	Material 100% lino colores : negro y gris. Negro - 435 Gris - 650	Faldas - 2.500	Faldas - 3.200
Cazadora cuero		Cazadora - 20.000	Cazadora - 30.000
Botas ante		Botas - 18.000	

2

FACTURA DEL ALMACÉN			
REFERENCIA	**DESCRIPCIÓN DEL PRODUCTO**	**CANTIDAD**	**EUROS**
458/58	Carretilla elevadora	5	1.500 €
478/90	Montacargas Tipo C-545	10	12.500 €
546/7	Aspiradores 1500 W.	55	650 €
212-54	Estanterías regulables	780	30 €
		21% I.V.A	3.083 €
		TOTAL DE LA FACTURA	**17.763 €**

La puesta a disposición de los compradores o arrendatarios del CERTIFICADO DE EFICIENCIA ENERGÉTICA de la totalidad o parte de un edificio, según corresponda, será exigible para los **contratos de compra-venta o arrendamiento**[1].

En este certificado, y mediante una **etiqueta de eficiencia energética**, se asigna a cada edificio una Clase Energética de eficiencia[2]. La certificación energética de edificios pasa a ser de **obligado cumplimiento** a partir del 13 de marzo de 2014

Para emitir un certificado de eficiencia energética, un técnico cualificado hará una visita previa al inmueble para tomar las medidas necesarias y observar las instalaciones con las que cuenta el edificio. Después, redactará el informe mediante cualquiera de los métodos contemplados en la normativa vigente y por último, lo registrará telemáticamente en la base de datos del organismo autonómico pertinente, el cual emitirá una etiqueta de eficiencia energética.

Realizamos certificaciones en toda la península gracias a la red de profesionales colaboradores con la que contamos.

Llegó la hora de firmar las escrituras de compraventa y del préstamo hipotecario.

1.-En general:

1- Fotocopia del NIF/CIF del solicitante o solicitantes
2- Copia de la escritura del bien inmueble a hipotecar
3- Verificación o certificación registral

2.-Trabajador por cuenta ajena:

1- Últimas nóminas
2- Última Declaración de la Renta
3- Otros justificantes de ingresos, si los hay

3.-Trabajador por cuenta propia:

1- Última Declaración de la Renta
2- Pagos fraccionados de renta del año en curso
3- Última declaración anual del IVA

1 *Vigente desde el 1 de junio de 2013.*

2 *Variará desde la clase A, para los energéticamente más eficientes, a la clase G, para los menos eficientes.*

1. Abra Word y cree un documento nuevo

2. Guarde el documento y llámelo "prueba04"

3. Compruebe los márgenes

4. Cambie la orientación del papel a horizontal

1. En la ficha "Diseño de página", en el grupo "Configurar página", haga clic en el botón "Orientación".
2. Haga clic en la opción Vertical o en Horizontal para darle una orientación de papel.

5. Inserte el número de página. Encabezados y Pies de página

Encabezado: Un encabezado es un texto o imágenes que se insertarán automáticamente al principio de cada página, como por ejemplo, el título del trabajo o artículo que se está escribiendo, el autor, la fecha,...

Pie de página: El pie de página tiene la misma funcionalidad que el encabezado, pero se imprime al final de la página, y suele contener los números de página.

Establecer los encabezados y pies de página

Para crear o modificar encabezados o pies de página debe activar la Ficha "Insertar, y en el grupo "Encabezado y pie de página" hay tres botones:

- El botón de "Encabezado" inserta un encabezado de la galería, o con la opción "Editar encabezado" la vista del documento cambia, situándose el cursor en la zona encabezado y mostrando el cuerpo del documento en gris. Aparece la Ficha "Herramientas para encabezados y pie de páginas". Use el grupo "Insertar" de esta ficha para añadir la fecha y la hora, elementos rápidos. Imágenes..... Use el botón del grupo "Cerrar" para volver al cuerpo del documento.

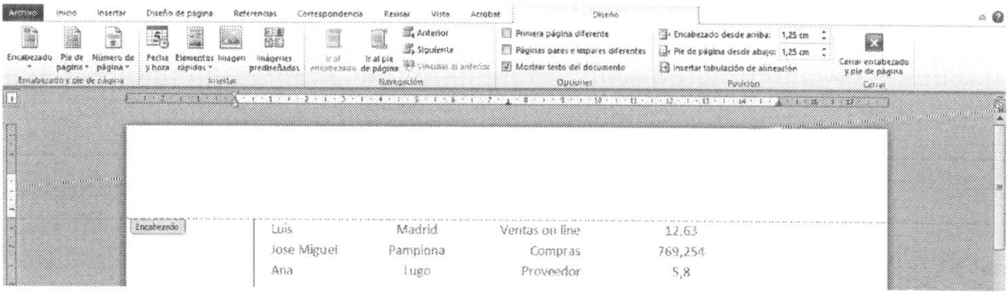

- El botón de "Pie de página" inserta un pie de la galería, o con la opción "Editar pie de página" la vista del documento cambia, situándose el cursor en la zona pie y mostrando el cuerpo del documento en gris. Aparece la Ficha "Herramientas para encabezados y pie de páginas". Use el grupo "Insertar" de esta ficha para añadir la fecha y la hora, elementos rápidos. Imágenes.... . Use el botón del grupo "Cerrar" para volver al cuerpo del documento.
- El botón de "Número de página" inserta un número de página en las hojas del documento, este número se incrementará automáticamente a medida que se vayan creando páginas nuevas. Elija la posición donde desee colocar la numeración dentro de la página, al principio, al final o donde está situado el cursor , y seleccione de la galería un modelo. Aparece la Ficha "Herramientas para encabezados y pie de páginas". Use el grupo "Insertar" de esta ficha para añadir la fecha y la hora, elementos rápidos. Imágenes.... . Use el botón del grupo "Cerrar" para volver al cuerpo del documento.

Para eliminar alguno de estos elementos elija la opción "Quitar..." encabezado, pie o número de página del botón correspondiente.

NOTA: *Es muy importante recordar que para poder ver los encabezados y pies de página debe estar en la vista "Diseño de impresión". De este modo, si hace doble clic sobre un encabezado o pie existente también se activará la ficha "Herramientas para Encabezado y pie de página" que contiene los iconos con todas las opciones disponibles.*

6. Tabla1: Inserte una tabla con 4 filas y 7 columnas, aplique los bordes y combine las celdas que aparecen unidas

(Use las herramientas explicadas en la prueba anterior).

7. Teclee el texto en la tabla. Cuando lo haya hecho, aumente el tamaño de la tabla para que ocupe toda la página

8. Tabla2: Inserte una tabla con 4 filas y 8 columnas, aplique los bordes y combine las celdas que aparecen unidas

(Use las herramientas explicadas en la prueba anterior). Para centrar la tabla en la página:

1. Seleccione la tabla.
2. Active la ficha "Presentación" de "Herramientas de tabla", si no lo está ya.
3. En el grupo "Tabla" haga clic sobre el botón "Propiedades", y en pantalla aparecerá un nuevo cuadro de diálogo que contiene la ficha "Tabla". Elija la alineación deseada.
4. Haga clic sobre el botón "Aceptar".

9. Teclee el texto en la tabla

10. Inserte un salto de sección a la "Página Siguiente" para cambiar la orientación del papel en la segunda página

Una sección es una parte de un documento de Word. Una o varias páginas, que pueden tener algunas opciones de configuración diferentes a las demás páginas del documento, principalmente en aspectos como la numeración de página, orientación, bordes, encabezado y pie de página. Cuando se quiere trabajar con estos elementos lo primero que se debe hacer es insertar las secciones.

Para insertar un salto de sección, en la ficha "Diseño de página" elija el botón "Saltos" y luego haga clic en el salto de sección que desee añadir.

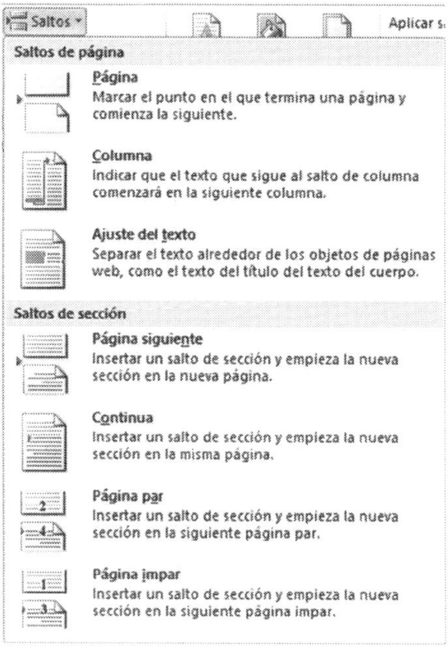

- Página siguiente, la nueva sección empieza en la página siguiente.
- Continua, la nueva sección empieza en la misma página.

  Los saltos de sección continuos son apropiados si se desea cambiar el formato (por ejemplo, el número de columnas) sin empezar una nueva página.
- Con un salto de sección Página par o Página impar, la nueva sección empieza en la siguiente página par o impar, respectivamente.
- Columna para provocar que la escritura fluya por la siguiente columna sin esperar a que llegue al final de la página.

Un salto de sección es como una valla que sirve para delimitar un formato, pero si quita un salto de sección, el texto situado encima pasa a formar parte de la sección que se encontraba bajo el salto y tendrá un formato igual al de ese texto. Por eso, es recomendable que utilice el botón "Mostrar todo" para saber exactamente dónde comienza el salto de sección ya que se trata de un carácter no imprimible.

Puede usar secciones para hacer (o delimitar) otros cambios de formato en páginas diferentes del documento, por ejemplo:

- Tamaño u orientación del papel.
- Encabezados y pies de página (recuerde desvincular el encabezado o pie de página de la sección anterior con el botón que acompaña al borde).

- Numeración de páginas (recuerde desvincular el encabezado o pie de página de la sección anterior con el botón que acompaña al borde).
- Numeración de listas.
- Numeración de notas al pie y notas al final.

11. Teclee el texto

12. Los párrafos de la segunda página contienen notas al pie

Las notas al pie son aclaraciones del texto escrito que aparecen numeradas sobre el pie de la página o al final el documento.

Para incluirlas:

1. Coloque el cursor al final de la palabra sobre la que quiere hacer una aclaración.
2. Elija de la ficha "Referencias", en el grupo "Notas al pie" el botón "Insertar nota al pie" (si desea que la nota aparezca al final de la página) o el botón "Insertar nota al final" (si desea que la nota aparezca al final del documento).

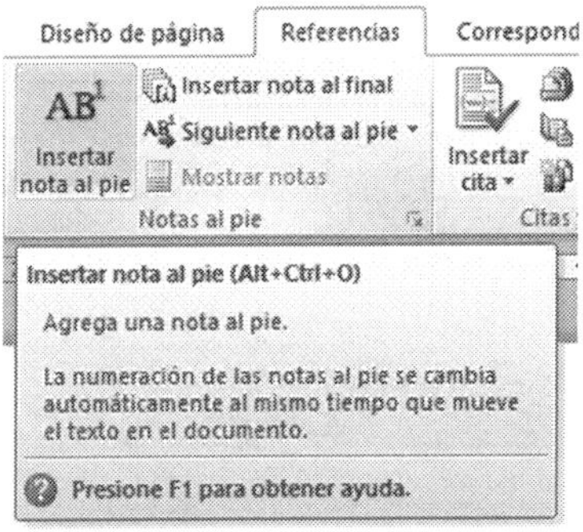

3. El cursor se desplaza automáticamente a la parte inferior de la página o al final del documento, dependiendo del tipo de nota elegida. Inserta un número en el caso de nota al pie de página o una letra (i minúscula) y sitúa el cursor a continuación de ese número o letra.
4. Escriba la aclaración.
5. Para abandonar la zona dedicada a la nota aclaratoria y poder seguir escribiendo en el documento, debe hacer un clic en cualquier parte del cuerpo del documento.

13. Aplique los formatos al título "Llegó la hora..."

14. Prepare la lista multinivel personalizada y teclee el texto

Cree una lista con diferentes niveles, es decir, una lista donde los párrafos se encuentran más o menos sangrados de acuerdo a su orden jerárquico. Este orden queda determinado por la sangría y por un estilo de numeración alfanumérico determinado. Como opción avanzada cabe la posibilidad de establecer este orden jerárquico mediante el empleo de estilos, tema que se tratará más adelante.

Para establecer este tipo de formato debe usar el botón "Lista multinivel", junto con los ya comentados anteriormente, dedicados a las viñetas y a las numeraciones. Este comando le permite acceder a un listado, en el que puede elegir el esquema de listado que más le interese aplicar a su documento.

Crear una lista multinivel

1. Sitúe el cursor en la posición a partir de la cual quiere iniciar la lista con multiniveles.
2. Active la lista que acompaña al botón "Lista Multinivel".
3. Haga clic sobre el estilo de esquema numerado que desee aplicar.
4. Haga clic en el botón "Aceptar".
5. A partir de ahora, teclee cada uno de los párrafos de la lista y sitúelos en el nivel que le corresponda procediendo como sigue:

- Pulse <Alt> + <Shift> + <Flecha derecha>. O haga clic sobre el botón "Aumentar sangría", para que el párrafo actual aumente de nivel.
- Pulsar <Alt> + <Shift> + <Flecha izquierda>. O haga clic sobre el botón de "Disminuir sangría", para que el párrafo actual disminuya de nivel.

Personalizar estilo de numeración

Si desea utilizar un formato de numeración personalizado, y diferente a los que muestra la aplicación, debe elegir "Definir nuevo formato de número", del menú que se despliega en este botón.

En el cuadro "Formato de número" debe añadir o quitar caracteres que acompañen a la numeración. La numeración aparece sombreada en gris, si elimina este carácter sombreado perderá la numeración.

15. Guarde el documento terminado

Resultado Final

1

INVENTARIO	DESCRIPCIÓN	PRECIO COSTO	PRECIO VENTA
Camisas manga larga Camisas manga corta	Material 100% algodón, colores: rojo, amarillo. Rojo- 220 Amarillo - 655	Manga larga - 750 Manga corta - 620	Manga larga - 950 Manga corta - 820
Pantalones	Material 70% algodón Azul - 400	Pantalones - 1.200	Pantalones - 1.500
Chaquetas	Material 100% lana colores: blancas y negras Blancas - 530 Negra - 735	Chaquetas - 3.000	Chaquetas - 4.200
Faldas	Material 100% lino colores : negro y gris. Negro - 435 Gris - 650	Faldas - 2.500	Faldas - 3.200
Cazadora cuero		Cazadora - 20.000	Cazadora - 30.000
Botas ante			Botas - 18.000

2

FACTURA DEL ALMACÉN			
REFERENCIA	**DESCRIPCIÓN DEL PRODUCTO**	**CANTIDAD**	**EUROS**
458/58	Carretilla elevadora	5	1.500 €
478/90	Montacargas Tipo C-545	10	12.500 €
546/7	Aspiradores 1500 W.	55	650 €
212-54	Estanterías regulables	780	30 €
		21% I.V.A	3.083 €
		TOTAL DE LA FACTURA	**17.763 €**

La puesta a disposición de los compradores o arrendatarios del CERTIFICADO DE EFICIENCIA ENERGÉTICA de la totalidad o parte de un edificio, según corresponda, será exigible para los **contratos de compra-venta o arrendamiento**[1].

En este certificado, y mediante una **etiqueta de eficiencia energética**, se asigna a cada edificio una Clase Energética de eficiencia[2]. La certificación energética de edificios pasa a ser de **obligado cumplimiento** a partir del 13 de marzo de 2014

Para emitir un certificado de eficiencia energética, un técnico cualificado hará una visita previa al inmueble para tomar las medidas necesarias y observar las instalaciones con las que cuenta el edificio. Después, redactará el informe mediante cualquiera de los métodos contemplados en la normativa vigente y por último, lo registrará telemáticamente en la base de datos del organismo autonómico pertinente, el cual emitirá una etiqueta de eficiencia energética,

Realizamos certificaciones en toda la península gracias a la red de profesionales colaboradores con la que contamos.

Llegó la hora de firmar las escrituras de compraventa y del préstamo hipotecario.

1.-En general:

1- Fotocopia del NIF/CIF del solicitante o solicitantes
2- Copia de la escritura del bien inmueble a hipotecar
3- Verificación o certificación registral

2.-Trabajador por cuenta ajena:

1- Últimas nóminas
2- Última Declaración de la Renta
3- Otros justificantes de ingresos, si los hay

3.-Trabajador por cuenta propia:

1- Última Declaración de la Renta
2- Pagos fraccionados de renta del año en curso
3- Última declaración anual del IVA

1 *Vigente desde el 1 de junio de 2013.*

2 *Variará desde la clase A, para los energéticamente más eficientes, a la clase G, para los menos eficientes.*

Prueba 5

Temas implicados: Imágenes, Tablas, Encabezados y Pies de página

eRodio ediciones

INSTRUCCIONES

- El documento debe ocupar tres páginas. La primera y la segunda serán con orientación vertical y la tercera con orientación horizontal.
- Márgenes: superior a 3cm, inferior a 2cm, izquierdo a 3cm y derecho a 3cm.
- Fuente: Calibrí, tamaño 10,5. Excepto la frase "6 de julio" de la tercera página cuyo tamaño es 12 y el resto, tiene tamaño 10.
- Las páginas deben ir numeradas en el pie del documento con alineación centrada e indicando "Página x", siendo x el número de página actual. Fuente Arial, tamaño 12.
- Los encabezados de las páginas 1 y 2 son iguales y el de la página 3 es diferente.
- El título "Consejos para correr..." está escrito con WordArt.
- Las viñetas llevan un símbolo personalizado. Este símbolo se encuentra en la fuente "webdings".
- Use el corrector ortográfico para las faltas de ortografía.
- Guarde el documento en el disco duro, dentro de una carpeta llamada "Pruebas" y llámelo "prueba05".

Ejercicio Práctico 5

Los Sanfermines

Las **Fiestas de San Fermín**, popularmente conocidas como **sanfermines** (en euskera *Sanferminak*), son una celebración en honor a San Fermín de Amiens que tiene lugar anualmente en la ciudad española de Pamplona, capital de Navarra.

Los festejos comienzan con el lanzamiento del chupinazo desde el balcón del Ayuntamiento de Pamplona, a las 12 del mediodía del 6 de julio y terminan a las 24 horas del 14 de julio con el *Pobre de mí...*, una canción de despedida.

Una de las actividades más famosas de los sanfermines es el encierro, que consiste en un recorrido de 849 metros delante de los toros y que culmina en la plaza de toros. Los encierros tienen lugar todos los días entre el 7 y el 14 de julio y comienzan a las ocho de la mañana, con una duración media de entre dos y tres minutos.

Los sanfermines tienen un origen que se remonta varios siglos, aunque su fama mundial es un fenómeno reciente, vinculada también a la difusión que les dio Ernest Hemingway. Se trata de unas fiestas singulares y, sin duda, el acontecimiento por el que más se conoce a Pamplona en el mundo. Su fisonomía actual, cosmopolita y multitudinaria, es el resultado de una lenta evolución histórica cuyos orígenes se remontan a la Edad Media.

San Fermín es conocido internacionalmente por la celebración del encierro, la carrera en la que los toros corren por algunas calles de la parte vieja de la ciudad. Los encierros se celebran desde el 7 de julio hasta el 14, a las 8.00 de la mañana.

CONSEJOS PARA CORRER EL ENCIERRO

Aquí te damos algunos consejos de gran valor si quieres conservar tu vida cuando corras el encierro de Iruñea/Pamplona:

- Controla lo que pasa a tu alrededor

Mientras corres, mira a qué distancia van los bichos, si no, para cuando te enteres los tendrás encima. Al mismo tiempo, controla qué tienes delante para no dártela con lo que te sale al paso, algún corredor caído, etc... Vete calculando dónde te vas a apartar. Es complicado.

- Citar al toro es muy peligroso

Los toros en realidad no tienen ningún interés en meterse con nadie. Están deseando salir cuanto antes de la encerrona. Si no les distraen, corren ciegos hasta sus chiqueros. Pero si citas a uno y se distrae del grupo, la cosa se pone muy peligrosa y puede acabar mal. Mal para ti, y de nuevo para los demás. También es peligroso citar al toro porque eso suele despertar las iras del populacho y puedes volver al hotel con cara de boxeador. No es por disculpar la violencia, pero esta se puede entender: **la tontería le puede costar la vida a alguien**.

Página 1

Los Sanfermines

- Si te caes no te levantes

Caerse en el encierro es lo más normal, por muchas razones. Ya hemos dicho que los toros en esos momentos no están para fijarse mucho en nada: si un toro ve en el suelo un bulto, le pasará por encima, primero él y luego sus cinco amiguitos, y ya está. Esto puede hacerte mucho daño, pero normalmente nada de gravedad. En cambio, si te levantas o te mueves cuando pasa el toro, puedes hacer que se fije en ti, o simplemente puedes levantarte justo en su trayectoria, con lo que se te llevará puesto, como aceituna pinchada en palillo.

- Así que si te la pegas

Quédate quieto en el suelo boca abajo sin moverte y protegiéndote la cabeza con las manos.

Ayuda de los demás Cuando todo haya pasado alguien te dará una palmada para que sepas que ya puedes levantarte. Si en quince minutos nadie te ha dado una palmadita, levántate también.

- No corras detrás de los toros

Mucha gente quiere seguir corriendo cuando ya le ha pasado la manada. Lo único que puedes conseguir es despistar a algún toro que al sentir movimiento por detrás se vuelva.

- No toques a los toros

Otra extraña afición de la gente es tocar al toro. No hay que tocarlo porque lo distraes.

- Quedarse parado en el recorrido no es buena idea

Cuando todo el mundo corra, tú también; si no, vas a provocar caídas generales. No vayas de espectador al encierro. Vete a correr.

- Ábrete en abanico nada más entrar a la plaza

Y salta la barrera o quédate pegado a ella. Así dejarás que los dobladores hagan su trabajo y lleven los toros al toril. Si sales al centro del ruedo, aparte de estorbarles, te quedarás indefenso y sin refugio posible ante un toro que corre más que tú.

- No estorbes a los dobladores y pastores

Ellos son los encargados de llevar los toros bien derechos hasta los corrales. Con su trabajo evitan mucho peligro. Te advertimos, además, que los pastores imponen el orden con unas larguísimas varas, y que un varazo de estos puede dolerte más que un pisotón de toro.

- No corras con ningún objeto

Si no tienes donde dejar tu mochila, cámara de vídeo o lo que sea, simplemente no corras.

Los Sanfermines

6 de julio

Programa para Sanfermin 2015. Incluye una estimación del programa oficial del Ayuntamiento de Pamplona y de actos promovidos habitualmente por otros colectivos.

12.00 El Txupinazo. Casa Consistorial. Transmisión en directo a través de pantallas gigantes en el Parque de Antoniutti, Paseo de Sarasate, Paseo Carlos III, Plaza del Castillo y Plaza de los Fueros.
12.00 Salida de Bandas de Música. Plaza Consistorial y recorrido hacia Paseo de Sarasate.
13.00 Sesión Vermouth. El Bosquecillo. Conjunto Gracia Navarra y Rondalla Ecos del Arga.
13.30 Festival Folclórico. Plaza de los Fueros.
14:00 Apertura del Jaigune de GoraIruñea! en el parque de la Runa. Kontzertuak
17.00 Gigantes y Cabezudos. Salida de la Comparsa desde la Estación de Autobuses.
18.00 Riau Riau NO OFICIAL organizado por la Peña Mutilzarra
18.00 ¡Menudas Fiestas! Plaza Conde de Rodezno. Actuaciones y atracciones infantiles hasta las 21.00 horas.
18:00 Gora Iruñea. Brigada Improductiva, Ze Esatek!, Porco Bravo y Skateitan.
18.30 Corrida de rejones. Seis toros con defensas despuntadas.
18:30 Alarde de Gaiteros. Desde el Zacatín del Mercado recorrerán las calles del Casco Antiguo.
19:45 Conciertos en el Jaigune de Gora Iruñea!
20.00 Vísperas Solemnes de San Fermín. **Capilla de San Fermín**(Iglesia de San Lorenzo). Vísperas cantadas por la Capilla de Música de la Catedral de Pamplona y la Orquesta Sinfónica de Navarra, que interpretan **"Grandes Vísperas de San Fermín"** de M. García y otros autores y que dirige el Maestro de Capilla.
20.00 Música Regional. El Bosquecillo. "Banda sinfónica de la Casa de la Comunidad Valenciana en Navarra".
20.30 Fueros Joven. Plaza de los Fueros. Concierto de DJ Hart y Yak hasta las 22:30.
21.00 Música de Aquí. Plaza del Castillo. Bailables de txistu y gaita.
21.00 Paseando. Teatro de calle con "I love Afrika", compañía El Molino (Lorca-Murcia), en la Avenida de Carlos III.
21.30 Verbena. Parque de Antoniutti, Orquesta Tabú, hasta las 22:30h.
21.45 Toro de fuego. Cuesta de Santo Domingo.
23.00 Fuegos Artificiales. Parque de la Ciudadela. Primera colección del Concurso Internacional Sanfermines 2014.
23.30 Verbena. Plaza de la Cruz Orquesta Fusión, hasta la 1:30h.
23.45 Las noches del Bosquecillo. Actuación de DJ´s.
00.00 Verbena. Parque de Antoniutti, hasta las 3:00h. **Salida de Bandas de Música**. Plaza Consistorial y **Concierto**. Plaza del Castillo. Play de Game (Tributo Queen).

1. Abra Word y cree un documento nuevo

2. Guarde el documento y llámelo "prueba05"

3. Compruebe los márgenes

4. Teclee el texto y aplique los formatos en las páginas 1 y 2

5. Numeración de páginas

Inserte el número de página en el centro del pie y teclee a la izquierda del número la palabra "Página".

6. Los encabezados de las páginas 1 y 2

Esos encabezados contienen un texto alineado a la derecha con tamaño 36pto. y una Imagen Prediseñada. Teclee el texto e inserte la imagen.

Para poder insertar estos objetos en un documento debe hacer clic sobre la cinta de opciones, en la ficha "Insertar" y usar los botones del grupo "Ilustraciones".

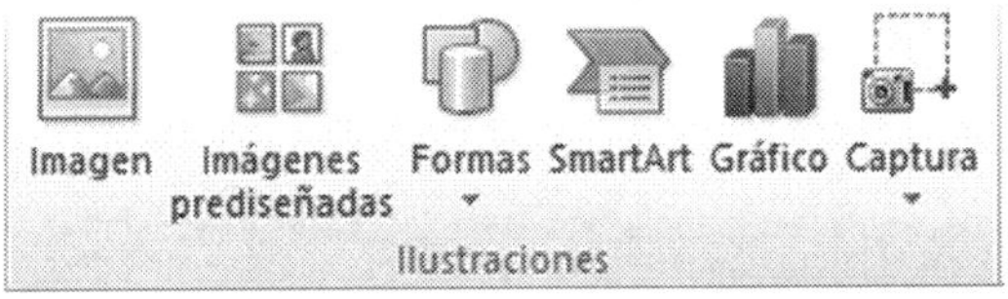

Imágenes

Un procesador de textos, como es Word, no podía dejar de tener en cuenta que la imagen cada vez está más integrada con el texto. Además, permite introducir imágenes digitales (almacenadas en su equipo) o prediseñadas (imágenes propias del paquete Office).

Imagen digital

Se considera una imagen digital aquella que está almacenada en su equipo, puede provenir de una cámara, ser una imagen descargada de internet...

Debe saber de antemano en qué lugar está almacenada y cómo se llama.

Inserte una imagen siguiendo estos pasos:

1. Debe hacer clic en el botón "Imagen" del grupo "Ilustraciones", en la ficha "Insertar".
2. Aparece el cuadro de diálogo "Insertar imagen", en el que debe localizar la imagen que desea insertar.
3. Haga doble clic sobre la imagen que desee insertar o un clic sobre su nombre y clic sobre el botón "Insertar".
4. La imagen aparece en el documento. Ahora podrá realizar modificaciones sobre ella como cambiar su tamaño, su posición e incluso ajustarla respecto al texto, entre otras cosas.

Imagen prediseñada

Las imágenes prediseñadas están incorporadas en la galería de imágenes de Office.

1. Para insertar una imagen prediseñada debe hacer un clic sobre el botón "Imágenes prediseñadas" del grupo "Ilustraciones", en la ficha "Insertar".
2. Aparece un panel a la derecha donde puede localizar (con el botón "Buscar") las imágenes de la galería de Office.
3. Una vez localizada la imagen debe hacer un clic sobre la misma para que se inserte en el documento.

Cuando inserte imágenes desde archivo o prediseñadas, debe tener en cuenta que se insertarán donde esté el cursor. Esto implica que habrá que cambiarles la propiedad de ajuste de texto para poder moverlas o seleccionar más de una. De este modo, pasará de ser una imagen fija o de entrelínea a una imagen flotante que podrá ubicar en cualquier parte del documento.

Al hacer clic sobre la imagen aparecen unos tiradores en las esquinas que permiten modificar el tamaño de la misma de manera proporcional y otros tiradores en los centros de los lados que modifican el tamaño de la imagen pero no guardan proporción.

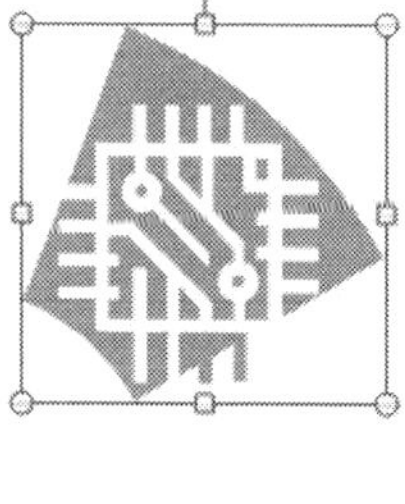

Herramientas de imagen

Seleccione una imagen, digital o prediseñada, haciendo clic sobre ella. Aparece una nueva ficha en la cinta de opciones, la ficha "Herramientas de imagen – Formato", en la que hay 4 grupos:

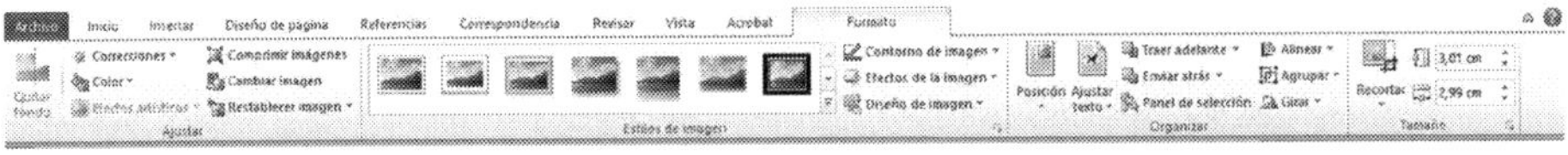

- Ajustar
- Estilos de imagen
- Organizar
- Tamaño

Grupo Ajustar

En este grupo se han añadido nuevos botones y han desaparecido otros que existían en la versión anterior

El botón "Quitar fondo" elimina las partes no deseadas y mantiene otras de la imagen activa mediante unas marcas.

El botón "Correcciones" mejora el brillo, el contraste o la nitidez de la imagen. Este botón engloba los botones de *Brillo y Contraste* de la versión anterior.

El botón "Color" funciona de manera similar a la versión anterior (*Volver a colorear*) pero permitiendo además cambiar el color de la imagen para mejorar la calidad o coincidir con el contenido del documento.

El botón "Efectos artísticos" aplica efectos a la imagen para que parezca más un boceto o una pintura que una foto.

El botón "Comprimir imágenes" hace que la imagen ocupe menos espacio.

El botón "Cambiar imagen" sirve para sustituir la imagen activa por otra imagen pero manteniendo el formato y el tamaño actual de la imagen a cambiar.

El botón "Restablecer imagen" deshace las características aplicadas a la imagen y la deja como se insertó.

Grupo Estilo de imagen

Puede mejorar la imagen agregando efectos, como sombras, iluminados, reflejos, bordes suaves, biseles y giros tridimensionales (3D) a esta.

Muestra una galería con un conjunto de estilos que se puede aplicar a la imagen. Elija uno de ellos haciendo clic y se lo aplicará a la imagen.

El botón "Contorno de la imagen" despliega un menú donde puede especificar el color, la anchura, y el estilo de línea del contorno que enmarque a la imagen seleccionada. Si desea quitárselo, elija la opción "Sin contorno".

El botón "Efectos de la imagen" aplica un estilo visual a la imagen como una sombra, un resplandor, bordes suaves... También se puede configurar cómo se aplica cada efecto con la opción "Opciones de (sombra, reflejo, iluminado...)" que aparece al elegir un efecto de la lista.

El botón "Diseño de la imagen" convierte la imagen seleccionada en un elemento de gráfico SmarArt.

Grupo Organizar

En este grupo se encuentran las herramientas para posicionar, voltear, alinear y ajustar la imagen a su contexto.

El botón "Ajustar texto" acomoda la imagen con respecto al texto que la rodea de varias formas, tal y como se puede ver en los iconos del menú.

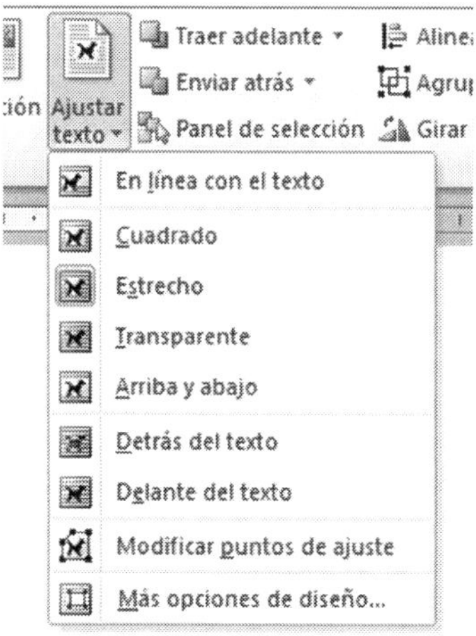

- En línea con el texto: Trata a la imagen insertada como un carácter más, es decir, la imagen se comportará como si fuera una letra, o un número más parte del texto. Este ajuste es el predeterminado, no importa el tipo de imagen que sea.
- Cuadrado: Este tipo de ajuste se caracteriza porque da la libertad de mover la imagen a cualquier posición del documento, a diferencia de la ante-

rior, donde no es posible mover la imagen libremente, solo cambiarla de posición en el texto.

- Estrecho: Hace que el texto se coloque alrededor de la imagen al igual que el anterior, pero el texto va siguiendo la forma o el contorno de la imagen. En este tipo de ajuste puede colocar la imagen en cualquier posición de un párrafo y el texto quedará interrumpido antes de la imagen y continuará después de esta, si es que queda espacio entre la imagen y el margen de la hoja.
- Transparente: Es como el anterior, salvo que si el fondo lo permite será transparente dejando ver el texto.
- Arriba y abajo: El texto fluye por encima y por debajo de la imagen.
- Detrás del texto: Coloca el texto sobre la imagen, es decir el párrafo continúa como si la imagen no existiera.
- Delante del texto: Es similar al anterior, hace que el párrafo se coloque sin ninguna interrupción, sin embargo queda una parte del texto oculto por la imagen ya que esta se coloca sobre el texto y lo cubre.
- Modificar puntos de ajuste: Aparece un cuadro rojo con cuatro tiradores en las esquinas que permiten arrastrar los controladores de tamaño para cambiar la forma del perímetro de ajuste con el texto. La imagen quedará detrás del texto en esa zona.

El botón "Posición" cambia la ubicación del objeto seleccionado en la página y el texto se ajusta de manera automática al objeto.

El resto de botones de este grupo sirven para trabajar con más de una imagen. Será necesario seleccionarlas a la vez, para ello, debe hacer clic sobre las imágenes a seleccionar con la tecla <Ctrl> o la tecla <Shift> pulsadas.

NOTA: *No se podrán seleccionar varias imágenes si alguna de ella tiene el ajuste de texto "En línea con el texto". Si así fuera, cámbielo.*

El botón "Traer adelante" coloca la imagen seleccionada en primer plano, delante del texto o al frente de todos los objetos.

El botón "Enviar atrás" coloca la imagen seleccionada al fondo, detrás del texto o detrás de todos los objetos.

El botón "Alinear". Existen varias formas de alinear objetos. Pueden alinearse con otros objetos, del mismo modo que se alinean los lados, los centros o los bordes superior e inferior de los objetos. Pueden alinearse con respecto a toda la página; por ejemplo, en el borde superior o izquierdo de una página. También pueden alinearse objetos utilizando una cuadrícula para alinearlos con una esquina de la cuadrícula mientras se dibujen o muevan los objetos. La cuadrícula de dibujo es una red invisible de líneas que ayuda a alinear objetos. Las líneas de las cuadrículas no se ven en pantalla. Según se arrastra o se dibuja un objeto, Word lo alinea con la intersección más próxima de la cuadrícula.

- Para alinear los bordes de los objetos a la izquierda, haga clic en "Alinear a la izquierda".
- Para alinear los objetos verticalmente por el centro, haga clic en "Alinear verticalmente".
- Para alinear los bordes de los objetos a la derecha, haga clic en "Alinear a la derecha".
- Para alinear los bordes superiores de los objetos, haga clic en "Alinear en la parte superior".
- Para alinear los objetos horizontalmente por el centro, haga clic en "Alinear al medio".
- Para alinear los bordes inferiores de los objetos, haga clic en "Alinear en la parte inferior".

Si desea que los objetos estén equidistantes entre ellos debe usar las opciones "Distribuir verticalmente" y/o "Distribuir horizontalmente", previa selección de los objetos implicados.

El botón "Agrupar". Cuando se agrupan varios objetos, se combinan de forma que se puede trabajar con ellos como si se tratase de un único objeto. Las ilustraciones agrupadas se mueven, giran, voltean, cambian de tamaño o de escala como una sola unidad. También se pueden cambiar los atributos de todos los objetos de un grupo a la vez; por ejemplo, se podría cambiar el color del relleno o aplicar un sombreado a todos los objetos del grupo.

Debe seleccionar las imágenes implicadas y hacer clic en este botón.

El botón "Girar", puede girar la imagen 90 grados hacia la derecha o izquierda o hacia cualquier otro ángulo. También se puede voltear un objeto horizontal o verticalmente. En la opción "Más opciones de giro" puede teclear el ángulo deseado para el giro. Al seleccionar la imagen aparece un tirador circular verde que le permite girar libremente arrastrando con el ratón.

Grupo Tamaño

El botón "Recortar" sirve para recortar las partes no deseadas de la imagen. El marco de la imagen toma otro aspecto, ya no son puntos, sino que cambia a líneas, sobre las cuales puede arrastrar con el ratón para hacer el recorte.

El botón "Alto de forma" cambia la altura de la imagen guardando la proporción. Cambie los valores o use las flechas.

El botón "Ancho de forma" cambia la altura de la imagen guardando la proporción. Cambie los valores o use las flechas.

Este grupo dispone de un cuadro de diálogo donde puede cambiar las opciones avanzadas usando las opciones de las fichas "Tamaño", "Posición" y "Ajuste del texto".

7. El título "Consejos para correr..." está escrito con WordArt

WordArt es texto decorativo que se puede agregar a un documento, apareciendo como un cuadro gráfico y pudiendo ser tratado como tal. Es posible realizar cambios a WordArt, como el tamaño de fuente, el color del texto, los efectos... mediante las opciones de herramientas de dibujo disponibles automáticamente después de insertar o seleccionar el elemento de WordArt en un documento.

Insertar WordArt

1. Haga clic donde desee insertar texto decorativo en un documento.
2. En la ficha "Insertar", en el grupo "Texto", haga clic en el botón "WordArt".
3. Haga clic en cualquier estilo de la galería y comience a escribir.

Realizar cambios en WordArt

1. Haga clic sobre el objeto WordArt para seleccionarlo.
2. Aparece la ficha "Herramientas de dibujo – Formato".
3. En el grupo "Estilos de WordArt" están los botones que puede usar para hacer cambios.

La galería de estilos ofrece diversos formatos para el texto, elija cualquiera de ellos haciendo clic sobre él.

El botón "Relleno del texto" ofrece una paleta de colores para el texto escrito y la posibilidad de aplicarle un degradado.

El botón "Contorno del texto" muestra un menú donde puede especificar el color y el grosor del contorno del texto WordArt.

El botón “Efectos del texto” muestra un menú donde puede aplicar sombras, reflejos, efectos de iluminación, biseles, rotaciones 3D y transformación. Esta última opción retuerce el texto dándole mayor vistosidad.

8. Defina una nueva viñeta como se explicó en la prueba 3

Use el botón “Símbolo” y elija la fuente “Webdings” de la lista para localizar el dibujo.

9. Teclee el texto y seleccione las frases que llevan viñeta y aplique el formato viñeta con el botón correspondiente del grupo “Párrafo”

(Recuerde: manteniendo la tecla <Ctrl> pulsada).

10. Al terminar la página 2, inserte un salto a la “Página Siguiente” y cambie la orientación del papel

11. Cambie el encabezado de esta página. Recuerde que debe desactivar la vinculación de este encabezado con el anterior para hacerlo diferente

12. Use el corrector ortográfico para las faltas de ortografía

13. Guarde el documento terminado

RESULTADO FINAL

Los Sanfermines

Las **Fiestas de San Fermín**, popularmente conocidas como **sanfermines** (en euskera *Sanferminak*), son una celebración en honor a San Fermín de Amiens que tiene lugar anualmente en la ciudad española de Pamplona, capital de Navarra.

Los festejos comienzan con el lanzamiento del chupinazo desde el balcón del Ayuntamiento de Pamplona, a las 12 del mediodía del 6 de julio y terminan a las 24 horas del 14 de julio con el *Pobre de mí...*, una canción de despedida.

Una de las actividades más famosas de los sanfermines es el encierro, que consiste en un recorrido de 849 metros delante de los toros y que culmina en la plaza de toros. Los encierros tienen lugar todos los días entre el 7 y el 14 de julio y comienzan a las ocho de la mañana, con una duración media de entre dos y tres minutos.

Los sanfermines tienen un origen que se remonta varios siglos, aunque su fama mundial es un fenómeno reciente, vinculada también a la difusión que les dio Ernest Hemingway. Se trata de unas fiestas singulares y, sin duda, el acontecimiento por el que más se conoce a Pamplona en el mundo. Su fisonomía actual, cosmopolita y multitudinaria, es el resultado de una lenta evolución histórica cuyos orígenes se remontan a la Edad Media.

San Fermín es conocido internacionalmente por la celebración del encierro, la carrera en la que los toros corren por algunas calles de la parte vieja de la ciudad. Los encierros se celebran desde el 7 de julio hasta el 14, a las 8.00 de la mañana.

CONSEJOS PARA CORRER EL ENCIERRO

Aquí te damos algunos consejos de gran valor si quieres conservar tu vida cuando corras el encierro de Iruñea/Pamplona:

- Controla lo que pasa a tu alrededor

Mientras corres, mira a qué distancia van los bichos, si no, para cuando te enteres los tendrás encima. Al mismo tiempo, controla qué tienes delante para no dártela con lo que te sale al paso, algún corredor caído, etc... Vete calculando dónde te vas a apartar. Es complicado.

- Citar al toro es muy peligroso

Los toros en realidad no tienen ningún interés en meterse con nadie. Están deseando salir cuanto antes de la encerrona. Si no les distraen, corren ciegos hasta sus chiqueros. Pero si citas a uno y se distrae del grupo, la cosa se pone muy peligrosa y puede acabar mal. Mal para ti, y de nuevo para los demás. También es peligroso citar al toro porque eso suele despertar las iras del populacho y puedes volver al hotel con cara de boxeador. No es por disculpar la violencia, pero esta se puede entender: **la tontería le puede costar la vida a alguien.**

Página 1

Los Sanfermines

- Si te caes no te levantes

Caerse en el encierro es lo más normal, por muchas razones. Ya hemos dicho que los toros en esos momentos no están para fijarse mucho en nada: si un toro ve en el suelo un bulto, le pasará por encima, primero él y luego sus cinco amiguitos, y ya está. Esto puede hacerte mucho daño, pero normalmente nada de gravedad. En cambio, si te levantas o te mueves cuando pasa el toro, puedes hacer que se fije en ti, o simplemente puedes levantarte justo en su trayectoria, con lo que se te llevará puesto, como aceituna pinchada en palillo.

- Así que si te la pegas

Quédate quieto en el suelo boca abajo sin moverte y protegiéndote la cabeza con las manos.

Ayuda de los demás Cuando todo haya pasado alguien te dará una palmada para que sepas que ya puedes levantarte. Si en quince minutos nadie te ha dado una palmadita, levántate también.

- No corras detrás de los toros

Mucha gente quiere seguir corriendo cuando ya le ha pasado la manada. Lo único que puedes conseguir es despistar a algún toro que al sentir movimiento por detrás se vuelva.

- No toques a los toros

Otra extraña afición de la gente es tocar al toro. No hay que tocarlo porque lo distraes.

- Quedarse parado en el recorrido no es buena idea

Cuando todo el mundo corra, tú también; si no, vas a provocar caídas generales. No vayas de espectador al encierro. Vete a correr.

- Ábrete en abanico nada más entrar a la plaza

Y salta la barrera o quédate pegado a ella. Así dejarás que los dobladores hagan su trabajo y lleven los toros al toril. Si sales al centro del ruedo, aparte de estorbarles, te quedarás indefenso y sin refugio posible ante un toro que corre más que tú.

- No estorbes a los dobladores y pastores

Ellos son los encargados de llevar los toros bien derechos hasta los corrales. Con su trabajo evitan mucho peligro. Te advertimos, además, que los pastores imponen el orden con unas larguísimas varas, y que un varazo de estos puede dolerte más que un pisotón de toro.

- No corras con ningún objeto

Si no tienes donde dejar tu mochila, cámara de vídeo o lo que sea, simplemente no corras.

Página 2

Los Sanfermines

6 de julio

Programa para Sanfermin 2015. Incluye una estimación del programa oficial del Ayuntamiento de Pamplona y de actos promovidos habitualmente por otros colectivos.

12.00 El Txupinazo. Casa Consistorial. Transmisión en directo a través de pantallas gigantes en el Parque de Antoniutti, Paseo de Sarasate, Paseo Carlos III, Plaza del Castillo y Plaza de los Fueros.
12.00 Salida de Bandas de Música. Plaza Consistorial y recorrido hacia Paseo de Sarasate.
13.00 Sesión Vermouth. El Bosquecillo. Conjunto Gracia Navarra y Rondalla Ecos del Arga.
13.30 Festival Folclórico. Plaza de los Fueros.
14:00 Apertura del Jaigune de GoraIruñea! en el parque de la Runa. Kontzertuak
17.00 Gigantes y Cabezudos. Salida de la Comparsa desde la Estación de Autobuses.
18.00 Riau Riau NO OFICIAL organizado por la Peña Mutilzarra
18.00 ¡Menudas Fiestas! Plaza Conde de Rodezno. Actuaciones y atracciones infantiles hasta las 21.00 horas.
18:00 Gora Iruñea. Brigada Improductiva, Ze Esatek!, Porco Bravo y Skateitan.
18.30 Corrida de rejones. Seis toros con defensas despuntadas.
18:30 Alarde de Gaiteros. Desde el Zacatín del Mercado recorrerán las calles del Casco Antiguo.
19:45 Conciertos en el Jaigune de Gora Iruñea!
20.00 Vísperas Solemnes de San Fermín. **Capilla de San Fermín**(Iglesia de San Lorenzo). Vísperas cantadas por la Capilla de Música de la Catedral de Pamplona y la Orquesta Sinfónica de Navarra, que interpretan **"Grandes Vísperas de San Fermín"** de M. García y otros autores y que dirige el Maestro de Capilla.
20.00 Música Regional. El Bosquecillo. "Banda sinfónica de la Casa de la Comunidad Valenciana en Navarra".
20.30 Fueros Joven. Plaza de los Fueros. Concierto de DJ Hart y Yak hasta las 22:30.
21.00 Música de Aquí. Plaza del Castillo. Bailables de txistu y gaita.
21.00 Paseando. Teatro de calle con "I love Afrika", compañía El Molino (Lorca-Murcia), en la Avenida de Carlos III.
21.30 Verbena. Parque de Antoniutti, Orquesta Tabú, hasta las 22:30h.
21.45 Toro de fuego. Cuesta de Santo Domingo.
23.00 Fuegos Artificiales. Parque de la Ciudadela. Primera colección del Concurso Internacional Sanfermines 2014.
23.30 Verbena. Plaza de la Cruz Orquesta Fusión, hasta la 1:30h.
23.45 Las noches del Bosquecillo. Actuación de DJ´s.
00.00 Verbena. Parque de Antoniutti, hasta las 3:00h. **Salida de Bandas de Música**. Plaza Consistorial y **Concierto**. Plaza del Castillo. Play de Game (Tributo Queen).

Página 3

Prueba 6

Temas implicados:
Formas, Organigramas con SmartArt

Rodio ediciones

INSTRUCCIONES

- Márgenes: superior a 2,5cm, inferior a 1cm, izquierdo a 3cm y derecho a 3cm.
- Fuente: Cambria, tamaño 14, color azul. Excepto el título ´ORGANIGRAMA JERÁRQUICO´ cuyo tamaño es 20.
- El logotipo está compuesto por 4 objetos, los paréntesis (con tamaño 5cm. x 2cm. y alineados horizontalmente) y el sol (con tamaño 3cm. x 3cm.) son Formas y el nombre es un Cuadro de texto (con tamaño 1,2cm. x 5cm.). Todas las figuras deben agruparse en una. El ajuste con el texto debe ser cuadrado.
- El organigrama pertenece a la categoría "Jerarquía", concretamente, el modelo "Organigrama con nombres y puestos". La fuente usada es Calibrí, tamaño 17 para los nombres y tamaño 12 para los puestos. Colores blancos y negros.

Ejercicio Práctico 6

SOL JOYERÍAS

A la edad de 16 años Luis Leal, Joyero Artesano comienza su oficio en la tienda de su padre diplomándose más adelante en Gemología en la Universidad de Barcelona. A los 27 años se instala en un local del centro cerca del ayuntamiento y un año y medio más tarde se traslada a la que es su tienda actual, un local pequeño y moderno adaptado a los nuevos tiempos.

Joyería Sol dispone de un taller de joyería y relojería, compra venta de oro, joyas y relojes exclusivos.

ORGANIGRAMA JERÁRQUICO

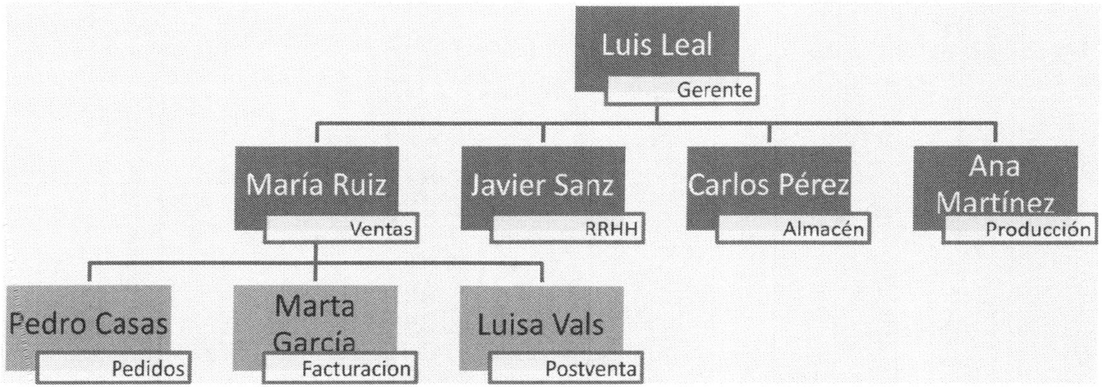

1. Abra Word y cree un documento nuevo

2. Guarde el documento y llámelo "prueba06"

3. Compruebe los márgenes

4. Inserte las formas que componen el logotipo

Son tres: un paréntesis que abre, otro que cierra, un sol y un cuadro de texto (sin bordes) con la leyenda "SOL JOYERÍAS". Respete los tamaño y sitúe las formas como en el logotipo del dibujo. Una vez preparadas, **alinéelas y agrúpelas** para que no pierdan sus posiciones y así, tratarlas como un solo objeto. Use los botones del grupo "Organizar" explicados en el anterior ejercicio.

Las formas son una multitud de figuras listas para ser usadas que permiten realizar esquemas y otros tipos de dibujos. También cuenta con rectas, curvas ajustables y dibujo a mano alzada que incentivan a utilizar la imaginación.

En un documento de Word puede introducir una única forma de dibujo o varias. Si tiene previsto incluir más de una forma en la ilustración, lo más aconsejable es insertar un lienzo de dibujo.

El lienzo de dibujo proporciona un límite a modo de marco entre el dibujo y el resto del documento. De manera predeterminada, el lienzo no tiene bordes ni fondo, pero se le puede aplicar formato como a cualquier objeto de dibujo.

Asimismo, el lienzo de dibujo ayuda a mantener unidas las distintas partes del dibujo, lo que es particularmente útil si se compone de varias formas.

Dibujar una única forma

Los pasos para insertar una única forma de dibujo son:

1. Haga clic sobre el botón "Formas", del grupo "Ilustraciones".
2. Elija la forma a dibujar.
3. Pulse el botón izquierdo del ratón sobre una parte del documento y sin soltarlo, arrastre el ratón hasta otro punto y suelte el botón del ratón.

Con la forma seleccionada se activa una nueva ficha, "Herramientas de dibujo – Formato" y a través de ella puede mejorar el aspecto de la forma como rellenar con un color, cambiar el ancho o forma del contorno, dar un efecto 2D o 3D… .

Introducir un lienzo de dibujo

Los pasos para insertar un lienzo de dibujo y dibujar más de una forma son:

1. Haga clic sobre el botón "Formas" y elija la opción "Nuevo lienzo de dibujo".
2. Aparecerá un rectángulo sobre el que debe insertar las diferentes formas.

A este lienzo también le puede mejorar su aspecto a través de la ficha "Herramientas de dibujo – Formato"

Herramientas de dibujo

La ficha "Herramientas de dibujo – Formato" está dividida en 6 grupos:

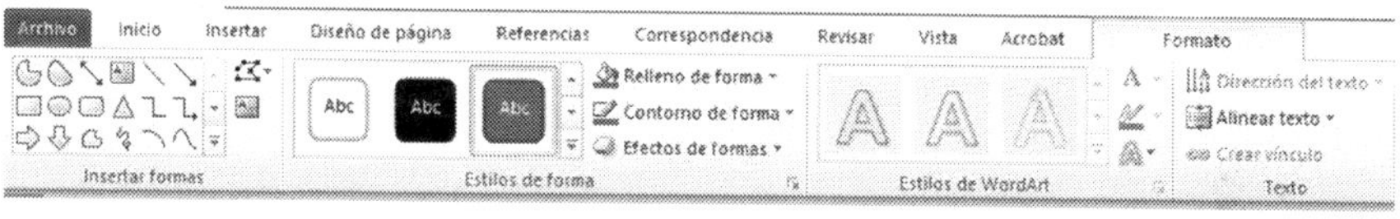

…/…

…/…

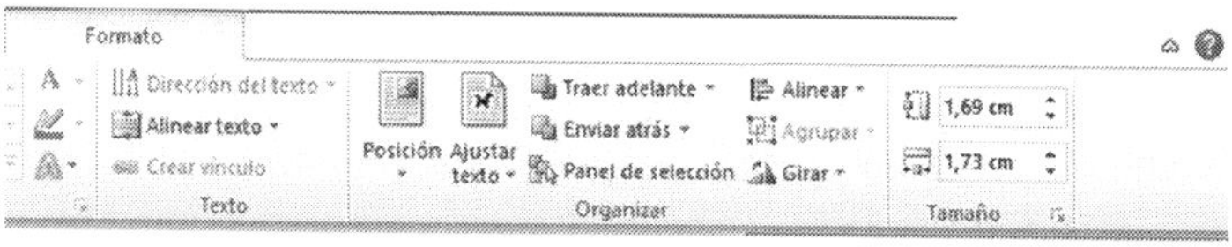

- Insertar formas
- Estilos de forma
- Estilos de WordArt
- Texto
- Organizar
- Tamaño

Grupo Insertar formas

La galería de formas permite insertar figuras como las que contiene el botón "Formas" de la ficha "Insertar"

El botón "Editar forma" contiene un menú donde puede cambiar de forma o modificar los puntos de la misma, convirtiendo la forma seleccionada en libre y dando la posibilidad de editar los puntos para modificarla.

El botón "Dibujar cuadro de texto" agrega un cuadro donde puede escribir dentro. El recuadro se trata como una forma y el texto, como tal, permitiendo aplicarle formatos.

Grupo Estilos de forma

La galería de estilos da la posibilidad de aplicar un estilo para la forma y el texto que la contuviera con un solo clic.

El botón "Relleno de forma" muestra un menú donde puede rellenar con un color sólido, una imagen, un degradado o una textura la forma seleccionada.

El botón "Contorno de forma" muestra un menú donde puede especificar el color, el grosor y el estilo de línea del contorno de la forma seleccionada. Si el objeto fuera una flecha también estará activada la opción "Flechas" donde puede elegir entre los diferentes tipos que ofrece.

El botón "Efectos de formas" muestra un menú que le permite aplicar sombras, reflejos, efectos de iluminación, suavizado de bordes, biseles y rotaciones 3D a la forma seleccionada.

Grupo Texto

Los cuadros de texto son contenedores donde se puede escribir y colocarlos en cualquier parte del documento. Posibilitan maneras interesantes de organizar el texto en la página. Las formas también pueden contener texto escrito, haga clic dentro de la forma y comience a teclear.

A este texto se le pueden aplicar las opciones de formato conocidas.

Este grupo ofrece otras posibilidades de manipulación del texto contenido en una forma.

El botón "Dirección del texto" muestra un menú donde están las posibilidades de mantener el texto en horizontal, girarlo 90° o girarlo 270°.

El botón "Alinear texto" muestra un menú que sirve para alinear el texto a la derecha, al centro o a la izquierda dentro de la forma.

El botón "Crear vínculo" permite vincular el texto de la forma con el de un cuadro de texto que debe estar vacío, de manera que cuando el texto no quepa en la forma continúe en el cuadro de texto vinculado.

Una vez creado el vínculo, el botón se tornará a "Romper vínculo" con el fin de eliminarlo si lo desea.

1. Inserte la forma.
2. Inserte un cuadro de texto.
3. Teclee el texto dentro de la forma y cuando no quepa más, continuará escribiendo en el cuadro de texto.

Grupo Organizar y Grupo Tamaño

Estos dos grupos son idénticos a los explicados anteriormente, en el apartado "Herramientas de Imagen".

5. Teclee el texto y aplique los formatos. Ajuste el texto con la imagen del logotipo

Use el botón "Ajustar texto" del grupo "Organizar" y elija "Cuadrado".

6. Teclee el título "ORGANIGRAMA...." y aplique el color, tamaño y alineación

7. Inserte un SmartArt para dibujar el organigrama. El modelo está en la categoría jerarquía y se llama organigrama con nombres y puestos

Teclee los nombres y los puestos y añada los nuevos elementos, son formas por debajo de la caja con el nombre "María Ruiz". Cambie los formatos y colores de las nuevas cajas.

Insertar un gráfico SmartArt

Los pasos para insertar un gráfico SmartArt son:

1. Debe hacer un clic sobre el botón "SmartArt" del grupo "Ilustraciones", en la ficha "Insertar".

2. Aparece una ventana dividida en tres paneles. A la izquierda están los distintos tipos de gráficos incorporados en word. En el centro están los diferentes estilos de cada tipo, haga clic sobre cada uno de ellos y observe que en el panel de la derecha hay una vista previa y una breve explicación sobre el uso más adecuado de ese gráfico en función del mensaje que se quiere transmitir.
3. Una vez localizado, haga clic en el botón "Aceptar".

NOTA: *Es aconsejable ir haciendo clic sobre los distintos modelos y observar el texto que hay debajo de cada vista previa con el fin de hacer una buena elección*

En la pantalla aparece un panel de trabajo a la izquierda titulado "Escribir aquí el texto" y el gráfico SmartArt a la derecha.

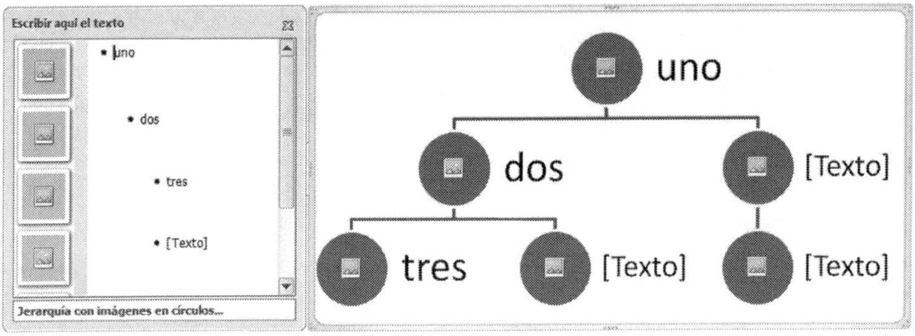

Use el panel "Escribir aquí el texto" para teclear la información. Recuerde que deben ser textos cortos. En ciertos modelos, cabe la posibilidad de añadir imágenes con un solo clic.

Puede eliminar o cambiar elementos del gráfico en ambos paneles, haciendo clic sobre el objeto a eliminar o el texto a cambiar.

Haga clic fuera del gráfico para ver el resultado o haga clic sobre el gráfico para modificarlo o eliminarlo. Modifique su tamaño arrastrando desde las esquinas o desde los lados.

Con el gráfico SmartArt seleccionado se activan dos nuevas fichas, "Herramientas de SmartArt – Diseño" y "Herramientas de SmartArt – Formato".

Herramientas de SmartArt - Diseño

En esta ficha encontrará las opciones que le van a permitir hacer cambios a las formas contenidas en el gráfico, así como colores, estilos o diseños de las mismas. Si desea hacer cambios a todos los elementos de una vez debe seleccionar el gráfico SmartArt haciendo clic en su borde exterior. Si por el contrario, solo desea cambiar alguna forma en concreto seleccione solamente esa forma.

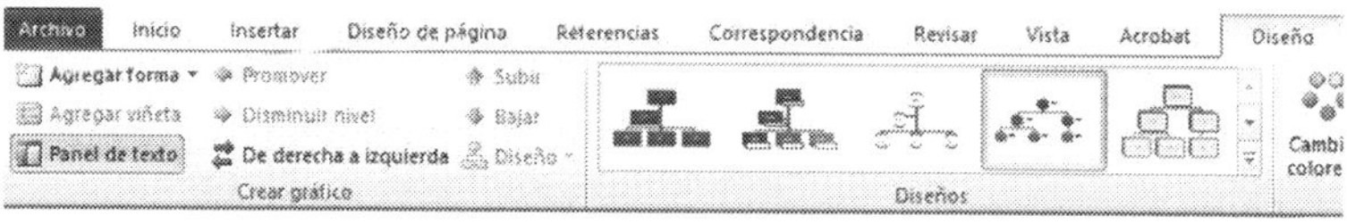

…/…

…/…

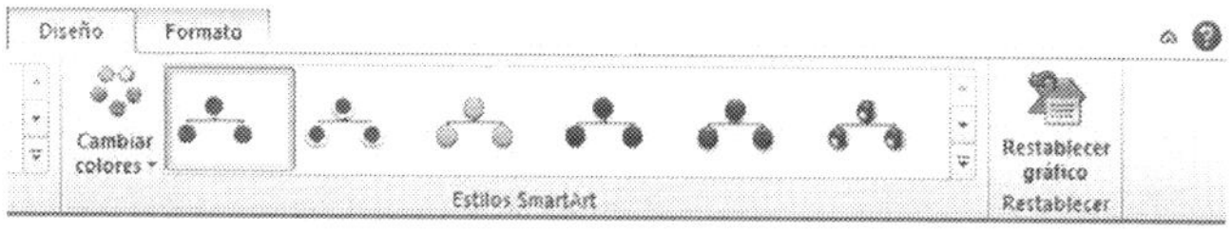

Grupo Crear gráfico

El botón "Panel de texto" muestra u oculta un panel a la izquierda del gráfico SmartArt donde puede manipular el texto.

El botón "Agregar forma" permite añadir formas al elemento seleccionado, por detrás (antes), por delante (después), superior (por encima), debajo (por debajo) o asistente (Solo para organigramas; aparece por debajo pero a un lateral de la rama). También puede hacerlo desde el panel de texto:

Si desea añadir una forma delante de la forma seleccionada:

1. Sitúe el cursor al principio del texto donde desee agregar la forma.
2. Escriba el texto.
3. Pulse <Enter>.

En el caso de agregar una forma detrás de la existente:

1. Sitúe el cursor al final del texto.
2. Pulse <Enter>.
3. Escriba el texto.

Para aumentar o disminuir el nivel de la forma seleccionada desde el panel de texto debe pulsar las teclas:

<Tab> para aumentar nivel

<Shift> + <Tab> para disminuir Nivel

El botón "Agregar viñeta" añade viñetas en las zonas texto del SmartArt.

Los botones "Promover", "Disminuir nivel", "Subir", "Bajar" y "De derecha a izquierda" posibilitan el cambio de posición de las formas contenidas en el gráfico.

El botón "Diseño" solo se activa en los gráficos del tipo organigramas, contenidos en el diseño "Jerarquía" y sirven para modificar ramas los mismos.

NOTA: *En ocasiones verá que ciertos botones están en gris (indicando que esa opción no está disponible). Dependerá del tipo de gráfico SmartArt elegido.*

Grupo Diseños

Muestra una galería con todos los modelos de cada diseño de gráfico SmartArt. Use el botón inferior de su barra de desplazamiento para mostrar todos los elementos.

Elija "Más" para elegir otro diseño de gráfico.

Grupo Estilos SmartArt

El botón "Cambiar colores" permite cambiar la variación de colores del gráfico. Elija de la galería que aparece al hacer clic sobre el botón.

Elija de la galería de estilos el que más se acomode al deseado.

Grupo Restablecer

Elimina los cambios realizados al color, estilo, forma y estilo de texto de un gráfico SmartArt.

Herramientas de SmartArt - Formato

En esta ficha encontrará las opciones que le van a permitir hacer cambios a las formas contenidas en el gráfico, así como la posición del gráfico con respecto al texto del documento. Si desea hacer cambios a todos los elementos de una vez debe seleccionar el gráfico SmartArt haciendo clic en su borde exterior. Si por el contrario, solo desea cambiar alguna forma en concreto seleccione solamente esa forma.

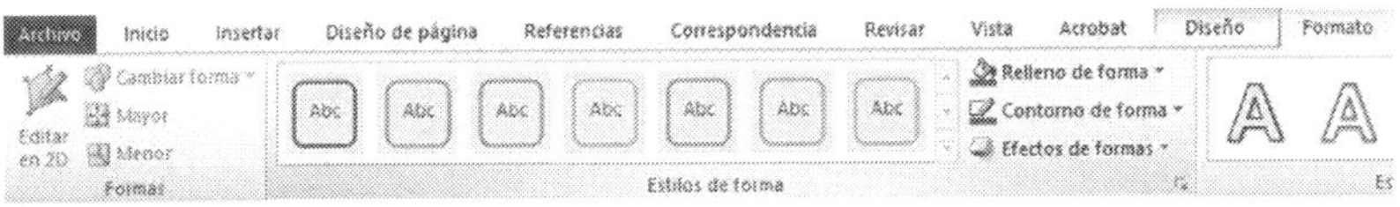

…/…

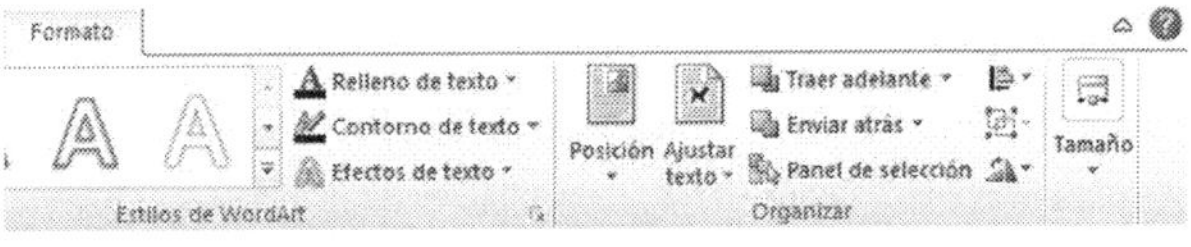

…/…

Grupo Formas

El botón "Editar en 2D" solo está disponible si el gráfico está en 3D. Cambia a una vista 2D para ajustar tamaños y mover formas con más claridad. Vuelva a pulsar este botón para recuperar el aspecto tridimensional.

El botón "Cambiar forma" muestra la galería para elegir otro modelo de forma.

Los botones "Mayor" y "Menor" sirven para aumentar o disminuir el tamaño de la forma seleccionada.

Grupo Estilos de forma

La galería de estilos ofrece estilos para la forma y el texto que la contuviera con un solo clic.

El botón "Relleno de forma" muestra un menú para rellenar con un color sólido, una imagen, un degradado o una textura la forma seleccionada.

El botón "Contorno de forma" muestra un menú donde puede especificar el color, el grosor y el estilo de línea del contorno de la forma seleccionada. Si el objeto fuera una flecha también estará activada la opción "Flechas" donde puede elegir entre los diferentes tipos que ofrece.

El botón "Efectos de formas" muestra un menú donde puede aplicar sombras, reflejos, efectos de iluminación, suavizado de bordes, biseles y rotaciones 3D a la forma seleccionada.

Grupo Estilos de WordArt

La galería de estilos ofrece diversos formatos para el texto, elija cualquiera de ellos haciendo clic sobre él.

El botón "Relleno del texto" ofrece una paleta de colores para el texto escrito y la posibilidad de aplicarle un degradado.

El botón "Contorno del texto" muestra un menú donde puede especificar el color y el grosor del contorno del texto WordArt.

El botón "Efectos del texto" ofrece un menú donde puede aplicar sombras, reflejos, efectos de iluminación, biseles, rotaciones 3D y transformación. Esta última opción retuerce el texto dándole mayor vistosidad.

Grupo Organizar y Grupo Tamaño

Estos dos grupos son idénticos a los explicados anteriormente, en el apartado "Herramientas de Imagen".

8. Use el corrector ortográfico para las faltas de ortografía

9. Guarde el documento terminado

RESULTADO FINAL

A la edad de 16 años Luis Leal, Joyero Artesano comienza su oficio en la tienda de su padre diplomándose más adelante en Gemología en la Universidad de Barcelona. A los 27 años se instala en un local del centro cerca del ayuntamiento y un año y medio más tarde se traslada a la que es su tienda actual, un local pequeño y moderno adaptado a los nuevos tiempos.

Joyería Sol dispone de un taller de joyería y relojería, compra venta de oro, joyas y relojes exclusivos.

ORGANIGRAMA JERÁRQUICO

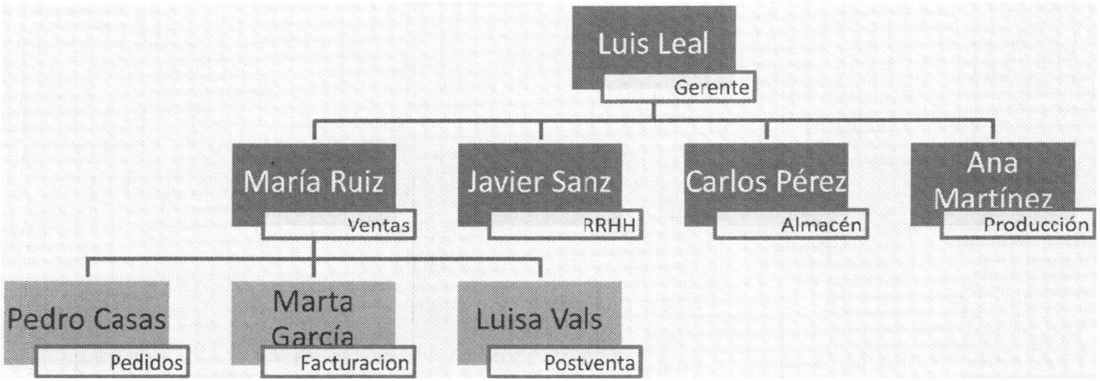

Hojas de cálculo

eRodio
ediciones

INSTRUCCIONES DE USO DEL MANUAL

Este manual presenta ejercicios prácticos sobre la creación de hojas de cálculo con Microsoft Excel 2010.

Las pruebas se presentan desde la primera que contiene las opciones más básicas, en adelante. Cada prueba contiene conceptos practicados en ejercicios anteriores y otros nuevos, con lo cual, conviene seguir el orden de las mismas.

La estructura de cada prueba es la siguiente:

- Nº de la prueba
- Temas implicados en esta prueba
- Instrucciones para la elaboración del libro excel (es el enunciado de la prueba)
- Solución paso a paso indicando dónde están las herramientas y cómo se utilizan para conseguir el resultado esperado

Líneas de actuación al utilizar una hoja de cálculo

Al trabajar con Excel se pueden señalar ciertas ideas básicas que conviene tener presentes.

- En principio, el usuario debe centrarse en el contenido de su documento, es decir, en la información, pues el aspecto que finalmente tendrá esa información se resuelve posteriormente. Aplique los formatos al finalizar.
- Hay que tener claro qué información es arbitraria (los datos en sí mismos) y qué información se calcula a partir de esta. No se debe introducir como arbitraria información que no lo sea (por ejemplo, anotar un total de una columna con el número). Las celdas que se calculan a partir de otras deben expresarse como dependientes, por medio de fórmulas.
- En el caso de una hoja de cálculo, la impresión puede ser un poco menos obvia que en un procesador de textos. La tabla que se maneja puede tener muchas filas o columnas, y no caber en una página; al trabajar con la hoja de cálculo no se está trabajando "sobre papel", es decir, lo que se ve no es lo que se obtiene, como pasa con los procesadores de textos (de hecho, muchas hojas de cálculo ni siquiera acaban siendo impresas). Al imprimir tablas grandes, saldrán en varias páginas. Si la hoja se pretende imprimir, conviene recurrir con más frecuencia a la presentación preliminar.

INTRODUCCIÓN

A continuación, haré unas breves referencias a elementos del interfaz con los que el usuario debería estar familiarizado.

La barra de acceso rápido

Muestra las herramientas que se utilizan con frecuencia como guardar, deshacer y repetir acciones.

Se puede personalizar, para ello debe:

1. Hacer clic en la flecha que acompaña a esta barra.
2. Se abrirá un menú en el que se puede elegir el comando para el botón de una lista de los más habituales, o bien, en la opción "Más comandos..." puede elegir otros.
3. Aparecerá dicho comando a modo de botón.

Cintas de Opciones

Es un nuevo elemento que sustituye a los menús y a las barras de herramientas usadas en versiones anteriores de Excel, pretende mejorar la localización de comandos, entre otras novedades, sin necesidad de hacer clic en menús, submenús y cuadros de diálogo anidados.

Se compone de **Fichas** organizadas en escenarios que se activan cuando son necesarias y estas a su vez, se organizan en **Grupos** de comando.

Fichas: Al hacer clic sobre el nombre de una ficha su contenido variará. Tipos de fichas:

- Fichas estándar: son las que aparecen cada vez que se inicia Excel como Inicio, Insertar, Diseño de página, Fórmulas, Datos, Revisar, Vista y Acrobat.
- Ficha contextual: es la que aparece al seleccionar un objeto como una tabla o una imagen o un dibujo. Contiene herramientas específicas para trabajar con ese objeto. Puede constar de una única ficha o más, dependiendo del objeto seleccionado. Además para distinguirlas de las estándar aparecen con un color resaltado en la barra de título.).

Los comandos disponibles en las cintas de opciones varían, dependiendo de qué ficha esté seleccionada. Para ocultar y/o mostrar las cintas de opciones, se puede pulsar la combinación de teclas <Ctrl> + <F1>, >, es decir, se pulsa la tecla <Ctrl> y, sin soltarla, se pulsa la tecla <F1>.

Ficha Archivo

Esta ficha contiene un menú, con opciones tales como Nuevo, Abrir, Guardar, Guardar como..., Imprimir... que se pueden aplicar al libro.

Este menú también aparece en las aplicaciones de Microsoft Office Word 2010, Microsoft Office Access 2010, Microsoft Office Power Point 2010 y Microsoft Office Outlook 2010.

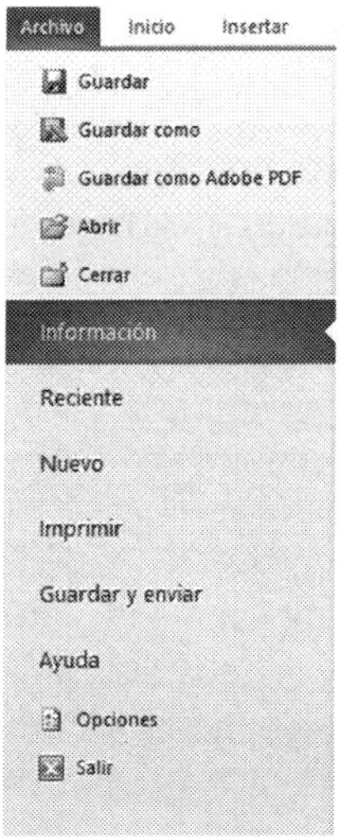

Ficha Inicio

Contiene los comandos necesarios para aplicar formato y editar las hojas de Excel.

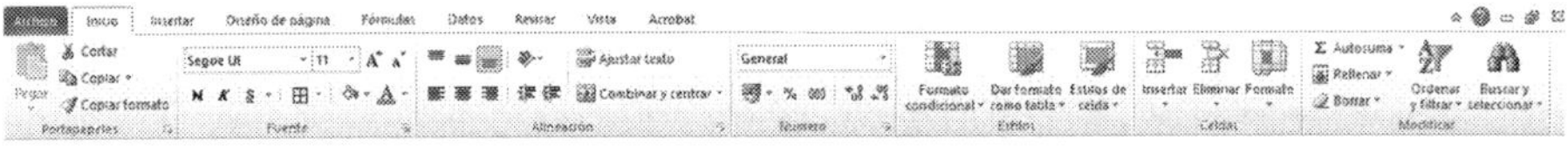

Ficha Insertar

En esta pestaña están los comandos para insertar elementos en la hoja, como tablas y gráficos.

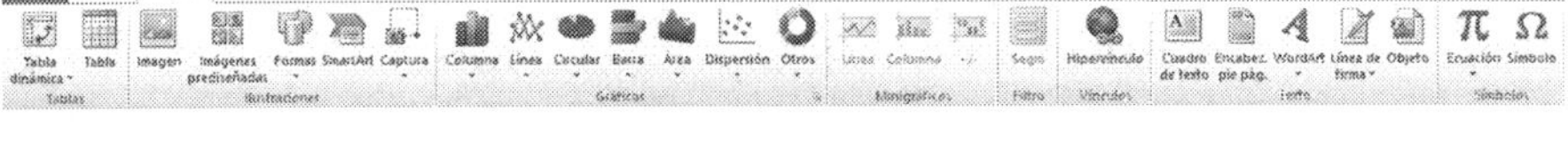

Ficha Diseño de página

Aquí se encuentran los comandos necesarios para imprimir y organizar los elementos dentro de la hoja.

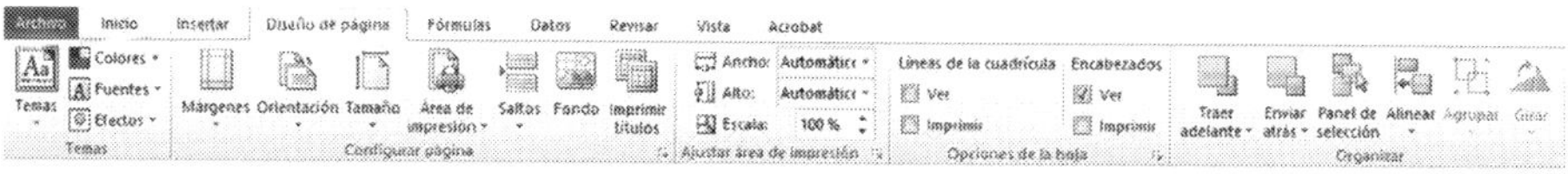

Ficha Fórmulas

La pestaña fórmulas contiene los comandos para agregar funciones y fórmulas a las hojas de cálculo, así como buscar cualquier error en las fórmulas.

Ficha Datos

Contiene los comandos para importar datos provenientes de otras fuentes, trabajar con filtros y subtotales.

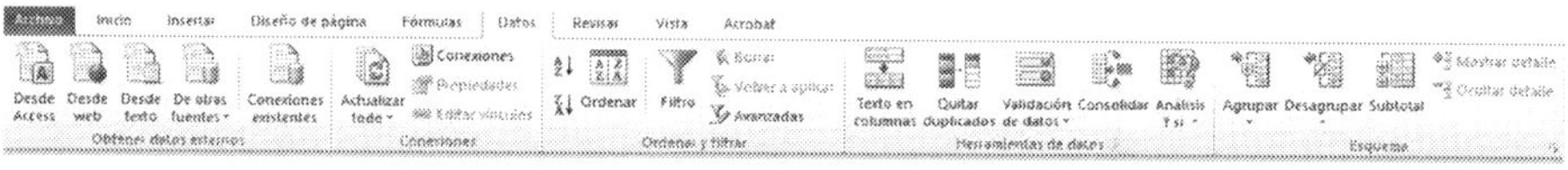

Ficha Revisar

En esta ficha están localizados los comandos para revisar, proteger hojas e insertar comentarios en las celdas.

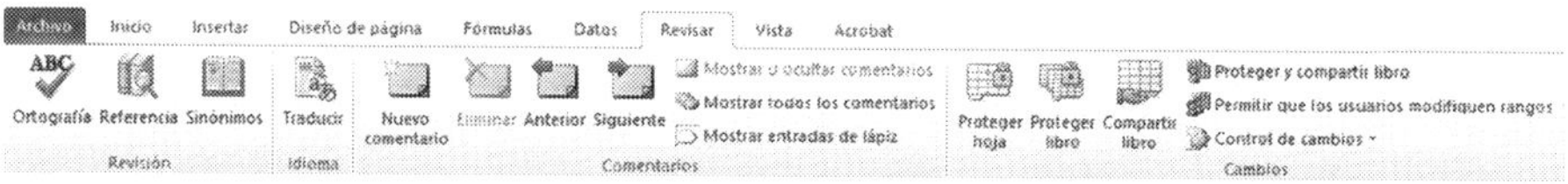

Ficha Vista

Comandos utilizados para cambiar la vista de la hoja y ocultar algunos de sus elementos.

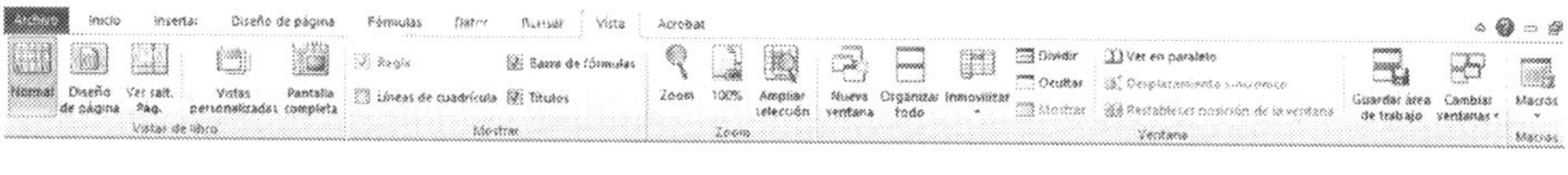

Ficha Acrobat

En esta ficha se pueden crear documentos en formato PDF basados en hojas de cálculo ya existentes. Estos resultados en PDF pueden ser enviados por correo electrónico.

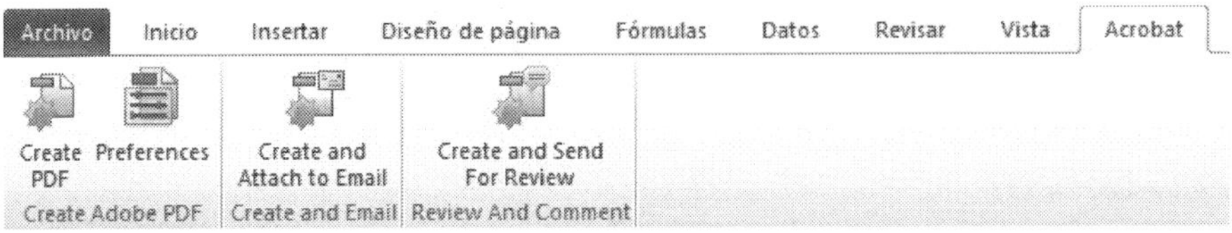

Grupos: En cada ficha se agrupan los botones de herramientas según tareas, cada grupo aparece con un título en la parte inferior de la cinta y un botón a su derecha que activa un cuadro de diálogo o un panel de tareas que proporcionará más herramientas relacionadas con el grupo activo.

Los botones pueden ir acompañados de un botón con punta de flecha, eso indica que puede contener un menú con opciones propias de esa herramienta, o bien, una galería de posibilidades.

***NOTA**: Si hay alguna duda sobre para qué sirve una herramienta o comando de la interfaz, basta con colocar el puntero del ratón sobre el mismo y mantenerlo unos segundos, de esta manera, aparece un mensaje aclaratorio en pantalla.*

Desplazamientos con el teclado

Teclas de desplazamiento	Activan la celda contigua en la dirección que indican
<Inicio>	Activa la primera celda de la fila.
<AvPág>	Avanza una ventana de visualización, hacia abajo.
<RePág>	Retrocede una ventana de visualización hacia arriba.
<Alt>+<AvPág>	Avanza una ventana de visualización hacia la derecha.
<Alt>+<RePág>	Avanza una ventana de visualización hacia la izquierda.
<Ctrl>+<Inicio>	Activa la celda inicial de la hoja, A1.
<Ctrl>+<Fin>	Activa la última celda de la hoja donde hubiera datos.
<Tab>	Activa la celda situada a la derecha de la celda activa.
<Shift>+<Tab>	Activa la celda situada a la izquierda de la celda activada.
<Shift>+<Enter>	Activa la celda situada encima de la actualmente activa.

Desplácese con el ratón simplemente haciendo clic sobre la celda que quiera activar.

Introducir datos

Para activar cualquier celda, basta con hacer clic sobre ella, si se encuentra visible en pantalla; si no fuera así, use las barras de desplazamiento vertical y horizontal para localizarla.

Desde el teclado

Haga clic sobre la celda que se desea que contenga texto, números, fechas, fórmulas, horas... etc.

Escriba, usando el teclado y pulse la tecla <Enter> para introducir el dato en la celda elegida, este queda automáticamente alineado a la izquierda por defecto, si es del tipo texto y si el dato es un número o una fecha... quedará alineado a la derecha de la celda.

Cancele la operación pulsando la tecla <Esc>.

Desde la barra de fórmulas

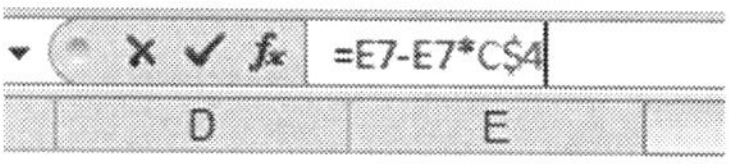

Seleccione la celda donde quiera insertar un dato y haga clic en la línea de entrada.

Escriba, usando el teclado y haga clic en el botón "Introducir" o pulse la tecla <Enter> para introducir el dato en la celda elegida.

Cancele la operación haciendo clic sobre el botón "Cancelar" o pulse la tecla <Esc>.

Introducir fórmulas

Las fórmulas calculan los valores en un orden específico. Las fórmulas de Excel siempre comienzan por un signo igual (=) o más (+).

El signo igual indica a Excel que lo escrito a continuación constituye una fórmula. Detrás del signo igual están los elementos que se van a usar en el cálculo; los operandos (las coordenadas de las celdas que contienen los datos), separados por operadores de cálculo (sumar, restar...).

Excel calcula la fórmula de izquierda a derecha, según el orden específico de cada operador de la fórmula.

Operadores

Aritméticos

Los operadores más usados son los operadores aritméticos, pues le permiten realizar las operaciones básicas como sumar, restar, multiplicar y dividir, pero además también le ayudan a sacar porcentajes o a usar los exponentes.

Operador aritmético	Significado
+	Suma
-	Resta Negación
*	Multiplicación
/	División
%	Porcentaje
^	Exponenciación

De comparación

Los operadores de comparación permiten comparar dos valores, ya sea que use directamente los valores o que usemos los nombres de las celdas.

Cualquier operador de comparación que utilice, siempre le devolverá un valor lógico de FALSO O VERDADERO.

Operador de comparación	Significado
=	Igual a
>	Mayor que
<	Menor que
>=	Mayor o igual que
<=	Menor o igual que
<>	Distinto de/Diferente de

De texto

Excel solamente maneja un operador para manipular el texto, y lo que hace es unir una letra con otra o una cadena de caracteres con otra de menor, igual o mayor longitud.

Operador de texto	Significado	Ejemplo
&	Une o concatena dos valores para generar un valor de texto continuo	“Ho”&”la” “Hola”

De referencia

Los operadores en Excel de referencia nos permiten unir o realizar una intersección entre celdas, también sirven para agrupar celdas dentro de un mismo rango o no contiguas.

Operador de referencia	Significado	Ejemplo
:	Operador de rango, que genera una referencia a todas las celdas entre dos referencias, ambas incluidas.	D1:F13
,	Operador de unión, que combina varias referencias en una sola	SUMA(C1:C7,G8:G19)
(espacio)	Operador de intersección, que genera una referencia a las celdas comunes a dos referencias	H6:H22 L5:L28

Prioridad de cálculo en los operadores

Si se combinan varios operadores en una misma fórmula, Excel ejecutará las operaciones en el orden que se indica en la siguiente tabla. Si una fórmula contiene operadores con la misma prioridad (por ejemplo, si una fórmula contiene un operador de multiplicación y otro de división), Excel evaluará los operadores de izquierda a derecha.

Prioridad	Operador	Descripción
1º	: (dos puntos) (un solo espacio) ; (punto y coma)	Operadores de referencia
2º	–	Negación (como en –1)
3º	%	Porcentaje
4º	^	Exponenciación
5º	* y /	Multiplicación y división
6º	+ y -	Suma y resta
7º	&	Conecta dos cadenas de texto (concatenación)
8º	= < > <= >= <>	Comparación

Uso de paréntesis

Para cambiar el orden de evaluación, escriba entre paréntesis la parte de la fórmula que se calculará en primer lugar.

Por ejemplo, la siguiente fórmula =4+2*3 da un resultado de 10 porque Excel calcula la multiplicación antes que la suma. La fórmula multiplica 2 por 3 y, a continuación, suma 4 al resultado.

Por el contrario, si se utilizan paréntesis para cambiar la sintaxis, por ejemplo =(4+2)*3 Excel sumará 4 y 2 y, a continuación, multiplicará el resultado por 3, con lo que se obtiene 18.

En el siguiente ejemplo, los paréntesis que rodean la primera parte de la fórmula indican a Excel que calcule B4+25 primero y después divida el resultado por la suma de los valores de las celdas D5, E5 y F5.

=(B4+25)/SUMA(D5:F5)

Para modificar una fórmula, haga clic sobre la celda que la contiene.

- Aparecerán coloreadas cada una de las celdas que entran a formar parte de la fórmula, con el fin de realizar las correcciones con mayor facilidad.
- Haga clic en la línea de entrada (en la barra de fórmulas) o doble clic en la propia celda.
- Realice las modificaciones en la fórmula.
- Acepte los cambios con la tecla <Enter> o con el botón aceptar de la barra de fórmulas.

Si cambia los valores de las celdas implicadas en una fórmula, el resultado se recalcula automáticamente.

NOTA: Use la tecla <F2> para editar el contenido de una celda

Operaciones con celdas

Las celdas tiene dos elementos diferenciados, por un lado su contenido (pueden ser valores o fórmulas), por otro lado, su formato (tipo de letra, bordes, sombreados...).

Sustituir el contenido

1. Haga clic sobre la celda que se desea sustituir su contenido.

2. Escriba el nuevo dato. Al comenzar a escribir, el contenido de la celda desaparece, mostrándose el nuevo valor en la línea de entrada y en la celda activa al mismo tiempo.
3. Haga clic sobre el botón aceptar o pulse la tecla <Enter>.

Borrar el contenido

1. Haga clic sobre la celda.
2. Pulse el botón "Eliminar" que se encuentra en el grupo "Celdas" de la ficha "Inicio". El contenido de la celda desaparecerá, quedando esta vacía.

También se borra el contenido de la celda activa pulsando la tecla <Supr>.

Editar el contenido

1. Haga doble clic sobre la celda.
2. Sitúe el cursor que aparece en la misma celda, en la posición adecuada, utilizando para ello las teclas de movimiento o el ratón.
3. Pulse las teclas <Supr> o <Retroceso> (según esté situado) para eliminar los caracteres no válidos.
4. Teclee los nuevos caracteres.
5. Pulse la tela <Enter> para aceptar el contenido.

Se puede editar en la línea de entrada (barra de fórmulas), haciendo clic en ella y situándose en el carácter a modificar.

Operaciones con filas y columnas

Insertar una fila o una columna

Las filas quedan insertadas por encima de la celda activa (o seleccionada).

Las columnas aparecen insertadas por la izquierda de la celda activa.

1. Sitúese en la celda adecuada según desee insertar una fila o una columna.
2. Pulse el botón "Insertar" que se encuentra en el grupo "Celdas" de la ficha "Inicio".
3. Seleccione la opción "Insertar columnas de hoja" o "Insertar filas de hojas".

Las columnas existentes se desplazarán hacia la derecha y las filas existentes se desplazarán hacia abajo.

Eliminar una columna y una fila

1. Haga clic sobre la etiqueta de la columna o fila que se desea eliminar.
2. Activar la cinta de opciones Inicio.
3. Pulse el botón insertar que se encuentra en el grupo Celdas.
4. Seleccionar la opción Eliminar.

Cambiar el ancho de una columna y de una fila

1. Active una celda de la columna o de la fila que se desea modificar.
2. Active la cinta de opciones Inicio.
3. Pulse el botón "Formato" del grupo Celdas, en la ficha "Inicio".
4. Seleccione la opción "Ancho de Columna" y/o "Alto de Fila".
5. Escriba el ancho o alto deseado
6. Haga clic sobre el botón Aceptar.

Para cambiar el ancho con el ratón, sitúe el puntero del ratón en el lado derecho de la etiqueta de la columna o en la parte inferior de la fila, hasta que este tome el aspecto de una doble flecha. Haga clic y arrástrelo hasta obtener la anchura deseada.

Ocultar y mostrar una fila o una columna

1. Para ocultar haga clic en la etiqueta de la fila o columna que se desea ocultar.
2. En la ficha "Inicio", pulse el botón "Formato" que se encuentra en el grupo "Celdas".
3. Seleccione la opción "Ocultar o mostrar"
4. Seleccione sucesivamente las opciones Fila o Columna Ocultar.

Para mostrar, realizar la misma operación seleccionando como paso final las opciones Fila o Columna-Mostrar.

Operaciones con rangos

Mover y copiar Rangos

1. Seleccione el rango que se desea mover o copiar.
2. Active la cinta de opciones Inicio.

3. En el grupo Portapapeles, pulse el botón Cortar si desea mover o Copiar si desea Duplicar.
4. Active la celda a partir de la cual se desea situar el contenido de las celdas que se desean mover o copiar.
5. En la ficha "Inicio", en el grupo Portapapeles, pulse el botón Pegar.

Utilizando el ratón: seleccionar el rango que se desea mover o copiar. Situar el puntero del ratón sobre los bordes del rango, hasta que adquiera el aspecto de una flecha. Hacer clic y arrastrar el ratón, hasta situar el rango en la posición deseada. Para copiarlo realizar la misma operación presionando sin soltar la tecla <Ctrl>.

Borrar un Rango

1. Seleccione el rango de celdas que se desean borrar.
2. Active la ficha "Inicio".
3. Pulse el botón "Insertar" que se encuentra en el grupo "Celdas".
4. Seleccione la opción "Eliminar".

También puede borrar, seleccionando el rango de celdas y presionando la tecla <Supr>.

Transponer un rango

Transponer un rango consiste en intercambiar las filas por columnas y las columnas por filas.

1. Seleccione el rango que se desea transponer.
2. Seleccione la opción Copiar.
3. Active la celda a partir de la cual se situará el rango transpuesto.
4. En la ficha "Inicio", en el grupo Portapapeles, pulse en el desplegable del botón Pegar. Seleccione la opción "Pegado especial...".
5. Active la casilla de verificación "Transponer".
6. Haga clic sobre el botón Aceptar.

Referencias

Como valor predeterminado, Excel utiliza el estilo de referencia A1, que rotula las columnas con letras (hasta 16.384 columnas) y las filas con números (del 1 al 1.048.576). Para hacer referencia a una celda, introduzca la letra de columna seguida del número de fila. Por ejemplo, D50 hace referencia a la celda en la intersección de la columna D y la fila 50. Para hacer referencia a un rango de celdas, introduzca la referencia de la celda en la esquina superior izquierda, dos puntos (:) y, a continuación, la referencia a la celda en la esquina inferior derecha del rango. A continuación, se muestran algunos ejemplos de referencias.

Para hacer referencia a:	Utilice:
La celda en la columna A y la fila 10	A10
El rango de celdas en la columna A y las filas de la 10 a la 20.	A10:A20
El rango de celdas en la fila 15 y las columnas desde la B hasta la E.	B15:E15
Todas las celdas en la fila 5	5:5
Todas las celdas en las filas de la 5 a la 10.	5:10
Todas las celdas en la columna H	H:H
Todas las celdas desde la columna H hasta la J	H:J

Referencias relativas

Al copiar una fórmula que ha sido introducida en una celda, Excel no la copia exactamente, sino que copia la posición relativa que ocupan las celdas que forman parte de ella, con respecto a la celda que las contiene.

Cuando se crea una fórmula, normalmente las referencias de celda o de rango se basan en su posición relativa respecto a la celda que contiene la fórmula. Si se copia una fórmula que utiliza referencias relativas, se actualizarán las referencias en la fórmula pegada y se hará referencia a diferentes celdas relativas a la posición de la fórmula.

Si copia hacia abajo observe que se actualizan las coordenadas fila (números) automáticamente.

Si copia hacia la derecha observe que se actualizan las coordenadas columna (letras) automáticamente.

Referencias absolutas

Si no desea que varíen las coordenadas al copiar una fórmula, es necesario que use referencias absolutas. Escriba la fórmula, teniendo en cuenta que para que las referencias a una celda sean absolutas

Puede fijar la fila así: $filacolumna.

Puede fijar la columna así: fila$columna.

Puede fijar las dos coordenadas así: $fila$columna

Sitúese sobre la fórmula y pulse <F4> varias veces hasta encontrar la combinación deseada .

Si el símbolo $ está delante del número, es decir de la fila, al copiar hacia abajo o hacia arriba permanecerá fija dicha fila.

Si el símbolo $ está delante de la letra, es decir de la columna, al copiar hacia la derecha o izquierda la columna permanecerá fija.

Prueba 1

Temas implicados: Conceptos básicos, Formato de celda, Imágenes, Fórmulas, Referencias a celdas, Función SUMA, Comentarios y Guardar libros

eRodio ediciones

INSTRUCCIONES

- Partiendo de la primera imagen realice los pasos necesarios para llegar a la segunda imagen.
- La fuente utilizada es Century Gothic, tamaño 12, excepto el título que tiene tamaño 24.
- El tamaño de la imagen es de 3cm. x 2,67cm.; puede usar como palabra de búsqueda "fiesta".
- Los cálculos son:
    - ▹ El importe es la cantidad por el precio por kg.
    - ▹ El importe con descuento es el importe calculado con el porcentaje de descuento que contenga la celda C4
    - ▹ El total es la suma de los importes con descuento
    - ▹ El IVA es el porcentaje que contiene la celda D13 aplicado al total
    - ▹ A pagar es la suma del total y el IVA
- Al final no debe aparecer la cuadrícula de Excel.
- Guarde el libro en el disco duro, dentro de una carpeta llamada "Excel" y llámelo "prueba01".

Imagen 1

	A	B	C	D	E	F
1						
2		Golosinas Rey				
3						
4		Descuento:	3%			
5						
6		Artículo	Cantidad	Precio/Kg	Importe	Importe con Dto
7		Gominolas	1,85	0,35		
8		Regaliz	0,7	0,72		
9		Caramelos	2,4	1,06		
10		Frutos secos	3,25	2,7		
11						
12					Total	
13				10%	IVA	
14					A Pagar	
15						

Imagen 2

Golosinas Rey

Descuento: 3%

Según la temporada

Género	Cantidad	Precio/kg	Importe	Importe con Dto
Gominolas	1,850 Kg	0,35 €/Kg	0,65 €	0,63 €
Regaliz	0,700 Kg	0,72 €/Kg	0,50 €	0,49 €
Caramelos	2,400 Kg	1,06 €/Kg	2,54 €	2,47 €
Frutos secos	3,250 Kg	2,70 €/Kg	8,78 €	8,51 €

	Total	12,10 €
10%	IVA	1,21 €
	A Pagar	13,31 €

1. Abra Excel y cree un libro nuevo

- Desde la ficha "Archivo":
  1. Haga clic sobre la ficha "Archivo" y seguidamente, haga clic sobre "Nuevo".
  2. Aparece un panel central con varias opciones. Para crear un libro nuevo haga un clic el icono "Libro en blanco".
  3. Haga clic sobre el botón "Crear".
- Desde la Barra de acceso rápido:

Haciendo clic en el botón "Nuevo". (Si no está, mostrarlo con el botón de flecha "Personalizar barra de herramientas de acceso rápido").

2. Guarde el libro y llámelo "prueba01"

Debe tener la carpeta "Pruebas" creada, o bien, la puede crear mientras guarda el libro

Guardar por primera vez

Una vez creado el libro conviene guardarlo para poder consultarlo o modificarlo en un futuro. Para ello, se deben seguir los siguientes pasos:

1. Es necesario indicarle a Excel que quiere guardar el libro activo. Se puede hacer de tres formas diferentes:
   - ▷ Desde la ficha "Archivo", haciendo un clic sobre ella, y eligiendo la opción "Guardar como", entonces se activará un panel con diferentes opciones de almacenamiento
   - ▷ Haciendo un clic sobre el botón "Guardar" de la "Barra de acceso rápido"
   - ▷ A través del teclado, pulsando la combinación de teclas <Ctrl> + <G>, es decir se pulsa la tecla <Ctrl> y, sin soltarla, se pulsa la tecla <G>.
2. Aparece el cuadro de diálogo "Guardar como", dónde se debe especificar dónde se va a guardar y con qué nombre. Esta ventana le permite crear carpetas.

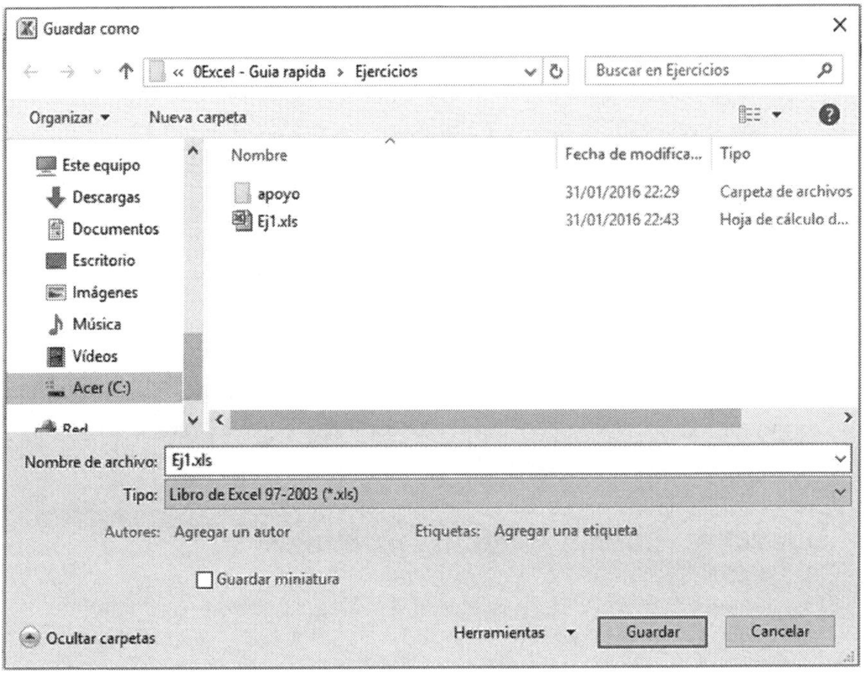

3. Y por último, haga clic en el botón “Guardar”.

3. Teclee los datos que aparecen en la Imagen 1. Las celdas C4 y D13 tienen formato porcentaje

Aunque es sencillo aplicar formato de porcentaje a números, los resultados obtenidos pueden variar y dependen de si los números ya existen en el libro.

Aplicar formato a celdas que ya contienen números

Si aplica formato de porcentaje a números ya tecleados en un libro, Excel multiplica dichos números por 100 para convertirlos a porcentajes. Por ejemplo, si una celda contiene el número 10, multiplica dicho número por 100, lo que significa que se verá 1000,00% después de aplicar el formato de porcentaje. Es posible que esto no sea lo que esperaba. Para mostrar porcentajes de forma exacta, antes de aplicar el formato de porcentaje a un número, asegúrese de que este se ha calculado como porcentaje y que se muestra con formato decimal. Los porcentajes se calculan usando la ecuación cantidad/total = porcentaje. Por ejemplo, si una celda contiene la fórmula =10/100, el resultado de dicho cálculo es 0,1. Si después aplica formato de porcentaje a 0,1, el número se mostrará correctamente como 10%.

Aplicar formato a celdas vacías

Si aplica el formato de porcentaje a una cantidad de celdas y después escribe números en dichas celdas, el comportamiento es diferente. Los números iguales o superiores a 1 se convierten a porcentajes de forma predeterminada mientras que los números inferiores a 1 se multiplican por 100 para convertirlos en porcentajes. Por ejemplo, si escribe 10 o 0,1 ambos dan como resultado 10,00%.

Para aplicar rápidamente formato de porcentaje a las celdas seleccionadas, haga clic sobre el botón "Estilo porcentual" %, en el grupo "Número" de la ficha "Inicio", o presione <Ctrl>+<Shift>+<%>.

4. Prepare las fórmulas

- Calcule el Importe: va a escribir la fórmula =C7*D7
  1. Sitúese en la celda E7
  2. Teclee =
  3. Haga clic sobre la celda C7
  4. Teclee *
  5. Haga clic sobre la celda D7
  6. Pulse <Enter>
- Sitúese en la celda E7 y copie la fórmula hacia abajo
- Calcule el Importe con descuento: va a escribir la fórmula =E7-E7*C$4
  7. Sitúese en la celda F7
  8. Teclee =
  9. Haga clic sobre la celda E7
  10. Teclee –
  11. Haga clic sobre la celda E7
  12. Teclee *
  13. Haga clic sobre la celda C4 y pulse <F4> hasta encontrar la combinación deseada. En este caso, va a copiar hacia abajo la fórmula y no quiere que varíe automáticamente el valor de la coordenada columna
  14. Pulse <Enter>
- Sitúese en la celda F7 y copie la fórmula hacia abajo.
- Calcule el Total: va a escribir la fórmula =SUMA(F7:F10). Utilizará la función suma(*rango*), donde *rango* es el grupo de celdas a sumar.

15. Sitúese en la celda F12
16. Teclee = SUMA(
17. Seleccione el rango de celdas a sumar, F7:F10
18. Teclee)
19. Pulse <Enter>

- Calcule el IVA: va a escribir la fórmula =F12*D13

20. Sitúese en la celda F13
21. Teclee =
22. Haga clic sobre la celda F12
23. Teclee *
24. Haga clic sobre la celda D13

- Calcule A pagar: va a escribir la fórmula =F12+F13. Como se trata de dos celdas lo puede hacer manualmente, o bien, usando la función Suma.

25. Sitúese en la celda F14
26. Teclee =
27. Haga clic sobre la celda F12
28. Teclee +
29. Haga clic sobre la celda F13

5. Ahora puede comenzar a aplicar los formatos

Aplicar formato al texto de las celdas

Si desea que el texto o los números de una celda aparezcan en negrita o cursiva o tengan un subrayado simple o doble, seleccione la celda y, en la ficha “Inicio”, grupo ”Fuente”, elija el formato que desee:

- Fuente (Tipo de letra)
  1. Seleccione la/las celda/s que desea modificar.
  2. Haga clic en la flecha desplegable del cuadro “Fuente” y elija el tipo de letra que más le guste haciendo un clic sobre él.
- Tamaño de fuente
  1. Seleccione la/las celda/s que desea modificar.
  2. Haga clic en la flecha desplegable “Tamaño de fuente” y seleccione el tamaño que desee usar.

Cambiar la alineación del texto

Puede colocar el texto de una celda para que esté centrado, alineado a la izquierda o alineado a la derecha. Si se trata de una línea de texto larga, puede usar el botón "Ajustar texto" para que todo el texto sea visible.

Seleccione el texto que desee alinear y, en la ficha "Inicio", grupo "Alineación", elija la opción de alineación que desee.

Borrar formato

Si cambia de opinión después de aplicar cualquier formato puede quitarlo sin que afecte al contenido de la celda

1. Seleccione el rango de celdas a las que quiere eliminarle el formato
2. En la ficha "Inicio", grupo "Modificar", haga clic en "Borrar" y elija "Borrar formatos".

NOTA: *En la ficha "Inicio", grupo Alineación" dispone de los botones que permiten modificar algunas de las opciones vistas anteriormente de forma más rápida*

Aplicar formato a los números de las celdas

Seleccionar el rango al que se desea aplicar el nuevo formato.

En la ficha "Inicio", grupo "Número", despliegue el cuadro de diálogo de este grupo. Aparecen seis fichas.

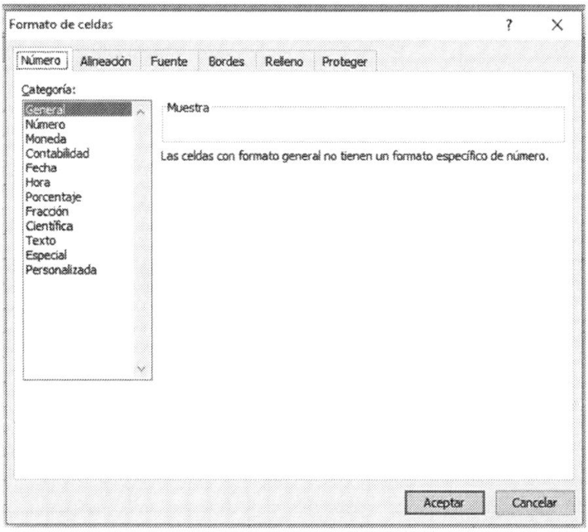

Ficha Número

Sirve para dar formato a los números

- Número
  1. Active la casilla de verificación "Usar separador de miles (.)" para que aparezca en números mayores a 999.
  2. Seleccione el número de posiciones decimales, utilizando los botones de incremento.
  3. Elija el formato con el que se mostrarán los números negativos.
  4. Haga clic en el botón aceptar.
- Moneda
  1. Seleccione de la lista desplegable "Símbolo", el tipo de moneda que aparecerá a la derecha de los números.
  2. Seleccione el número de posiciones decimales, utilizando los botones de incremento.
  3. Elija el formato con el que se mostrarán los números negativos.
  4. Haga clic en el botón aceptar.
- Contabilidad

  Igual al anterior pero no admite números negativos.
- Fecha y Hora

  Seleccione la forma en la que se mostrarán las fechas y las horas, del cuadro "Tipo" y haga clic en el botón aceptar.
- Porcentaje
  1. Seleccione el número de posiciones decimales
  2. Haga clic en el botón aceptar.
- Fracción

  Utilice este formato para mostrar o escribir números como fracciones reales, en lugar de como decimales. Tras aplicar un formato de fracción a una celda, los números decimales y las fracciones reales que escriba en dicha celda se mostrarán como una fracción. Por ejemplo, si escribe 0,5 o 1/2 dará 1/2 como resultado cuando a la celda se le haya dado formato con el tipo de fracción "Hasta un dígito".
- Científica

  Muestra un número en notación exponencial, en el que se reemplaza parte del número por E+n, donde E (exponente) multiplica el número anterior por 10 elevado a n. Por ejemplo, un formato Científico de 2 decimales muestra 12345678901 como 1,23E+10; 1,23 se multiplica por 10 elevado a la décima potencia. Se puede especificar el número de posiciones decimales que se desea usar.

- Texto

  Este formato trata el contenido de una celda como texto y lo muestra tal como se escribe, incluso si se escriben números.

- Personalizada

  Para crear un formato de número personalizado, puede partir de algunos que ya ofrece Excel y cambiar alguna de las secciones de código de este formato para crear su propio formato de número personalizado.

  Un formato de número puede tener hasta cuatro secciones de código, separadas por el carácter punto y coma. Estas secciones de código definen el formato de los números según su contenido. Si son positivos, o negativos, o es cero o se trata de texto, en ese orden.

  <POSITIVO>;<NEGATIVO>;<CERO>;<TEXTO>

  No tiene que incluir todas las secciones de código en el formato de número personalizado. Si sólo especifica dos secciones de código para el formato de número personalizado, la primera sección se utiliza para los números positivos y los ceros, y la segunda sección se utiliza para los números negativos. Si sólo especifica una sección de código, ésta se utiliza para todos los números. Si desea omitir una sección de código e incluir la siguiente, debe insertar el carácter de punto y coma de la sección que va a omitir.

  Las siguientes directrices pueden ayudarle a personalizar cualquiera de estas secciones de código de formato de número.

Directrices para incluir texto y agregar espacio

Mostrar texto y números. Para mostrar texto y números en una celda, incluya los caracteres de texto entre dobles comillas (" ") o inserte una barra diagonal inversa (\) delante de un carácter. Incluya los caracteres en la sección correspondiente de los códigos de formato. Por ejemplo, escriba el formato $0,00" Superávit";$-0,00" Déficit" para mostrar un importe positivo como "$125,74 Superávit" y un importe negativo como "$-125,74 Déficit". Observe que hay un espacio delante de ´Superávit´ y ´Déficit´ en cada sección de código.

Incluir una sección de entrada de texto. Si se incluye, la sección de texto siempre es la última sección del formato de número. Incluya un carácter de arroba (@) en la sección en la que desea mostrar el texto que escribe en la celda. Si el carácter @ se omite en la sección de texto, no se mostrará el texto que escriba. Si desea mostrar siempre caracteres de texto específicos con el texto escrito, incluya el texto adicional entre un carácter de dobles comillas (" "). Por ejemplo, "recibos brutos de "@. Si el formato no incluye una sección de texto, todos los valores no numéricos que escriba en una celda con ese formato aplicado no resultarán afectados por el formato. Además, toda la celda se convertirá en texto.

Agregar espacios. Para crear un espacio que tenga el ancho de un carácter en un formato de número, incluya un carácter de subrayado (_), seguido del carácter que desea utilizar. Por ejemplo, si coloca un paréntesis de cierre detrás de un carácter de subrayado, como _), los números positivos se alinearán correctamente con los números negativos que se incluyan entre paréntesis.

Directrices para usar posiciones decimales, espacios, colores y condiciones

Incluir posiciones decimales y dígitos significativos

Para aplicar formato a fracciones o números que contienen comas decimales, incluya los siguientes marcadores de posición de dígitos, comas decimales y separadores de millar en una sección.

MARCADOR	DESCRIPCIÓN
0 (cero)	Este marcador de posición de dígitos muestra los ceros no significativos si un número tiene menos dígitos que los ceros especificados en el formato. Por ejemplo, si escribe 8,9 y desea que se muestre como 8,90, use el formato #,00.
#	Este marcador de posición de dígitos sigue las mismas reglas que el 0 (cero). Sin embargo, Excel no muestra ceros adicionales cuando el número que escribe tiene menos dígitos a ambos lados de la coma decimal que el número de símbolos # especificados en el formato. Por ejemplo, si el formato personalizado es #,## y escribe 8,9 en la celda, se muestra el número 8,9.
?	Este marcador de posición de dígitos sigue las mismas reglas que el 0 (cero). Sin embargo, Excel agrega un espacio para los ceros no significativos a ambos lados de la coma decimal para que las comas decimales queden alineadas en la columna. Por ejemplo, el formato personalizado 0,0? alinea las posiciones decimales de los números 8,9 y 88,99 en una columna.
, (coma)	Este marcador de posición de dígitos muestra la coma decimal en un número.

Si un número tiene más dígitos a la derecha de la coma decimal que marcadores de posición en el formato, el número se redondea a tantas posiciones decimales como marcadores de posición haya. Si hay más dígitos a la izquierda de la coma decimal que marcadores de posición, se muestran los dígitos adicionales. Si el formato sólo contiene signos de almohadilla (#) a la izquierda de la coma decimal, los números menores que 1 comienzan con una coma decimal; por ejemplo, «,47».

Para mostrar	Como	Utilice este código
1234,59	1234,6	####.#
8,9	8,900	#,000
,631	0,6	0,#
12 1234,568	12,0 1234,57	#,0#
44,398 102,65 2,8	44,398 102,65 2,8 (con los decimales alineados)	???.???
5,25 5,3	5 1/4 5 3/10 (con las fracciones alineadas)	# ???/???

Especificar colores

Para especificar el color de una sección del formato, escriba el nombre de uno de estos ocho colores entre corchetes en la sección.

[Negro]
[Verde]
[Blanco]
[Azul]
[Magenta]
[Amarillo]
[Aguamarina]
[Rojo]

Especificar condiciones

Para especificar formatos de número que sólo se apliquen si un número cumple una condición especificada, incluya la condición entre corchetes. La condición consta de un operador de comparación y un valor. Por ejemplo, el siguiente formato muestra los números menores o iguales a 100 en una fuente roja y los números mayores que 100 en una fuente azul.

[Rojo][<=100];[Azul][>100]

Directrices para el formato de monedas, porcentajes y notación científica

Incluir símbolos de moneda

Para escribir	Presione estas teclas
¢	<Alt>+0162
£	<Alt>+0163
¥	<Alt>+0165
€	<Alt>+0128

Directrices para formatos de fecha y hora

Mostrar los días, meses y años

Para mostrar los números como formatos de fecha (como días, meses y años), utilice los siguientes códigos en una sección.

m	Muestra el mes como un número sin un cero inicial.
mm	Muestra el mes como un número con un cero inicial si corresponde.
mmm	Muestra el mes como una abreviatura (de ene a dic).
mmmm	Muestra el mes como un nombre completo (de enero a diciembre).
mmmmm	Muestra el mes como una sola letra (de E a D).
d	Muestra el día como un número sin un cero inicial.
dd	Muestra el día como un número con un cero inicial si corresponde.
ddd	Muestra el día como una abreviatura (de dom a sáb).
dddd	Muestra el día como un nombre completo (de domingo a sábado).
aa	Muestra el año como un número de dos dígitos.
aaaa	Muestra el año como un número de cuatro dígitos.

Para mostrar	Como	Utilice este código
Meses	1–12	m
Meses	01–12	mm
Meses	Ene-Dic	mmm
Meses	Enero–Diciembre	mmmm
Meses	E–D	mmmmm
Días	1–31	d
Días	01–31	dd
Días	Dom–Sáb	ddd
Días	Domingo-Sábado	dddd
Años	00–99	aa
Años	1900–9999	aaaa

Mostrar horas, minutos y segundos

Para mostrar los formatos de hora (como horas, minutos y segundos), utilice los siguientes códigos en una sección.

h	Muestra la hora como un número sin un cero inicial.
[h]	Muestra el tiempo transcurrido en horas. Si trabaja con un fórmula que devuelve un período de tiempo en el que el número de horas es mayor que 24, utilice un formato de número similar a[h]:mm:ss.
hh	Muestra la hora como un número con un cero inicial si procede. Si el formato contiene a.m. o p.m., la hora se basa en un reloj de 12 horas. En caso contrario, la hora se basa en un reloj de 24 horas.
m	Muestra el minuto como un número sin un cero inicial. ***NOTA*** *El código m o mm debe aparecer inmediatamente detrás del código h o hh o inmediatamente delante del código ss; en caso contrario, Excel muestra el mes en lugar de los minutos.*
[m]	Muestra el tiempo transcurrido en minutos. Si trabaja con un fórmula que devuelve un período de tiempo en el que el número de minutos es mayor que 60, utilice un formato de número similar a[mm]:ss.
mm	Muestra el minuto como un número con un cero inicial si procede. ***NOTA*** *El código m o mm debe aparecer inmediatamente detrás del código h o hh o inmediatamente delante del código ss; en caso contrario, Excel muestra el mes en lugar de los minutos.*
s	Muestra el segundo como un número sin un cero inicial.
[s]	Muestra el tiempo transcurrido en segundos. Si trabaja con una fórmula que devuelve un período de tiempo en el que el número de segundos es mayor que 60, utilice un formato de número similar a [ss].
ss	Muestra el segundo como un número con un cero inicial si procede. Si desea mostrar fracciones de un segundo, utilice un formato de número similar a h:mm:ss.00.
AM/PM, a.m./ p.m., A/P, a/p	Muestra la hora con un reloj de 12 horas. Excel muestra AM, a.m., A o a para los horas desde las 12 de la noche a las 12 del mediodía, y PM, p.m., P o p para las horas desde las 12 del mediodía hasta las 12 de la noche.

Para mostrar	Como	Utilice este código
Horas	0–23	h
Horas	00–23	hh
Minutos	0–59	m
Minutos	00–59	mm
Segundos	0–59	s
Segundos	00–59	ss
Hora	4 a.m.	h a.m./p.m.
Hora	4:36 p.m.	h:mm a.m./p.m.
Hora	4:36:03 P	h:mm:ss A/P
Hora	4:36:03.75	h:mm:ss.00
Tiempo transcurrido (horas y minutos)	1:02	[h]:mm
Tiempo transcurrido (minutos y segundos)	62:16	[mm]:ss
Tiempo transcurrido (segundos y centésimas)	3735.80	[ss].00

Por ejemplo, puede utilizar el siguiente formato personalizado:

€#,##[Verde];(0,00€)[Rojo];"Cero";"teclee sólo valores numéricos"

Este formato contiene cuatro secciones separadas por el signo de punto y coma y utiliza un formato diferente para cada sección.

Con este formato está indicando que los números positivos (1ª sección) se escribirán en color verde, llevarán el signo del euro delante, no se mostrarán los ceros no significativos y solo se verán 2 decimales (#.##); los números negativos (2ª sección) se escribirán en rojo, entre paréntesis, con el símbolo € detrás y con dos decimales siempre; los valores cero (3ª sección) se sustituyen por la palabra cero y los textos por la cadena vacía ("teclee sólo valores numéricos"), es decir, que si en la celda hubiera texto, ese texto sería sustituido por la cadena de caracteres ´teclee sólo valores numéricos´.

NOTA: *En la ficha "Inicio", grupo "Número" dispone de los botones que permiten modificar algunas de las opciones vistas anteriormente de forma más rápida*

Ficha Alineación

Sirve para alinear el contenido de las celdas y controlar aquellos textos cuya extensión es mayor que el ancho de la celda que lo contiene.

Alineación del texto Horizontal: Alinea el contenido de las celdas seleccionadas horizontalmente, es decir respecto de la anchura de las celdas.

Alineación del texto Vertical: Alinea el contenido de las celdas seleccionadas verticalmente, es decir, respecto de la altura de las celdas. Esta opción sólo tendrá sentido si la altura de las filas se ha ampliado respecto al tamaño inicial

Orientación: Permite cambiar el ángulo del contenido de las celdas para que se muestre en horizontal (opción por defecto), de arriba a abajo o en cualquier ángulo desde 90° en sentido opuesto a las agujas de un reloj a 90° en sentido de las agujas de un reloj.

Ajustar texto: Los datos de la celda se ajustarán para adaptarse al ancho de la columna. Si cambia el ancho de columna, el ajuste de datos se adapta automáticamente.

Reducir hasta ajustar: Si activa esta opción, el tamaño de la fuente de la celda se reducirá hasta que su contenido pueda mostrarse en la celda.

Combinar celdas: Al activar esta opción, las celdas seleccionadas se unirán en una sola.

Dirección del texto: Permite cambiar el orden de lectura del contenido de la celda. Se utiliza para lenguajes que tienen un orden de lectura diferente del nuestro por ejemplo árabe, hebreo, etc.

NOTA: *En la ficha "Inicio", grupo "Alineación" dispone de los botones que permiten modificar algunas de las opciones vistas anteriormente de forma más rápida*

Ficha Fuente

Sirve para cambiar tipos de letra, estilo, tamaños, subrayados, colores del texto y efectos.

NOTA: *En la ficha "Inicio", grupo "Fuente" dispone de los botones que permiten modificar algunas de las opciones vistas anteriormente de forma más rápida*

Ficha Bordes

Sirve para dibujar bordes en las celdas.

Botón "Ninguno": Para quitar cualquier borde de las celdas seleccionadas.

Botón "Contorno": Para crear un borde únicamente alrededor de las celdas seleccionadas.

Interior: Para crear un borde alrededor de todas las celdas seleccionadas excepto alrededor de la selección.

Borde: Este recuadro se suele utilizar cuando no sirve ninguno de los botones preestablecidos. Dependiendo del borde a poner o quitar (superior, inferior, izquierdo,...) haga clic sobre los botones correspondientes.

NOTA: *Al utilizar estos botones, el borde será del estilo y color seleccionados, en caso de elegir otro aspecto para el borde, primero debe elegir Estilo y Color y a continuación, hacer clic sobre el borde a colocar.*

Estilo: Se elegirá de la lista un estilo de línea.

Color: Por defecto el color activo es Automático, pero haciendo clic sobre la flecha de la derecha podrá elegir un color para los bordes.

Dispone de una vista previa que le orientará sobre el resultado final.

Ficha Relleno

Sirve para colorear las celdas, aplicando un sombreado.

Si desea aplicar un color sólido elija de la paleta de colores correspondiente a "Color de fondo".

Botón "Efecto de relleno": Podrá aplicar degradados.

Si desea aplicar una trama elija un estilo y un color para la misma.

Ficha Proteger

Para utilizar los elementos de esta ficha la hoja de cálculo debe estar protegida. Una hoja de cálculo protegida tendrá todas sus celdas bloqueadas de forma predeterminada, lo que significa que no se podrán modificar. Para que se puedan modificar algunas celdas mientras otras están bloqueadas, puede desbloquear todas las celdas y, después, bloquear únicamente celdas o rangos específicos antes de proteger la hoja de cálculo.

Bloquear celdas cuenta con dos grandes ventajas. En primer lugar, evita cambios accidentales en la hoja. Y es que alterar una fórmula por error ocurre con bastante frecuencia... En segundo lugar, podrá compartir hojas con compañeros, colaboradores y amigos y evitar que modifiquen el contenido.

Copiar formatos

Use este botón para ahorrar tiempo al momento de aplicar el mismo formato entre celdas dentro de una hoja.

Una vez que se han definido todos los atributos (formato numérico, alineación tipo y tamaño de letra, color, bordes, sombras, etc.) que se desean aplicar a una celda o a un conjunto de ellas, es posible copiarlos a otras celdas.

Seleccione la celda que contiene el formato que se desea copiar y haga clic en el botón "Copiar formato", que se encuentra en la ficha "Inicio" en el grupo "Portapapeles". A continuación, seleccione las celdas a las que desea copiar dicho formato.

En el ejercicio:

- Seleccione toda la hoja y elija el tipo de letra Century Gothic.
- Combine y centre las celdas de la fila 2 y cambie el tamaño de letra a 24.
- Seleccione el rango C7:C10 y aplique el formato personalizado añadiendo.
- el texto "Kg".
- Seleccione el rango D7:D10 y aplique el formato personalizado añadiendo el texto "€/Kg".
- Seleccione el resto de celdas que lleva el formato moneda y aplíquelo.

6. Añada el comentario de la celda C4

Puede agregar notas a las celdas individuales utilizando comentarios. Cuando una celda tiene un comentario, aparecerá un indicador rojo en la esquina de la celda. Cuando sitúa el puntero sobre la celda, aparece el comentario. Es posible que aparezca el indicador y el comentario en sí, al lado.

Agregar un comentario

Seleccione la celda en la que desea agregar el comentario y realice una de las siguientes acciones:

- En la ficha "Revisar", en el grupo "Comentarios", haga clic en el botón "Nuevo comentario".
- Presione <Shift> + <F2>.
- Haga clic con el botón secundario en "Insertar comentario".

En el cuerpo del comentario, escriba el texto correspondiente.

Haga clic fuera del cuadro del comentario.

Si sólo ve el indicador de comentario pasee el puntero del ratón sobre la celda que lo contiene.

Editar un comentario

Seleccione la celda que contiene el comentario que desea editar.

En la ficha "Revisar", en el grupo "Comentarios", haga clic en el botón "Modificar comentario".

Eliminar un comentario

Haga clic con el botón secundario en la celda y haga clic en "Eliminar comentario".

Dar formato a un comentario

El texto de los comentarios usa una fuente predeterminada. Puede cambiar el formato del texto que contiene.

Seleccione la celda que contiene el comentario al que desea dar formato y realice una de las siguientes acciones:

- Haga clic con el botón secundario y elija "Modificar comentario".
- En la pestaña "Revisar", en el grupo "Comentarios", haga clic en "Modificar comentario".
- Método abreviado de teclado: También puede presionar <Shift>+<F2>.

Seleccione el texto del comentario al que desea dar formato y siga uno de estos procedimientos:

- Haga clic con el botón secundario en la selección. Haga clic en Formato de comentario y, a continuación, en el cuadro de diálogo Formato de comentario, seleccione las opciones de formato que desee.
- En la pestaña "Inicio", grupo "Fuente", haga clic en las opciones de formato que desee.

NOTA *Las opciones Color de relleno y Color de fuente del grupo Fuente no están disponibles para el texto de los comentarios. Para modificar el color del texto, puede hacer clic con el botón secundario en el texto del comentario seleccionado y, a continuación, en Formato de comentario.*

Mover un comentario o cambiar su tamaño

Haga clic con el botón secundario en la celda que tiene el comentario que desea cambiar y, a continuación, haga clic en "Mostrar u ocultar comentarios".

Haga clic en el borde del cuadro de comentario para que aparezcan los controladores de tamaño. Asegúrese de que el cursor no esté parpadeando en el comentario.

Siga uno de estos procedimientos:

- Para mover el comentario, arrastre el borde del cuadro de comentario o presione una tecla de dirección.
- Para cambiar el tamaño del comentario, arrastre los controladores de los lados y las esquinas del cuadro de comentario.

7. Quite la cuadrícula de la vista

Las líneas de cuadrícula facilitan la especificación y búsqueda de datos en la hoja de cálculo.

En la ficha "Vista", en el grupo "Mostrar", active la casilla "Líneas de cuadrícula" para verlas y desactívela para que no aparezcan.

8. Inserte la imagen con el tamaño solicitado

Se trata de una imagen prediseñada. Cámbiele el tamaño y modifique la altura de la fila 1 para que quepa la imagen.

Para poder insertar estos objetos en un documento debe hacer clic sobre la cinta de opciones, en la ficha "Insertar" y usar los botones del grupo "Ilustraciones".

Imagen digital

Se considera una imagen digital aquella que está almacenada en su equipo, puede provenir de una cámara, ser una imagen descargada de internet...

Debe saber de antemano en qué lugar está almacenada y cómo se llama.

Inserte una imagen siguiendo estos pasos:

1. Debe hacer clic en el botón "Imagen" del grupo "Ilustraciones", en la ficha "Insertar".
2. Aparece el cuadro de diálogo "Insertar imagen", en el que debe localizar la imagen que desea insertar.
3. Haga doble clic sobre la imagen que desee insertar o un clic sobre su nombre y clic sobre el botón "Insertar".
4. La imagen aparece en el documento. Ahora podrá realizar modificaciones sobre ella como cambiar su tamaño, su posición e incluso ajustarla respecto al texto, entre otras cosas.

Imagen prediseñada

Las imágenes prediseñadas están incorporadas en la galería de imágenes de Office.

1. Para insertar una imagen prediseñada debe hacer un clic sobre el botón "Imágenes prediseñadas" del grupo "Ilustraciones", en la ficha "Insertar".
2. Aparece un panel a la derecha donde puede localizar (con el botón "Buscar") las imágenes de la galería de Office.
3. Una vez localizada la imagen debe hacer un clic sobre la misma para que se inserte en la hoja.

Cuando inserte imágenes desde archivo o prediseñadas, debe tener en cuenta que se insertarán donde esté el cursor. Esto implica que habrá que **cambiarles la propiedad de ajuste de texto** para poder moverlas o seleccionar más de una. De este modo, pasará de ser una imagen fija o de entrelínea a una imagen flotante que podrá ubicar en cualquier parte de la hoja.

Al hacer clic sobre la imagen aparecen unos tiradores en las esquinas que permiten modificar el tamaño de la misma de manera proporcional y otros tiradores en los centros de los lados que modifican el tamaño de la imagen pero no guardan proporción.

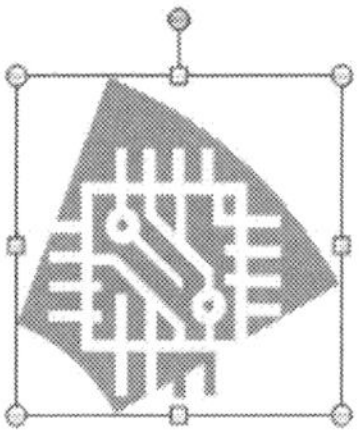

Herramientas de imagen

Seleccione una imagen, digital o prediseñada, haciendo clic sobre ella. Aparece una nueva ficha en la cinta de opciones, la ficha "Herramientas de imagen – Formato", en la que hay 4 grupos:

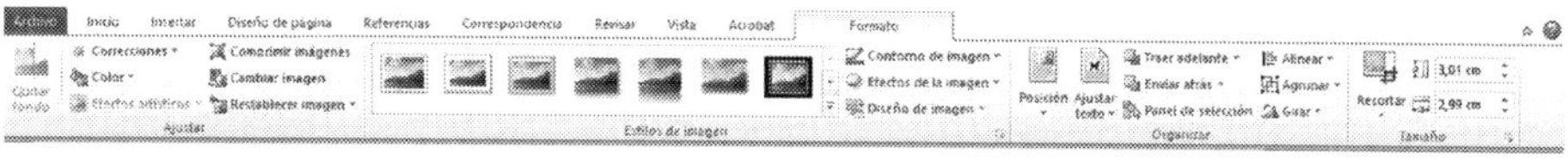

- Ajustar
- Estilos de imagen
- Organizar
- Tamaño

Grupo Ajustar

En este grupo se han añadido nuevos botones y han desaparecido otros que existían en la versión anterior

El botón "Quitar fondo" elimina las partes no deseadas y mantiene otras de la imagen activa mediante unas marcas.

El botón "Correcciones" mejora el brillo, el contraste o la nitidez de la imagen. Este botón engloba los botones de *Brillo y Contraste* de la versión anterior.

El botón "Color" funciona de manera similar a la versión anterior (*Volver a colorear*) pero permitiendo además cambiar el color de la imagen para mejorar la calidad o coincidir con el contenido del documento.

El botón "Efectos artísticos" aplica efectos a la imagen para que parezca más un boceto o una pintura que una foto.

El botón "Comprimir imágenes" hace que la imagen ocupe menos espacio.

El botón "Cambiar imagen" sirve para sustituir la imagen activa por otra imagen pero manteniendo el formato y el tamaño actual de la imagen a cambiar.

El botón "Restablecer imagen" deshace las características aplicadas a la imagen y la deja como se insertó.

Grupo Estilo de imagen

Puede mejorar la imagen agregando efectos, como sombras, iluminados, reflejos, bordes suaves, biseles y giros tridimensionales (3D) a esta.

Muestra una galería con un conjunto de estilos que se puede aplicar a la imagen. Elija uno de ellos haciendo clic y se lo aplicará a la imagen.

El botón "Contorno de la imagen" despliega un menú donde puede especificar el color, la anchura, y el estilo de línea del contorno que enmarque a la imagen seleccionada. Si desea quitárselo, elija la opción "Sin contorno".

El botón "Efectos de la imagen" aplica un estilo visual a la imagen como una sombra, un resplandor, bordes suaves... También se puede configurar cómo se aplica cada efecto con la opción "Opciones de (sombra, reflejo, iluminado...)" que aparece al elegir un efecto de la lista.

El botón "Diseño de la imagen" convierte la imagen seleccionada en un elemento de gráfico SmarArt.

Grupo Organizar

En este grupo se encuentran las herramientas para posicionar, voltear, alinear y ajustar la imagen a su contexto.

El botón "Ajustar texto" acomoda la imagen con respecto al texto que la rodea de varias formas, tal y como se puede ver en los iconos del menú.

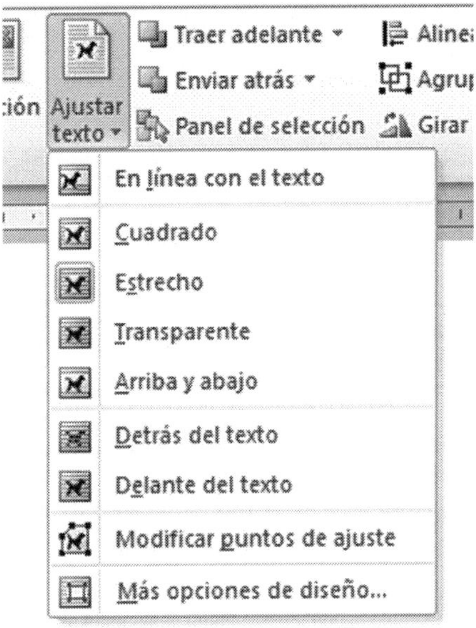

- **En línea con el texto**: Trata a la imagen insertada como un carácter más, es decir, la imagen se comportará como si fuera una letra, o un número más parte del texto. Este ajuste es el predeterminado, no importa el tipo de imagen que sea.
- **Cuadrado**: Este tipo de ajuste se caracteriza porque da la libertad de mover la imagen a cualquier posición del documento, a diferencia de la anterior, donde no es posible mover la imagen libremente, solo cambiarla de posición en el texto.

- **Estrecho**: Hace que el texto se coloque alrededor de la imagen al igual que el anterior, pero el texto va siguiendo la forma o el contorno de la imagen. En este tipo de ajuste puede colocar la imagen en cualquier posición de un párrafo y el texto quedará interrumpido antes de la imagen y continuará después de esta, si es que queda espacio entre la imagen y el margen de la hoja.
- **Transparente**: Es como el anterior, salvo que si el fondo lo permite será transparente dejando ver el texto.
- **Arriba y abajo**: El texto fluye por encima y por debajo de la imagen.
- **Detrás del texto**: Coloca el texto sobre la imagen, es decir el párrafo continúa como si la imagen no existiera.
- **Delante del texto**: Es similar al anterior, hace que el párrafo se coloque sin ninguna interrupción, sin embargo queda una parte del texto oculto por la imagen ya que esta se coloca sobre el texto y lo cubre.
- **Modificar puntos de ajuste**: Aparece un cuadro rojo con cuatro tiradores en las esquinas que permiten arrastrar los controladores de tamaño para cambiar la forma del perímetro de ajuste con el texto. La imagen quedará detrás del texto en esa zona.

El botón "Posición" cambia la ubicación del objeto seleccionado en la página y el texto se ajusta de manera automática al objeto.

El resto de botones de este grupo sirven para trabajar con más de una imagen. Será necesario seleccionarlas a la vez, para ello, debe hacer clic sobre las imágenes a seleccionar con la tecla <Ctrl> o la tecla <Shift> pulsadas.

NOTA: *No se podrán seleccionar varias imágenes si alguna de ella tiene el ajuste de texto "En línea con el texto". Si así fuera, cámbielo.*

El botón "Traer adelante" coloca la imagen seleccionada en primer plano, delante del texto o al frente de todos los objetos.

El botón "Enviar atrás" coloca la imagen seleccionada al fondo, detrás del texto o detrás de todos los objetos.

El botón "Alinear". Existen varias formas de alinear objetos. Pueden alinearse con otros objetos, del mismo modo que se alinean los lados, los centros o los bordes superior e inferior de los objetos. Pueden alinearse con respecto a toda la página; por ejemplo, en el borde superior o izquierdo de una página. También pueden alinearse objetos utilizando una cuadrícula para alinearlos con una esquina de la cuadrícula mientras se dibujen o muevan los objetos. La cuadrícula de dibujo es una red invisible de líneas que ayuda a alinear objetos. Las líneas de las cuadrículas no se ven en pantalla. Según se arrastra o se dibuja un objeto, Word lo alinea con la intersección más próxima de la cuadrícula.

- Para alinear los bordes de los objetos a la izquierda, haga clic en "Alinear a la izquierda".
- Para alinear los objetos verticalmente por el centro, haga clic en "Alinear verticalmente".
- Para alinear los bordes de los objetos a la derecha, haga clic en "Alinear a la derecha".
- Para alinear los bordes superiores de los objetos, haga clic en "Alinear en la parte superior".
- Para alinear los objetos horizontalmente por el centro, haga clic en "Alinear al medio".
- Para alinear los bordes inferiores de los objetos, haga clic en "Alinear en la parte inferior".

Si desea que los objetos estén equidistantes entre ellos debe usar las opciones "Distribuir verticalmente" y/o "Distribuir horizontalmente", previa selección de los objetos implicados.

El botón "Agrupar". Cuando se agrupan varios objetos, se combinan de forma que se puede trabajar con ellos como si se tratase de un único objeto. Las ilustraciones agrupadas se mueven, giran, voltean, cambian de tamaño o de escala como una sola unidad. También se pueden cambiar los atributos de todos los objetos de un grupo a la vez; por ejemplo, se podría cambiar el color del relleno o aplicar un sombreado a todos los objetos del grupo.

Debe seleccionar las imágenes implicadas y hacer clic en este botón.

El botón "Girar", puede girar la imagen 90 grados hacia la derecha o izquierda o hacia cualquier otro ángulo. También se puede voltear un objeto horizontal o verticalmente. En la opción "Más opciones de giro" puede teclear el ángulo deseado para el giro. Al seleccionar la imagen aparece un tirador circular verde que le permite girar libremente arrastrando con el ratón.

Grupo Tamaño

El botón "Recortar" sirve para recortar las partes no deseadas de la imagen. El marco de la imagen toma otro aspecto, ya no son puntos, sino que cambia a líneas, sobre las cuales puede arrastrar con el ratón para hacer el recorte.

El botón "Alto de forma" cambia la altura de la imagen guardando la proporción. Cambie los valores o use las flechas.

El botón "Ancho de forma" cambia la altura de la imagen guardando la proporción. Cambie los valores o use las flechas.

Este grupo dispone de un cuadro de diálogo donde puede cambiar las opciones avanzadas usando las opciones de las fichas "Tamaño", "Posición" y "Ajuste del texto".

9. Guarde el libro terminado

Si se quieren guardar los cambios realizados en un libro existente, es necesario tenerlo abierto y basta con pulsar el botón "Guardar" de la "Barra de herramientas de acceso rápido", o bien, desde el la ficha "Archivo", elija la opción "Guardar".

Prueba 2

Temas implicados:
Fórmulas, Funciones BUSCARV, BUSCARH, Y y SI

eRodio ediciones

INSTRUCCIONES

- El libro se compondrá de 3 hojas.
- Hoja 1
- Partiendo de la primera imagen realice los pasos necesarios para llegar a la segunda imagen.

	A	B	C	D	E
1	EDAD	CUOTA MENSUAL			
2	0	7			
3	10	21			
4	18	30			
5	65	10			
6					
7					
8		SOCIOS			
9		NOMBRE	EDAD	CUOTA MENSUAL	
10		Luis Pérez	6		
11		Juan Sola	14		
12		María Alonso	45		
13		Mar Sánchez	12		
14		Javier Álvarez	18		
15		Pedro del Río	70		

	A	B	C	D
1	EDAD	CUOTA MENSUAL		
2	0	7		
3	10	21		
4	18	30		
5	65	10		
6				
7				
8		SOCIOS		
9		**NOMBRE**	**EDAD**	**CUOTA MENSUAL**
10		Luis Pérez	6	7
11		Juan Sola	14	21
12		María Alonso	45	30
13		Mar Sánchez	12	21
14		Javier Álvarez	18	30
15		Pedro del Río	70	10

- La fuente utilizada es Verdana, tamaño 11.
- Los cálculos son:
  - ▹ Para ser socio del Club hay que pagar una cuota mensual que dependerá de la edad del mismo. Calcule la cuota que le corresponde a cada socio según la tabla del rango A1:B5. Use la función BUSCARV.
- Hoja 2
- Partiendo de la primera imagen realice los pasos necesarios para llegar a la segunda imagen.

	A	B	C	D	E
1					
2	MATRICULAS	M-1245-AS	NA-2314-Z	NA-4545-T	SS-2321-F
3	COLOR	VERDE	AZUL	ROJO	GRIS
4	MARCA	NISSAN	SEAT	SEAT	FIAT
5	MODELO	PATROL	600	IBIZA	UNO
6					
7					
8					
9					
10					
11					
12	MATRICULAS	COLOR	MARCA	MODELO	
13	NA-2314-Z				
14					
15					
16					
17					
18					

	A	B	C	D	E
1		**RELACIÓN DE VEHÍCULOS**			
2	**MATRICULAS**	M-1245-AS	NA-2314-Z	NA-4545-T	SS-2321-F
3	**COLOR**	VERDE	AZUL	ROJO	GRIS
4	**MARCA**	NISSAN	SEAT	SEAT	FIAT
5	**MODELO**	PATROL	600	IBIZA	UNO
6					
7					
8	**MATRICULAS**	**COLOR**	**MARCA**	**MODELO**	
9	NA-2314-Z	AZUL	SEAT	600	
10	M-1245-AS	VERDE	NISSAN	PATROL	
11	SS-2321-F	GRIS	FIAT	UNO	
12	NA-4545-T	ROJO	SEAT	IBIZA	
13					
14					

- La fuente utilizada es Tahoma, tamaño 13.

- Los cálculos son:
  - ▹ Introduzca matrículas desde la celda A9 hacia abajo para que aparezcan el color, la marca y el modelo. Use la función BUSCARH.
- Hoja 3:
- Partiendo de la primera imagen realice los pasos necesarios para llegar a la segunda imagen.

	A	B	C	D	E	F	G	H	I	J
1	ARTICULO	PRECIO	VENTA	PROMOCION	TOTAL	TOTAL	TIPO	PROMO	%	OFERTA
2	Artículo 1	250	50	S						
3	Artículo 2	146	25	N						
4	Artículo 3	420	75	S						
5	Artículo 4	122	63	S						
6	Artículo 5	633	35	N						
7										
8										

	A	B	C	D	E	F	G	H	I
1	**ARTICULO**	**PRECIO**	**VENTA**	**PROMOCION**	**TOTAL**	**TIPO**	**PROMO**	**%**	**OFERTA**
2	**Artículo 1**	250,00	50	S	12.500,00	Venta regular	1.250,00	1.250,00	
3	**Artículo 2**	146,00	25	N	3.650,00	Mala venta	0,00	0,00	
4	**Artículo 3**	420,00	75	S	31.500,00	Buena venta	3.150,00	4.725,00	787,50
5	**Artículo 4**	122,00	63	S	7.686,00	Venta regular	768,60	1.152,90	
6	**Artículo 5**	633,00	35	N	22.155,00	Buena venta	0,00	2.215,50	
7									

- La fuente utilizada es Calibrí, tamaño 16.
- El ancho de las columnas es de 23.
- Los números aparecen con separador de miles y algunos, con dos decimales de precisión.
- Los cálculos son:
  - ▹ Calcule el total multiplicando el precio por la venta.
  - ▹ TIPO: Si el TOTAL es mayor que 15.000 debe aparecer el texto "Buena venta". Si es mayor que 5.000 aparecerá "Venta Regular" y si es menor que 5.000 será "Mala venta". Use la función SI.
  - ▹ PROMO: Si el artículo está en PROMOCIÓN, hallar un 10% del total y si no, que la celda contenga el valor 0. Use la función SI.
  - ▹ %: Si la cantidad de VENTA es mayor o igual que 35, hallar un 10% del TOTAL. Si es mayor o igual que 60, calcular el 15% del TOTAL y si no lo es poner 0.
  - ▹ OFERTA: Si está en PROMOCIÓN y la VENTA es superior a 70 calcular el 2,5% del TOTAL, si no, dejar la celda en blanco. Use las funciones Y y SI.
- Guarde el libro en el disco duro, dentro de una carpeta llamada "Excel" y llámelo "prueba02".

1. Abra Excel y cree un libro nuevo

2. Guarde el libro y llámelo "prueba02"

3. Teclee los datos en la Hoja 1

4. Sitúese en la celda D10

Use la función BUSCARV para buscar en una lista vertical la cuota que le corresponde al socio Luis Pérez según su edad.

Función BUSCARV

Es una de las funciones que se encuentra en la categoría "Búsqueda y referencia", Sirve para encontrar elementos en una tabla o en un rango, por filas (verticalmente).

En la ficha "Fórmulas", en el grupo "Biblioteca de funciones" se encuentra el botón "Insertar función". Aparece el cuadro de diálogo

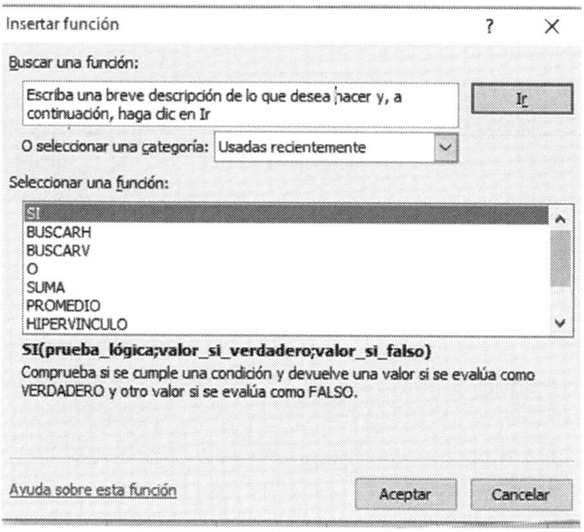

Elija la categoría donde está, o bien, busque en la lista que está ordenada alfabéticamente. Esta función se encuentra en la categoría "Búsqueda y referencia".

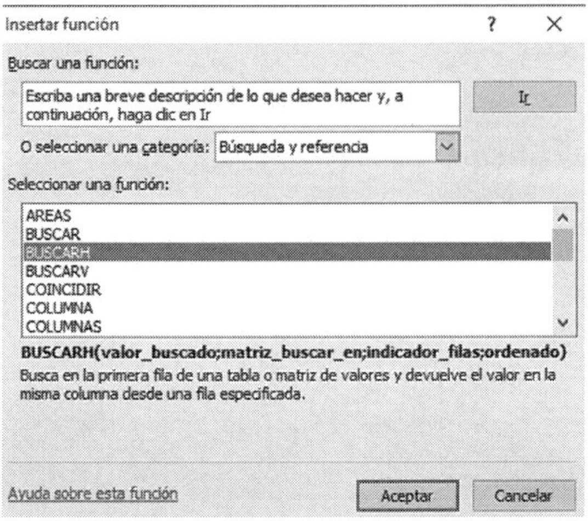

Sintaxis:

BUSCARV(*valor_buscado; rango_donde_buscar; num_columna; ordenado*)

Los argumentos de esta función son:

- *Valor_buscado:* Es el valor que se va a buscar. Deberá encontrarse en la primera columna del rango donde va a buscar y es recomendable que el rango esté ordenado por esta columna.
- *Rango_donde_buscar:* serán dos o más columnas de datos. Los valores de la primera columna de este rango serán entre los que busque la función.
- *Num_columna:* Es el número de columna (numeradas a partir de 1 para la columna situada más a la izquierda del rango donde buscar) que contiene el valor devuelto. Si el argumento num_columna es igual a 1, la función devuelve el valor ubicado en la primera columna del argumento rango_donde_buscar; si el argumento num_columna es igual a 2, devuelve el valor de la segunda columna de rango_donde_buscar y así sucesivamente.
- *Ordenado*: Especifica si BUSCARV va a buscar una coincidencia exacta o aproximada:
  - ▹ Si se omite o contiene VERDADERO, se devolverá una coincidencia exacta o aproximada. Si no localiza ninguna coincidencia exacta, devolverá el siguiente valor más alto inferior a valor_buscado.
  - ▹ Si contiene FALSO, BUSCARV sólo buscará una coincidencia exacta. En este caso, no es necesario ordenar los valores de la primera columna de rango_donde_buscar. Si hay dos o más valores en la primera columna de rango_donde_buscar, se utilizará el primer valor encontrado. Si no se encuentra una coincidencia exacta, se devolverá el valor de error #N/A.

Problemas comunes

Problema	Qué ha fallado
Valor devuelto incorrecto	Si ordenado es VERDADERO o se omite, es necesario ordenar la primera columna alfabéticamente o numéricamente. Si la primera columna no está ordenada, el valor devuelto puede ser algo inesperado. Puede ordenar la primera columna o usar FALSO para obtener una coincidencia exacta.
#N/A en la celda	Si ordenado es VERDADERO y el valor en valor_buscado es más pequeño que el valor más pequeño de la primera columna de la rango_donde_buscar, el valor de resultado será #N/A. Si ordenado es FALSO, el valor de error #N/A indica que no se ha encontrado el número exacto.
#¡REF! en la celda	Si num_columna es mayor que el número de columnas en rango_donde_buscar, el valor devuelto será #¡REF!
#¡VALOR! en la celda	Si rango_donde_buscar, es menos de 1, el valor devuelto será #¡VALOR!
#¿NOMBRE? en la celda	El valor de error #¿NOMBRE? normalmente significa que en la fórmula faltan comillas. Para buscar el nombre de una persona, asegúrese de que el nombre aparece entre comillas en la fórmula. Por ejemplo, escriba el nombre como "López" en =BUSCARV("López",B2:E7,2,FALSO).

Recomendaciones

Realice este procedimiento	¿Por qué?
Use referencias absolutas para ordenado.	Las referencias absolutas le permiten rellenar hacia abajo una fórmula, de manera que siempre se busca en el mismo rango de búsqueda.
No almacene valores de fechas o números como texto.	Al buscar valores de fechas o números, asegúrese de que los datos de la primera columna de rango_donde_buscar, no se almacenen como valores de texto, ya que, en ese caso, BUSCARV puede devolver un valor incorrecto o inesperado.
Ordene la primera columna.	Ordene la primera columna del rango_donde_buscar antes de usar BUSCARV cuando ordenado sea VERDADERO.
Use caracteres comodín.	Si ordenado es FALSO y valor_buscado es un texto, se pueden usar los caracteres comodín de signo de interrogación (?) y asterisco (*) en valor_buscado. El signo de interrogación corresponde a un solo carácter cualquiera y el asterisco equivale a cualquier secuencia de caracteres. Si lo que desea buscar es un signo de interrogación o un asterisco, escriba una tilde (~) antes del carácter. Por ejemplo, =BUSCARV("Carta?",B2:E7,2,FALSE) buscará todas las instancias que comiencen por Carta y con una última letra que podría variar.

.../...

.../...

Realice este procedimiento	¿Por qué?
Asegúrese de que los datos no contienen caracteres incorrectos.	Al buscar valores de texto en la primera columna, asegúrese de que los datos de la primera columna no contienen espacios al principio ni al final, de que no haya un uso incoherente de las comillas rectas (' o ") ni tipográficas (' o ") y de que no haya caracteres no imprimibles. En estos casos, BUSCARV puede devolver un valor inesperado o incorrecto.

Use la función BUSCARV para buscar verticalmente la cuota que le corresponde al socio Luis Pérez según su edad.

- valor_buscado: C10
- rango_donde_buscar: A2:B5
- num_columna: 2
- ordenado: no hace falta, el rango tiene la primera columna ordenada

Construya la función colocando los argumentos en su lugar.

- Sitúese en el cuadro "Valor_buscado" haciendo clic y haga clic sobre la celda C10
- Sitúese en el cuadro "Matriz_buscar_en" y seleccione el rango A2:B5
- Sitúese en el cuadro "Indicador_columnas" y teclee 2
- Pulse aceptar

Buscará el número 6 (la edad de Luis Pérez), en el rango de edades (A2:A5). Si no encuentra el valor exacto, elegirá el siguiente más pequeño y devolverá el valor correspondiente a la cuota (el situado en la 2ª columna del rango seleccionado), concretamente el ubicado en B2.

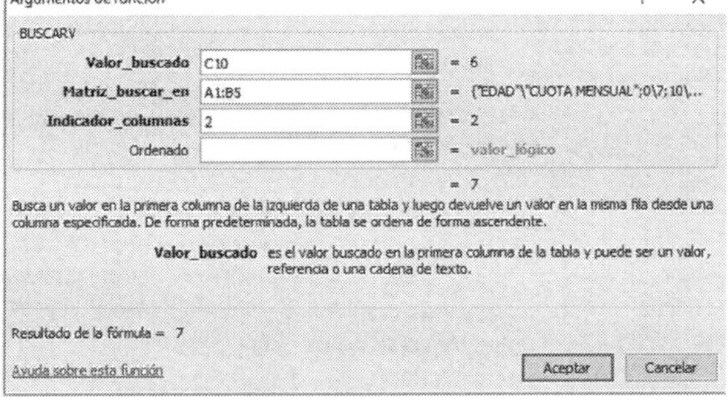

5. Copie hacia abajo

La referencia al valor buscado conviene que varíe al copiar hacia abajo, C11, C12... pero el rango donde buscar debe ser el mismo. Fije con <F4> estas referencias haciéndolas absolutas. La fórmula quedará:

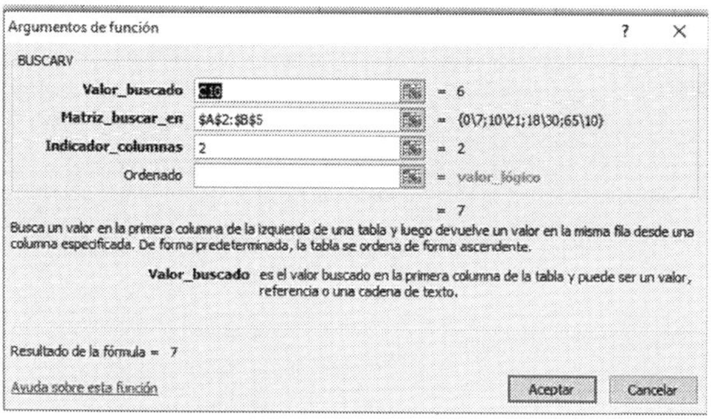

Sitúese en la celda D10 y copie hacia abajo.

6. Compruebe el resultado

Verifique que los valores son los correctos.

7. Aplique los formatos

Color del texto, bordes y rellenos. Las celdas B8, C8 y D8 están combinadas y centradas. Recuerde usar el botón “Copiar formato” para ahorrar tiempo.

8. Teclee los datos en la Hoja 2

9. Sitúese en la celda B9

Use la función BUSCARH para buscar en una lista horizontal una matrícula tecleada en la celda A9.

Función BUSCARH

También se encuentra en la categoría “Búsqueda y referencia”, Sirve para encontrar elementos en una tabla o en un rango, por columnas (horizontalmente).

En la ficha "Fórmulas", en el grupo "Biblioteca de funciones" se encuentra el botón "Insertar función". Aparece el cuadro de diálogo

Elija la categoría donde está, o bien, busque en la lista que está ordenada alfabéticamente. Esta función se encuentra en la categoría "Búsqueda y referencia".

Sintaxis:

BUSCARH(*valor_buscado; rango_donde_buscar; num_fila; ordenado*)

Los argumentos de esta función son:

- *Valor_buscado:* Es el valor que se va a buscar. Deberá encontrarse en la primera fila del rango donde va a buscar y es recomendable que el rango esté ordenado por esta fila.
- *Rango_donde_buscar:* serán dos o más filas de datos. Los valores de la primera fila de este rango serán entre los que busque la función.
- *Num_fila:* Es el número de fila (numeradas a partir de 1 para la fila situada más a la izquierda del rango donde buscar) que contiene el valor devuelto. Si el argumento num_fila es igual a 1, la función devuelve el valor ubicado en la primera fila del argumento rango_donde_buscar; si el argumento num_fila es igual a 2, devuelve el valor de la segunda fila de rango_donde_buscar y así sucesivamente.
- *Ordenado*: Especifica si BUSCARH va a buscar una coincidencia exacta o aproximada:
  - ▹ Si se omite o contiene VERDADERO, se devolverá una coincidencia exacta o aproximada. Si no localiza ninguna coincidencia exacta, devolverá el siguiente valor más alto inferior a valor_buscado.
  - ▹ Si contiene FALSO, BUSCARH sólo buscará una coincidencia exacta. En este caso, no es necesario ordenar los valores de la primera fila de rango_donde_buscar. Si hay dos o más valores en la primera fila de rango_donde_buscar, se utilizará el primer valor encontrado. Si no se encuentra una coincidencia exacta, se devolverá el valor de error #N/A.

Use la función BUSCARH para buscar horizontalmente la matrícula tecleada en la celda A9 y obtenga el **color** del vehículo.

- valor_buscado: A9
- rango_donde_buscar: B2:E5
- num_fila: 2
- ordenado: falso

Construya la función colocando los argumentos en su lugar.

- Sitúese en el cuadro "Valor_buscado" haciendo clic y haga clic sobre la celda A9
- Sitúese en el cuadro "Matriz_buscar_en" y seleccione el rango B2:E5
- Sitúese en el cuadro "Indicador_filas" y teclee 2
- Sitúese en el cuadro "Ordenado" y teclee falso
- Pulse aceptar

Buscará la matrícula tecleada en A9, en el rango (B2:E2). Buscará un valor exacto (ordenado = falso) y devolverá el valor correspondiente al color (el situado en la 2ª fila del rango seleccionado).

10. Copie hacia abajo

Debe fijar el rango donde buscar para que no varíe. La fórmula quedará:

```
fx  =BUSCARH(A9;$B$2:$E$5;2)
```

Sitúese en la celda B9 y copie hacia abajo. Aparecen #N/A en las celdas. Teclee una matrícula en la celda A9 y compruebe que aparecen los datos de color correspondientes a ese vehículo.

11. Prepare las fórmulas para localizar la marca. Sitúese en la celda C9

Use la función BUSCARH para buscar horizontalmente la matrícula tecleada en la celda A9 y obtenga la **marca** del vehículo.

- valor_buscado: A9
- rango_donde_buscar: B2:E5
- num_fila: 3
- ordenado: falso

Construya la función colocando los argumentos en su lugar.

- Sitúese en el cuadro "Valor_buscado" haciendo clic y haga clic sobre la celda A9.
- Sitúese en el cuadro "Matriz_buscar_en" y seleccione el rango B2:E5

- Sitúese en el cuadro "Indicador_filas" y teclee 3
- Sitúese en el cuadro "Ordenado" y teclee falso
- Pulse aceptar

Buscará la matrícula tecleada en A9, en el rango (B2:E2). Buscará un valor exacto (ordenado = falso) y devolverá el valor correspondiente a la marca (el situado en la 3ª fila del rango seleccionado).

12. Copie hacia abajo

Debe fijar el rango donde buscar para que no varíe. La fórmula quedará:

```
fx =BUSCARH(A9;$B$2:$E$5;3)
```

Sitúese en la celda C9 y copie hacia abajo. Aparecen #N/A en las celdas. Teclee una matrícula en la celda A9 y compruebe que aparecen los datos de la marca correspondientes a ese vehículo.

13. Prepare las fórmulas para localizar el modelo. Sitúese en la celda D9

Use la función BUSCARH para buscar horizontalmente la matrícula tecleada en la celda A9 y obtenga el **modelo** del vehículo.

- valor_buscado: A9
- rango_donde_buscar: B2:E5
- num_fila: 4
- ordenado: falso

Construya la función colocando los argumentos en su lugar.

- Sitúese en el cuadro "Valor_buscado" haciendo clic y haga clic sobre la celda A9.
- Sitúese en el cuadro "Matriz_buscar_en" y seleccione el rango B2:E5
- Sitúese en el cuadro "Indicador_filas" y teclee 4
- Sitúese en el cuadro "Ordenado" y teclee falso
- Pulse aceptar

Buscará la matrícula tecleada en A9, en el rango (B2:E2). Buscará un valor exacto (ordenado = falso) y devolverá el valor correspondiente al modelo (el situado en la 4ª fila del rango seleccionado).

14. Copie hacia abajo

Debe fijar el rango donde buscar para que no varíe. La fórmula quedará:

fx =BUSCARH(A9;$B$2:$E$5;4)

Sitúese en la celda D9 y copie hacia abajo. Aparecen #N/A en las celdas. Teclee una matrícula en la celda A9 y compruebe que aparecen los datos del modelo correspondientes a ese vehículo.

15. Aplique los formatos

Bordes y rellenos. Recuerde usar el botón "Copiar formato" para ahorrar tiempo.

16. Teclee los datos en la Hoja 3

17. Sitúese en la celda E2, calcule el TOTAL y copie hacia abajo

18. Sitúese en la celda F2

Use la función SI para evaluar una condición y devolver verdadero o falso según se cumpla o no dicha condición. Para utilizar esta función es necesario manejar correctamente los operadores de comparación.

Función SI

Es una de las funciones que se encuentra en la categoría "Lógicas".

En la ficha "Fórmulas", en el grupo "Biblioteca de funciones" se encuentra el botón "Insertar función".

Elija la categoría donde está, o bien, busque en la lista que está ordenada alfabéticamente. Esta función se encuentra en la categoría "Lógicas".

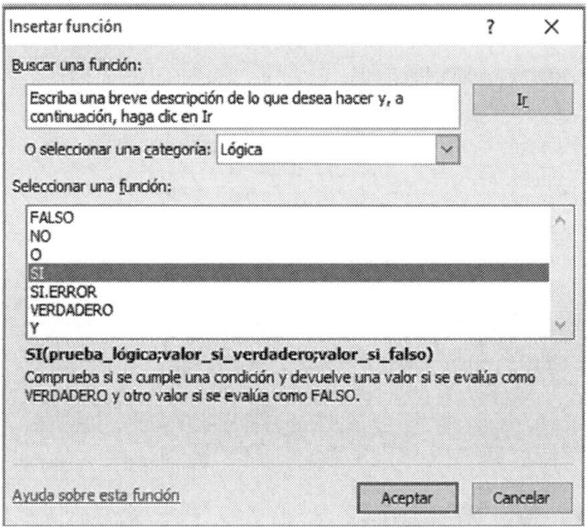

Sintaxis

SI (*condición; acción_si_se_cumple; acción_si_no_se_cumple*)

Los argumentos de esta función son:

- *Condición:* Use los operadores de comparación para realizar la pregunta.
- *Acción_si_se_cumple*: Especifica qué va a contener la celda donde está si la condición se cumple. Puede ser un texto, una fórmula...
- *Acción_si_no_se_cumple:* Especifica qué va a contener la celda donde está si la condición no se cumple.

Estudie previamente las condiciones y las acciones a tomar según se cumplan o no: *´TIPO: Si el total es mayor que 15.000 es una "Buena venta". Si es mayor que 5.000 es "Venta regular" y si es menor que 5.000 es "Mala venta"´*

Si el valor contenido en la celda E2 (TOTAL) es **mayor** que el valor 15000, en la celda F2 (TIPO) debe aparecer el texto "Venta regular", si **no** se cumple, quiere decir que en la celda E2 hay un valor menor o igual a 15000. Para este caso, el enunciado indica que **si** el contenido de E2 es mayor que el valor 5000, en la celda F2 debe aparecer el texto "Venta regular", si **no** se cumple, quiere decir que en la celda E2 hay un valor menor o igual a 5000, en cuyo caso hay que escribir el texto "Mala venta".

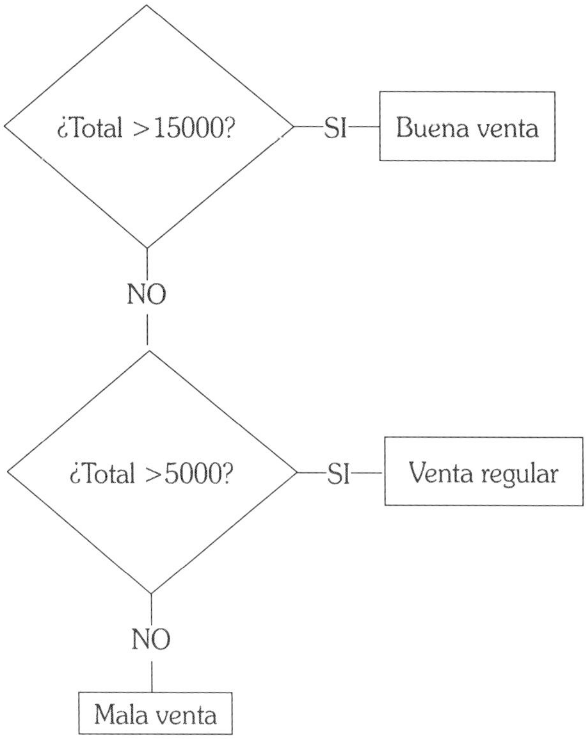

- Condición: E2 > 15000; ¿El contenido de la celda E2 es mayor que el valor 15000?
- Acción_si_se_cumple: "Buena venta"; Escriba en la celda donde está situado (F2), el texto entre comillas
- Acción_si_no_se_cumple: Hay que volver a preguntar. SI(E2>5000; "Venta regular"; "Mala venta"); Si no se cumple la condición es porque el contenido de E2 es menor o igual que 15000, entonces, hay que usar otra función SI para diferenciar los totales mayores que 5000 (Venta regular) y los menores que 5000 (Mala venta)

Construya la función colocando los argumentos en su lugar.

- Sitúese en el cuadro "Prueba_lógica" haciendo clic
- Haga clic sobre la celda E2 y a continuación, teclee >15000. Aparecerá *E2>15000*
- Sitúese en el cuadro "Valor_si_verdadero" y teclee *"Buena venta"*
- Sitúese en el cuadro "Valor_si_falso" y vuelva a preguntar. Teclee

  1. SI(

2. Haga clic sobre la celda E2
3. Continúe tecleando >5000; "Regular venta"; "Mala venta")

- Pulse aceptar

La fórmula quedará:

=SI(E2>15000;"Buena venta"; SI(E2>5000; "Venta regular"; "Mala venta"))

NOTA: *Puede teclear la fórmula manualmente pero no olvide su sintaxis, debe hacer un correcto uso de paréntesis, puntos y comas...*

PROMO: Si el artículo está en PROMOCION, hallar un 10% del total y si no que la celda contenga el valor 0.

Si el valor contenido en la celda D2 (PROMOCION) es **igual** al valor s, en la celda G2 debe aparecer el cálculo del 10% del TOTAL (E2), si **no** se cumple, en la celda G2 debe aparecer el valor 0

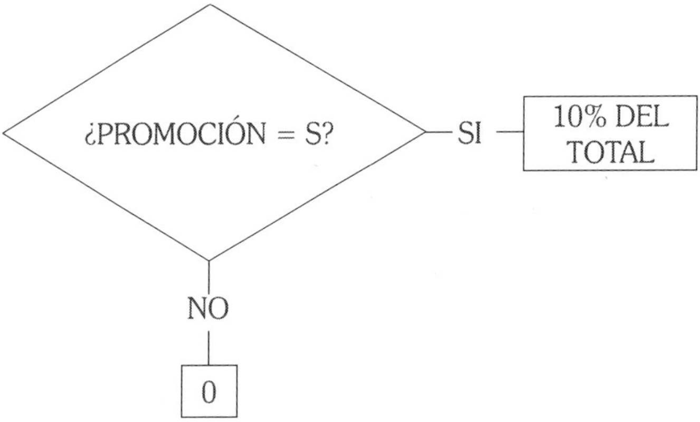

- Condición: D2 = s; ¿El contenido de la celda D2 es igual que el valor "s"?
- Acción_si_se_cumple: Multiplique el total por 0,1 para calcular el 10%
- Acción_si_no_se_cumple: Debe aparecer 0

Construya la función colocando los argumentos en su lugar.

- Sitúese en G2 e inserte la función SI
- Sitúese en el cuadro "Prueba_lógica" haciendo clic
- Haga clic sobre la celda D2 y a continuación, teclee ="s". Aparecerá *D2="s"*

- Sitúese en el cuadro "Valor_si_verdadero" y haga clic sobre la celda E2, a continuación, teclee * 0,1
- Sitúese en el cuadro "Valor_si_falso" y teclee 0
- Pulse aceptar

La fórmula quedará:

=SI(D2="s"; E2*0,1;0)

*%: Si la cantidad de VENTA es mayor o igual que 35, hallar un 10% del TOTAL. Si es **mayor** o igual que 60, calcular el 15% del TOTAL y si no lo es poner 0.*

Si el valor contenido en la celda C2 (VENTA) es **mayor o igual** que el valor 60, en la celda H2 (%) se debe calcular el 15% del TOTAL (E2), si **no** se cumple, quiere decir que en la celda C2 hay un valor igual. Para este caso, el enunciado indica que **si** el contenido de C2 es mayor o igual que el valor 35, en la celda H2 se debe calcular el 10% del TOTAL (E2), si **no** se cumple, quiere decir que en la celda C2 hay un valor menor que 35, en cuyo caso hay que escribir 0.

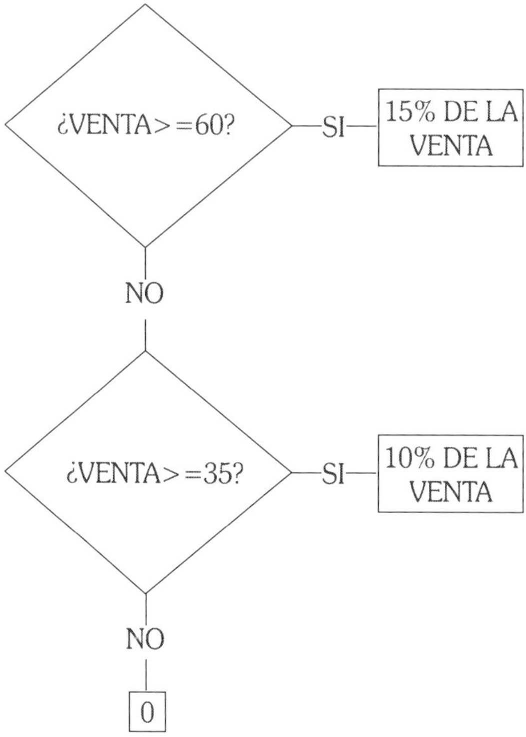

- Condición: C2 >= 60; ¿El contenido de la celda C2 es mayor o igual que el valor 60?
- Acción_si_se_cumple: : Multiplique el total por 0,15 para calcular el 15% de la venta
- Acción_si_no_se_cumple: SI(C2>=35; E2*0,1; 0); Si no se cumple la condición es porque el contenido de C2 es menor que 60, entonces, hay que usar otra función SI para diferenciar las ventas mayores o iguales que 35 (calcular el 10%) y las menores que 35 (0)

Construya la función colocando los argumentos en su lugar.

- Sitúese en H2 e inserte la función SI
- Sitúese en el cuadro "Prueba_lógica" haciendo clic
- Haga clic sobre la celda C2 y a continuación, teclee >=60. Aparecerá *C2>=60*
- Sitúese en el cuadro "Valor_si_verdadero" y haga clic sobre la celda E2, a continuación, teclee * 0,15
- Sitúese en el cuadro "Valor_si_falso" y vuelva a preguntar. Teclee
    1. SI(
    2. Haga clic sobre la celda C2
    3. Continúe tecleando >=35;E2*0,1;0
- Pulse aceptar

La fórmula quedará:

=SI(C2>=60;E2*0,15;SI(C2>=35;E2*0,1;0))

OFERTA: Si la PROMOCION es S y la VENTA superior a 70 calcular el 2,5% del TOTAL, si no, dejar la celda en blanco.

En este caso, la condición de la función "obliga" a que se cumplan dos condiciones a la vez. Para ello, usará la función Y.

Se deben cumplir que la PROMOCION contenga el valor s (D2="S") **y** que la VENTA sea mayor que 70 (C2>70).

Si se cumplen las dos condiciones a la vez debe calcular el 2,5% del TOTAL, si **no** se cumple, quiere decir que no se ha cumplido alguna de las condiciones por separado, o bien, no se han cumplido ninguna de las dos, en este caso hay que dejar la celda I2 en blanco.

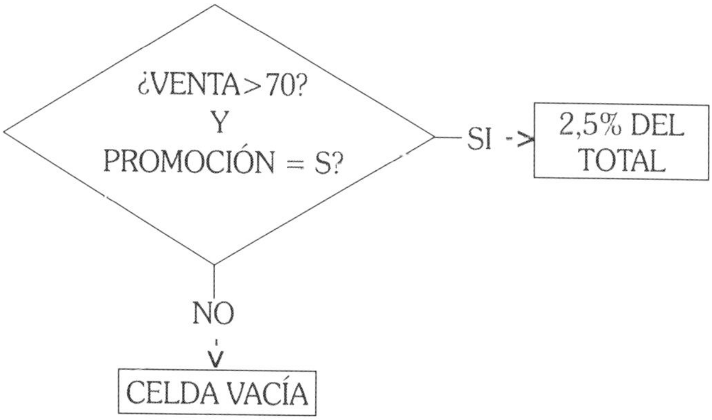

=SI(Y(D2="S";C2>70);E2*0,025;"")

- Condición: Y(D2="S";C2>70); ¿El contenido de la celda D2 es igual a s y a su vez, el contenido de la celda C2 es mayor que el valor 70?
- Acción_si_se_cumple: : Multiplique el total por 0,025 para calcular el 2,5% del total
- Acción_si_no_se_cumple: Dejarla en blanco se expresa ""

Construya la función colocando los argumentos en su lugar.

- Sitúese en I2 e inserte la función SI
- Sitúese en el cuadro "Prueba_lógica" y teclee Y(D2="S";C2>70)
- Sitúese en el cuadro "Valor_si_verdadero" y haga clic sobre la celda E2, a continuación, teclee * 0,025
- Sitúese en el cuadro "Valor_si_falso" y teclee ""
- Pulse aceptar

La fórmula quedará:

=SI(Y(D2="S";C2>70);E2*0,025;"")

19. Seleccione el rango E2:I2 y copie hacia abajo

20. Aplique los formatos

Existen formatos de números con separadores de miles y dos decimales.

21. Guarde el libro

Prueba 3

Temas implicados:
Gestión de datos, Ordenar, Filtros, Subtotales y Gráficos

Rodio ediciones

INSTRUCCIONES

- El libro se compondrá de 4 hojas.
- La fuente utilizada para todo el ejercicio es Segoe UI, tamaño 11.
- Hoja 1: debe llamarse DATOS
- A partir de estos datos

	A	B	C	D	E
1	**NOMBRE**	**FECHA**	**PRODUCTO**	**CANTIDAD**	**VENTAS**
2	ANA	01/01/2016	PERAS	50	25.000,00 €
3	ANA	02/01/2016	PERAS	52	45.200,00 €
4	ANA	10/01/2016	PERAS	23	52.222,00 €
5	JOSE	03/01/2016	NARANJAS	10	12.000,00 €
6	JOSE	03/01/2016	PERAS	44	5.222,00 €
7	JOSE	10/01/2016	LIMONES	55	63.000,00 €
8	JUAN	02/01/2016	LIMONES	12	63.000,00 €
9	JUAN	03/01/2016	LIMONES	36	63.000,00 €
10	PEDRO	01/01/2016	LIMONES	55	45.000,00 €
11	PEDRO	01/01/2016	MANZANAS	22	11.111,00 €
12	PEDRO	10/01/2016	NARANJAS	32	5.200,00 €
13	PEPE	01/01/2016	MANZANAS	60	32.000,00 €
14	PEPE	02/01/2016	MANZANAS	32	36.220,00 €
15	PEPE	10/01/2016	PERAS	12	256.000,00 €

Datos / Datos ordenados / Filtros Varios / Gráfico

- Cree un duplicado de la hoja "DATOS" que se llame "DATOS ORDENADOS". Dicho listado debe estar ordenado como muestra la imagen.

	A	B	C	D	E
1	**NOMBRE**	**FECHA**	**PRODUCTO**	**CANTIDAD**	**VENTAS**
2	PEDRO	01/01/2016	LIMONES	55	45.000,00 €
3	PEDRO	01/01/2016	MANZANAS	22	11.111,00 €
4	PEPE	01/01/2016	MANZANAS	60	32.000,00 €
5	ANA	01/01/2016	PERAS	50	25.000,00 €
6	JUAN	02/01/2016	LIMONES	12	63.000,00 €
7	PEPE	02/01/2016	MANZANAS	32	36.220,00 €
8	ANA	02/01/2016	PERAS	52	45.200,00 €
9	JUAN	03/01/2016	LIMONES	36	63.000,00 €
10	JOSE	03/01/2016	NARANJAS	10	12.000,00 €
11	JOSE	03/01/2016	PERAS	44	5.222,00 €
12	JOSE	10/01/2016	LIMONES	55	63.000,00 €
13	PEDRO	10/01/2016	NARANJAS	32	5.200,00 €
14	PEPE	10/01/2016	PERAS	12	256.000,00 €
15	ANA	10/01/2016	PERAS	23	52.222,00 €

Datos | **Datos ordenados** | Filtros Varios | Gráfico

- La tercera hoja debe llamarse "FILTROS VARIOS". Con ayuda de los filtros avanzados hay que extraer en esta hoja los registros correspondientes a los criterios que se exponen a continuación. Cada filtro realizado debe tener el aspecto de la imagen que lo acompaña:
  - *Título del filtro:* Productos con menor cantidad vendida
    - *Criterios*: todos los productos con menos de 25 unidades vendidas
    - *Orden*: sin orden
    - *Campos Resultado*: Nombre, Producto y Cantidad
    - *Comprobación*: Deben salir 5 registros

	A	B	C	D	E
1	NOMBRE	FECHA	PRODUCTO	CANTIDAD	VENTAS
2	PEDRO	01/01/2016	LIMONES	55	45.000,00 €
3	PEDRO	01/01/2016	MANZANAS	22	11.111,00 €
4	PEPE	01/01/2016	MANZANAS	60	32.000,00 €
5	ANA	01/01/2016	PERAS	50	25.000,00 €
6	JUAN	02/01/2016	LIMONES	12	63.000,00 €
7	PEPE	02/01/2016	MANZANAS	32	36.220,00 €
8	ANA	02/01/2016	PERAS	52	45.200,00 €
9	JUAN	03/01/2016	LIMONES	36	63.000,00 €
10	JOSE	03/01/2016	NARANJAS	10	12.000,00 €
11	JOSE	03/01/2016	PERAS	44	5.222,00 €
12	JOSE	10/01/2016	LIMONES	55	63.000,00 €
13	PEDRO	10/01/2016	NARANJAS	32	5.200,00 €
14	PEPE	10/01/2016	PERAS	12	256.000,00 €
15	ANA	10/01/2016	PERAS	23	52.222,00 €

G
Criterio
CANTIDAD
<25

Productos con menor cantidad vendida		
NOMBRE	PRODUCTO	CANTIDAD
PEDRO	MANZANAS	22
JUAN	LIMONES	12
JOSE	NARANJAS	10
PEPE	PERAS	12
ANA	PERAS	23

Datos / Datos ordenados / Filtros Varios / Gráfico

- *Título del filtro*: Ventas de naranjas posteriores al 2 de enero del 2016
  - *Criterios*: todos los productos con nombre `naranjas` y desde la fecha 03/01/2016
  - *Orden*: Ventas, descendente
  - *Campos Resultado*: Nombre, Fecha, Producto, Cantidad y Ventas
  - *Comprobación*: Deben salir 2 registros

	A	B	C	D	E
1	NOMBRE	FECHA	PRODUCTO	CANTIDAD	VENTAS
2	PEDRO	01/01/2016	LIMONES	55	45.000,00 €
3	PEDRO	01/01/2016	MANZANAS	22	11.111,00 €
4	PEPE	01/01/2016	MANZANAS	60	32.000,00 €
5	ANA	01/01/2016	PERAS	50	25.000,00 €
6	JUAN	02/01/2016	LIMONES	12	63.000,00 €
7	PEPE	02/01/2016	MANZANAS	32	36.220,00 €
8	ANA	02/01/2016	PERAS	52	45.200,00 €
9	JUAN	03/01/2016	LIMONES	36	63.000,00 €
10	JOSE	03/01/2016	NARANJAS	10	12.000,00 €
11	JOSE	03/01/2016	PERAS	44	5.222,00 €
12	JOSE	10/01/2016	LIMONES	55	63.000,00 €
13	PEDRO	10/01/2016	NARANJAS	32	5.200,00 €
14	PEPE	10/01/2016	PERAS	12	256.000,00 €
15	ANA	10/01/2016	PERAS	23	52.222,00 €

Criterios	
PRODUCTO	FECHA
NARANJAS	>=03/01/2016

Ventas de naranjas posteriores al 2 de enero				
NOMBRE	FECHA	PRODUCTO	CANTIDAD	VENTAS
JOSE	03/01/2016	NARANJAS	10	12.000 €
PEDRO	10/01/2016	NARANJAS	32	5.200 €

Datos / Datos ordenados / Filtros Varios / Gráfico

- *Título del filtro*: Ventas de naranjas y limones posteriores al 2 de enero del 2016
  - *Criterios*: todos los productos con nombre `naranjas` o `limones` y desde el 03/01/2016

- *Orden*: Fecha, ascendente
- *Campos Resultado*: Nombre, Fecha, Producto, Cantidad y Ventas
- *Comprobación*: Deben salir 4 registros

	A	B	C	D	E
1	NOMBRE	FECHA	PRODUCTO	CANTIDAD	VENTAS
2	PEDRO	01/01/2016	LIMONES	55	45.000,00 €
3	PEDRO	01/01/2016	MANZANAS	22	11.111,00 €
4	PEPE	01/01/2016	MANZANAS	60	32.000,00 €
5	ANA	01/01/2016	PERAS	50	25.000,00 €
6	JUAN	02/01/2016	LIMONES	12	63.000,00 €
7	PEPE	02/01/2016	MANZANAS	32	36.220,00 €
8	ANA	02/01/2016	PERAS	52	45.200,00 €
9	JUAN	03/01/2016	LIMONES	36	63.000,00 €
10	JOSE	03/01/2016	NARANJAS	10	12.000,00 €
11	JOSE	03/01/2016	PERAS	44	5.222,00 €
12	JOSE	10/01/2016	LIMONES	55	63.000,00 €
13	PEDRO	10/01/2016	NARANJAS	32	5.200,00 €
14	PEPE	10/01/2016	PERAS	12	256.000,00 €
15	ANA	10/01/2016	PERAS	23	52.222,00 €

Criterios	
PRODUCTO	FECHA
NARANJAS	>=03/01/2016
LIMONES	>=03/01/2016

Ventas de naranjas y limones posteriores al 2 de enero				
NOMBRE	FECHA	PRODUCTO	CANTIDAD	VENTAS
JOSE	03/01/2016	NARANJAS	10	12.000 €
JUAN	03/01/2016	LIMONES	36	63.000 €
JOSE	10/01/2016	LIMONES	55	63.000 €
PEDRO	10/01/2016	NARANJAS	32	5.200 €

Datos / Datos ordenados / Filtros Varios / Gráfico

▷ *Título del filtro*: Ventas con cantidades superiores a 50 o superiores a 50.000€

- *Criterios*: los productos con Cantidad mayores a 50 o Ventas mayores a 50000€
- *Orden*: Cantidad, descendente
- *Campos Resultado*: Nombre, Fecha, Producto, Cantidad y Ventas
- *Comprobación*: Deben salir 8 registros

	A	B	C	D	E
1	NOMBRE	FECHA	PRODUCTO	CANTIDAD	VENTAS
2	PEDRO	01/01/2016	LIMONES	55	45.000,00 €
3	PEDRO	01/01/2016	MANZANAS	22	11.111,00 €
4	PEPE	01/01/2016	MANZANAS	60	32.000,00 €
5	ANA	01/01/2016	PERAS	50	25.000,00 €
6	JUAN	02/01/2016	LIMONES	12	63.000,00 €
7	PEPE	02/01/2016	MANZANAS	32	36.220,00 €
8	ANA	02/01/2016	PERAS	52	45.200,00 €
9	JUAN	03/01/2016	LIMONES	36	63.000,00 €
10	JOSE	03/01/2016	NARANJAS	10	12.000,00 €
11	JOSE	03/01/2016	PERAS	44	5.222,00 €
12	JOSE	10/01/2016	LIMONES	55	63.000,00 €
13	PEDRO	10/01/2016	NARANJAS	32	5.200,00 €
14	PEPE	10/01/2016	PERAS	12	256.000,00 €
15	ANA	10/01/2016	PERAS	23	52.222,00 €

Criterios	
CANTIDAD	VENTAS
>50	
	>50000

Ventas superiores a 50 unidades o a 50.000€				
NOMBRE	FECHA	PRODUCTO	CANTIDAD	VENTAS
PEPE	01/01/2016	MANZANAS	60	32.000 €
PEDRO	01/01/2016	LIMONES	55	45.000 €
JOSE	10/01/2016	LIMONES	55	63.000 €
ANA	02/01/2016	PERAS	52	45.200 €
JUAN	03/01/2016	LIMONES	36	63.000 €
ANA	10/01/2016	PERAS	23	52.222 €
JUAN	02/01/2016	LIMONES	12	63.000 €
PEPE	10/01/2016	PERAS	12	256.000 €

Datos / Datos ordenados / Filtros Varios / Gráfico

- *Título del filtro*: Ventas de peras
  - *Criterios*: todos los Productos con nombre `peras` y que además, tengan Fecha posterior al 03/01/2016 o Cantidades superiores o iguales a 50 o Ventas superiores a 100.000€
  - *Orden*: Fecha, ascendente
  - *Campos Resultado*: Nombre, Fecha, Cantidad y Ventas
  - *Comprobación*: Deben salir 5 registros

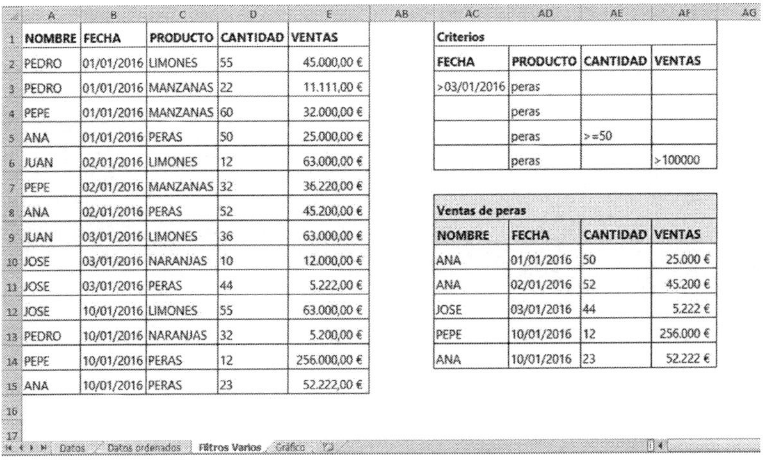

NOMBRE	FECHA	PRODUCTO	CANTIDAD	VENTAS
PEDRO	01/01/2016	LIMONES	55	45.000,00 €
PEDRO	01/01/2016	MANZANAS	22	11.111,00 €
PEPE	01/01/2016	MANZANAS	60	32.000,00 €
ANA	01/01/2016	PERAS	50	25.000,00 €
JUAN	02/01/2016	LIMONES	12	63.000,00 €
PEPE	02/01/2016	MANZANAS	32	36.220,00 €
ANA	02/01/2016	PERAS	52	45.200,00 €
JUAN	03/01/2016	LIMONES	36	63.000,00 €
JOSE	03/01/2016	NARANJAS	10	12.000,00 €
JOSE	03/01/2016	PERAS	44	5.222,00 €
JOSE	10/01/2016	LIMONES	55	63.000,00 €
PEDRO	10/01/2016	NARANJAS	32	5.200,00 €
PEPE	10/01/2016	PERAS	12	256.000,00 €
ANA	10/01/2016	PERAS	23	52.222,00 €

Criterios

FECHA	PRODUCTO	CANTIDAD	VENTAS
>03/01/2016	peras		
	peras		
	peras	>=50	
	peras		>100000

Ventas de peras

NOMBRE	FECHA	CANTIDAD	VENTAS
ANA	01/01/2016	50	25.000 €
ANA	02/01/2016	52	45.200 €
JOSE	03/01/2016	44	5.222 €
PEPE	10/01/2016	12	256.000 €
ANA	10/01/2016	23	52.222 €

- La cuarta hoja 4 debe llamarse "GRÁFICO". Use el rango W7:AA15 de la hoja FILTROS VARIOS para preparar los subtotales y representar el gráfico como muestra la imagen

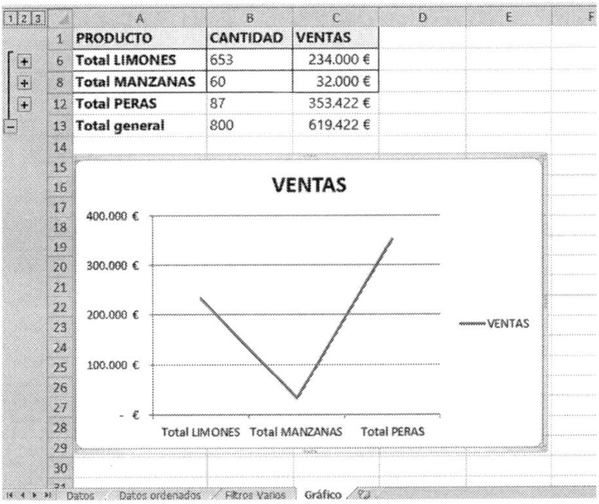

PRODUCTO	CANTIDAD	VENTAS
Total LIMONES	653	234.000 €
Total MANZANAS	60	32.000 €
Total PERAS	87	353.422 €
Total general	800	619.422 €

- Guarde el libro en el disco duro, dentro de una carpeta llamada "Excel" y llámelo "prueba03".

1. Abra Excel y cree un libro nuevo

2. Guarde el libro y llámelo "prueba03"

3. Cambie el nombre de la Hoja 1 a DATOS

4. Teclee los datos

5. Copie la hoja DATOS y llámela DATOS ORDENADOS. Ordene la lista primero por FECHA ascendente, luego por PRODUCTO ascendente

LISTAS o Bases de Datos

Cuando se trabaja con listas, haciendo búsquedas, clasificaciones o calculando subtotales, Excel reconoce automáticamente la lista como una base de datos y utiliza los siguientes elementos de la lista para organizar los datos.

Las columnas de la lista son los *campos* en la base de datos. Los rótulos de las columnas de la lista son los nombres de los campos en la base de datos.

Cada fila de la lista es un *registro* en la base de datos.

Mantenimiento de Listas

Una lista debe almacenarse en un rango de celdas contiguas en la hoja. Introduzca los nombres de las columnas (campos) en una fila determinada. Introduzca en cada fila posterior a la de los nombres de campo, los datos correspondientes (registros).

Ordenar

Para ordenar registros, haga clic sobre alguna celda de la lista y elija el botón "Ordenar" de la ficha "Datos", en el grupo "Ordenar y Filtrar". Seleccione el campo por el que se desea ordenar, elija el criterio de ordenación, ascendente o descendente.

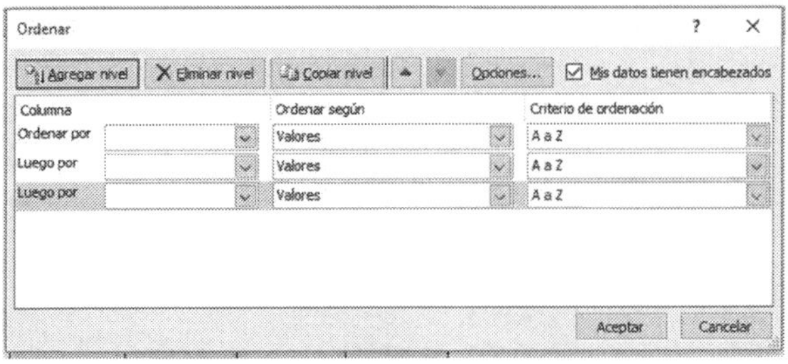

6. Copie la hoja DATOS ORDENADOS y llámela FILTROS VARIOS. Con ayuda de los filtros avanzados debe extraer en esta hoja los registros correspondientes a los criterios solicitados

Para aplicar filtros primero debe situarse en cualquier celda de la lista. Active la ficha "Datos", en el grupo "Ordenar y Filtrar" haga clic sobre el botón "Filtro", tras lo cual, aparecen botones de lista en los campos de la base de datos que facilitan la tarea de elegir el filtrado.

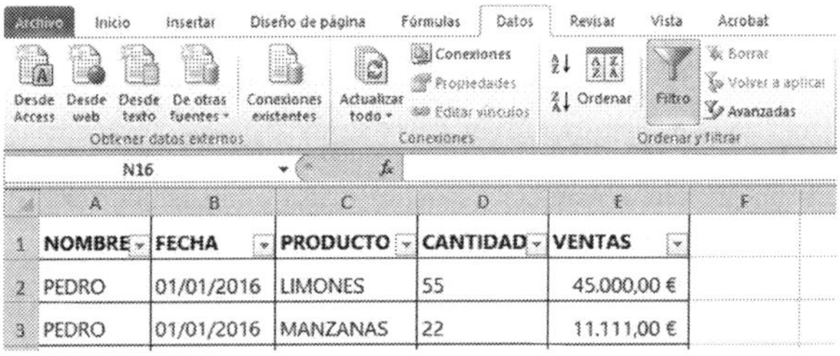

Filtro Avanzado

El filtro avanzado, permite filtrar según una serie de criterios que introduce el usuario. El filtro avanzado solo se puede realizar en la hoja donde se encuentra la lista de datos. Puede hacer el filtro en la propia lista o bien, copiar el resultado del filtrado en otro lugar de la hoja donde está.

Pasos a seguir:

1. Copie los rótulos de columna de la lista en un lugar de la hoja.
2. En la fila situada debajo de estos rótulos, introduzca el/los criterio/s que desea usar para realizar el filtro.

3. Copie los rótulos de columna de los campos que se solicitan como resultado (sólo en el caso de copiar el resultado en otro lugar de la hoja, si no es así, omita este paso).
4. Haga clic en una celda de la lista.
5. En la ficha "Datos", en el grupo "Ordenar y filtrar", pulse el botón "Avanzadas".

6. Para aplicar el filtro sobre la propia lista ocultando las filas que no cumplen los criterios, haga clic en "Filtrar la lista sin moverla a otro lugar". Para filtrar la lista copiando las filas que cumplen los criterios a otra área de la hoja de cálculo, haga clic en "Copiar a otro lugar".
7. En la casilla "Rango de la lista" ya estará escrita la ubicación de la lista y con referencias absolutas, si no fuera así, haga clic en el botón de la derecha de la casilla, seleccione el rango de la lista incluido los rótulos y pulse la tecla <Enter>.
8. En la casilla "Rango de criterios" introduzca el rango (incluidos los rótulos) de criterios de filtrado. Use el botón que acompaña a la casilla, a su derecha, para seleccionar en la hoja y retorne a esta ventana pulsando la tecla <Enter>.
9. Si ha decidido copiar el resultado del filtrado en otro lugar de la hoja use la casilla "Copiar a" y seleccione de la hoja los rótulos que dejó preparados en el punto 3.
10. Pulse aceptar y compruebe el resultado.

Los criterios de filtro avanzado pueden incluir varias condiciones aplicadas a una sola columna, varios criterios aplicados a varias columnas y condiciones creadas como resultado de una fórmula.

Tres o más condiciones en una sola columna

Si incluye tres o más condiciones en una sola columna, escriba los criterios en filas independientes, una directamente bajo otra. (Equivale a un O condicional; **será un resultado a mostrar, si al menos se cumple una de las condiciones**).

Criterios en dos o más columnas

Para buscar datos que cumplan una condición en dos o más columnas, introduzca todos los criterios en la misma fila del rango de criterios. (Equivale a un Y condicional; **será un resultado a mostrar, si se cumplen todas las condiciones**).

En el ejercicio:

Utilice el filtro avanzado.

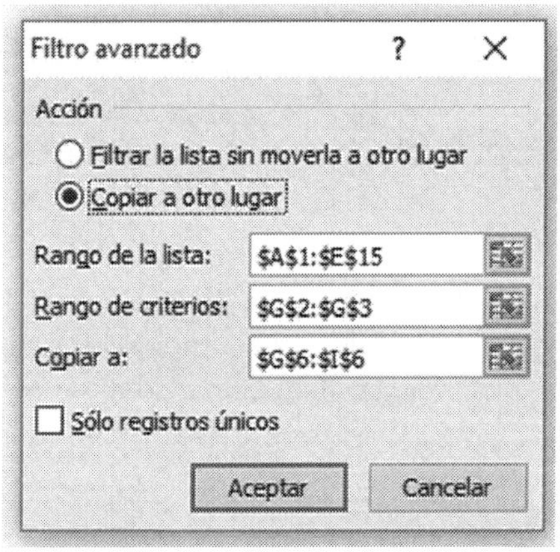

- *Título del filtro:* Productos con menor cantidad vendida

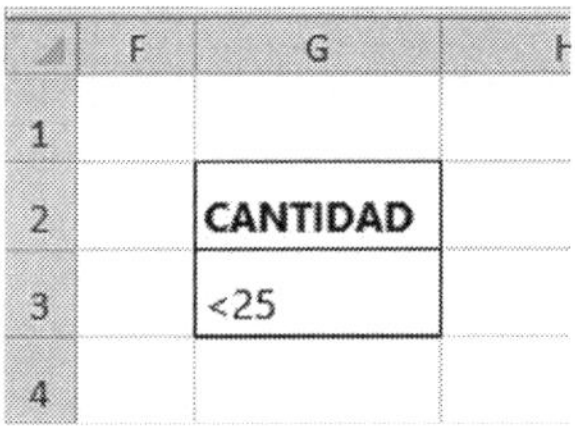

Copie los rótulos en el rango G6:I6

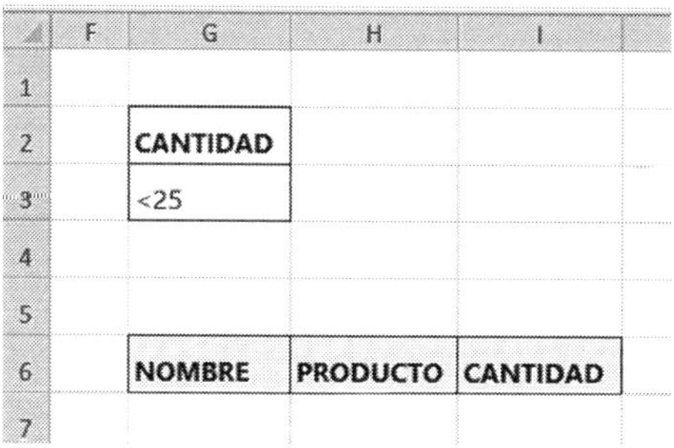

Utilice el filtro avanzado.

- *Título del filtro*: Ventas de naranjas posteriores al 2 de enero del 2016

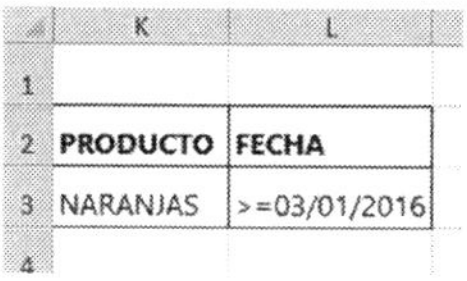

Copie los rótulos en el rango K6:O6

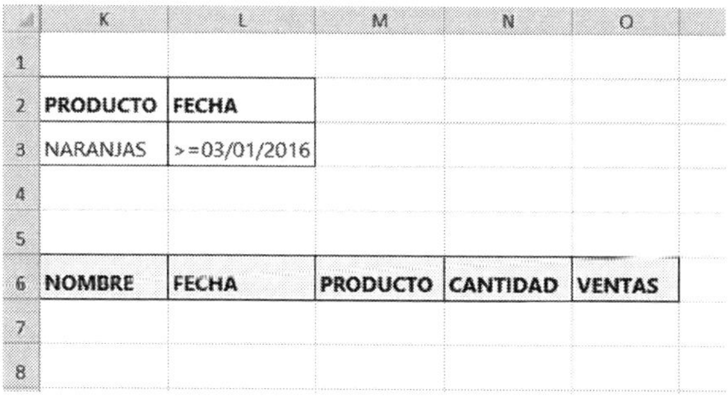

Utilice el filtro avanzado.

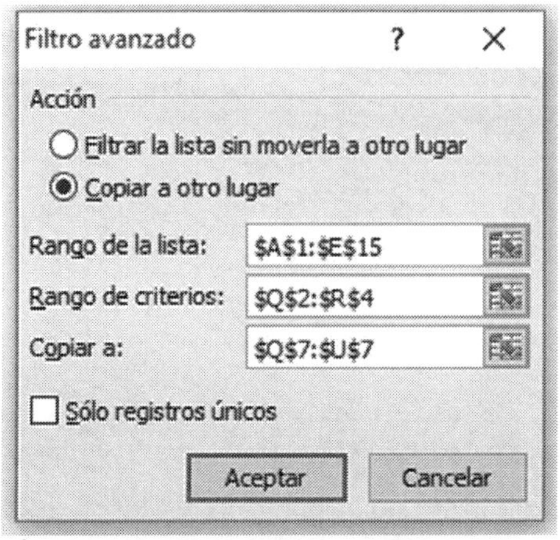

- *Título del filtro*: Ventas de naranjas y limones posteriores al 2 de enero del 2016

	Q	R
1		
2	**PRODUCTO**	**FECHA**
3	NARANJAS	>=03/01/2016
4	LIMONES	>=03/01/2016
5		

Copie los rótulos en el rango Q7:U7

	Q	R	S	T	U
1					
2	**PRODUCTO**	**FECHA**			
3	NARANJAS	>=03/01/2016			
4	LIMONES	>=03/01/2016			
5					
6					
7	**NOMBRE**	**FECHA**	**PRODUCTO**	**CANTIDAD**	**VENTAS**
8					

Utilice el filtro avanzado.

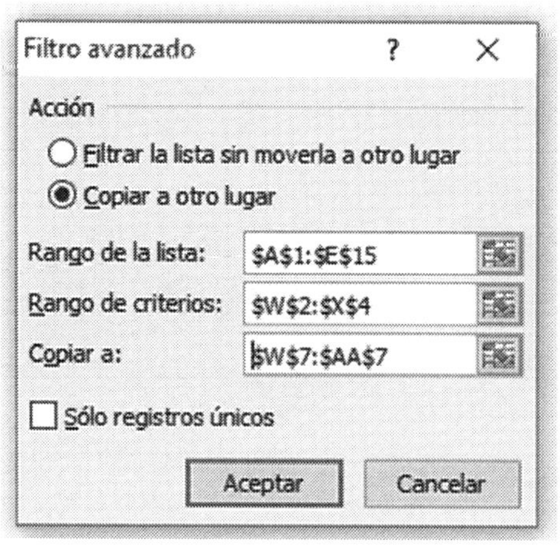

- Título del filtro: Ventas superiores a 50 unidades o superiores a 50.000€

	W	X
1		
2	**CANTIDAD**	**VENTAS**
3	>50	
4		>50000
5		

Copie los rótulos en el rango W7:AA7

	W	X	Y	Z	AA
1					
2	**CANTIDAD**	**VENTAS**			
3	>50				
4		>50000			
5					
6					
7	**NOMBRE**	**FECHA**	**PRODUCTO**	**CANTIDAD**	**VENTAS**
8					

Utilice el filtro avanzado.

- Título del filtro: Ventas de peras

	AC	AD	AE	AF
1				
2	**FECHA**	**PRODUCTO**	**CANTIDAD**	**VENTAS**
3	>03/01/2016	peras		
4		peras		
5		peras	>=50	
6		peras		>100000
7				

Copie los rótulos en el rango AC9:AF9

	AC	AD	AE	AF
1				
2	**FECHA**	**PRODUCTO**	**CANTIDAD**	**VENTAS**
3	>03/01/2016	peras		
4		peras		
5		peras	>=50	
6		peras		>100000
7				
8				
9	**NOMBRE**	**FECHA**	**CANTIDAD**	**VENTAS**
10				

NOTA: Los rangos de datos filtrados deben manejarse con precaución ya que "esconden" los registros no seleccionados. Así, si se marca sobre una lista filtrada un determinado rango aparentemente contiguo, en realidad se estarán marcando también los registros intermedios que se encuentran entre los registros seleccionados.

7. Aplique los formatos a esta hoja

No combine celdas para escribir los títulos de los filtros (suelen dar problemas), están escritos en la celda más a la izquierda, sobre los rótulos.

- *Título del filtro:* Productos con menor cantidad vendida. Celda G5
- *Título del filtro*: Ventas de naranjas posteriores al 2 de enero del 2016. Celda K5
- *Título del filtro*: Ventas de naranjas y limones posteriores al 2 de enero del 2016. Celda Q6
- *Título del filtro:* Ventas superiores a 50 unidades o superiores a 50.000€. Celda W6
- *Título del filtro: Ventas de peras*. Celda AC8

8. Copie el rango W7:AA15 de la hoja FILTROS VARIOS a la celda A1 de una nueva hoja

9. Cambie el nombre de la hoja a GRÁFICO

10. Elimine las columnas Nombre y Fecha y ordene la lista por Producto. Sitúese en cualquier celda de la lista y elija el botón "Subtotal", del grupo "Esquema", en la ficha "Datos" y calcule los subtotales

Las listas que tienen muchos registros, a veces, resultan difíciles de interpretar. Use los subtotales para comprender y aclarar mejor la información obteniendo una vista agrupada y realizando cálculos sobre los registros implicados.

El único requisito para trabajar con subtotales es que los datos estén ordenados por la columna sobre la cual se calcularán los subtotales.

Para insertar los subtotales debe pulsar el botón "Subtotal" que se encuentra en la ficha "Datos" dentro del grupo "Esquema". Aparece la siguiente ventana.

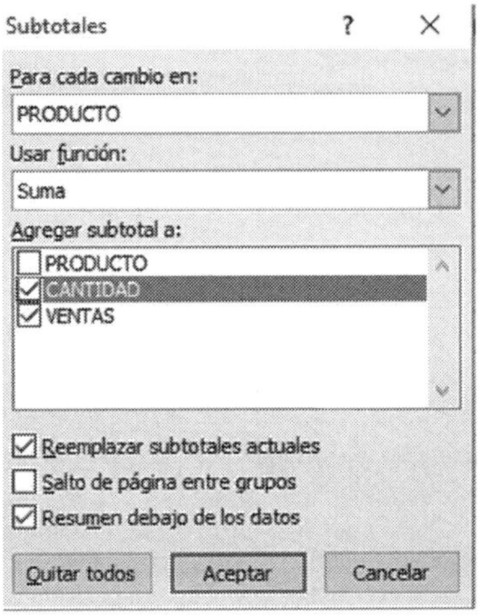

Para cada cambio en:

En esta lista aparecen todos los nombres de campo de la lista, elija el campo sobre el que va a hacer la agrupación de registros.

Usar función:

Elija la función que va a usar para hacer cálculos, sumar, multiplicar, contar…

Agregar subtotal a:

Elija el o los campos sobre los que quiere realizar el cálculo seleccionado anteriormente

Reemplazar subtotales actuales:

Si modifica los subtotales puede actualizar los datos activando esta casilla, desactívela si quiere mantener los resultados anteriores.

Salto de página entre grupos:

Provoca un salto de página por cada agrupación .

Resumen debajo de los datos:

Añade una fila, a modo de resumen, al final. Si está desactivada ubicará el resumen debajo de los rótulos de campo.

Botón "Quitar todos":

Elimina los subtotales.

Observe cómo ha insertado nuevas filas que contienen los subtotales. Además, a la izquierda de la hoja de cálculo han aparecido controles adicionales que son útiles para ocultar o mostrar los grupos de datos de acuerdo a los subtotales y aclarar la vista de los resultados. Al hacer clic en alguno de ellos el grupo correspondiente se expande o se contrae.

Para el ejercicio, elija:

- Para cada cambio en: PRODUCTO
- Usar función: SUMA
- Agregar subtotal a: CANTIDAD y VENTA

Contraiga los totales del nivel 2 y selecciones las celdas implicadas en el gráfico.

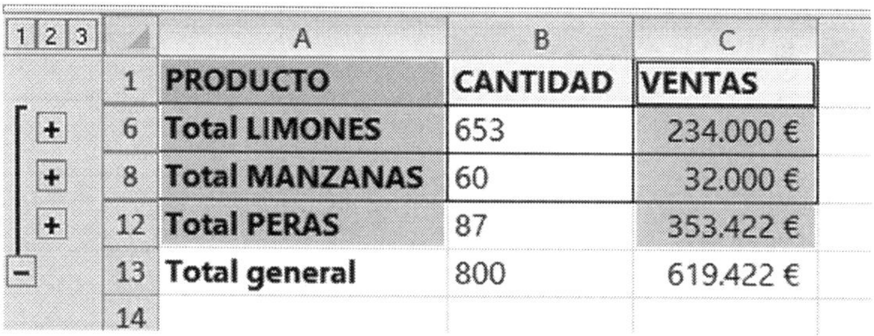

	A	B	C
1	PRODUCTO	CANTIDAD	VENTAS
6	Total LIMONES	653	234.000 €
8	Total MANZANAS	60	32.000 €
12	Total PERAS	87	353.422 €
13	Total general	800	619.422 €
14			

11. Inserte el gráfico

El tema de gráficos es muy amplio. Se incluyen aquí los conceptos más generales, dejando para el trabajo individual la experimentación de otros.

Insertar gráficos

Una de las utilidades más apreciadas de las Hojas de Cálculo es la posibilidad de insertar gráficos de todo tipo en los estudios e informes que se confeccionen. Excel posee una gestión de gráficos bastante buena, además, en esta versión, se han mejorado la calidad visual y las opciones de formato.

Para confeccionar un gráfico necesitará un rango de datos que representar. Es conveniente que esa tabla (o rango) de datos posea títulos de cabecera en la primera fila y en la mayoría de los casos, que también existan en la primera columna. Si los encabezamientos (o rótulos, o etiquetas) deseados no son adyacentes a los datos, es preferible copiarlo todo en una tabla nueva. También se pueden usar tablas sin etiquetas, pero después es complicado intentar añadirlas.

1. Seleccione el rango de datos, incluidos los rótulos superiores.
2. Active la ficha "Insertar" y en el grupo "Gráficos" y elija el tipo de gráfico que mejor represente sus datos. Al hacer clic sobre un tipo de gráfico se despliegan los distintos modelos que hay para ese tipo.
3. Aparece el gráfico en la hoja

Componentes de un gráfico

Seleccione el gráfico y después, haga clic sobre sus componentes, podrá ir cambiando uno por uno los elementos del mismo: ejes, datos, título, leyendas, etc. Esto es muy largo de exponer, y es preferible que vaya haciendo clic sobre cada zona del gráfico y observe qué elemento queda enmarcado, entonces, podrá moverlo o cambiar su tamaño.

De la ficha "Presentación", use los botones de los grupos "Etiquetas" y "Ejes" para hacer modificaciones en esos elementos. Para acceder a sus propiedades, debe hacer doble clic sobre el elemento o pulsar con el botón derecho. Podrá hacer modificaciones estéticas sobre el gráfico.

Ficha Diseño

En ella puede cambiar el tipo de gráfico, la selección de los datos, el diseño y estilo del gráfico o mover el gráfico a otra ubicación.

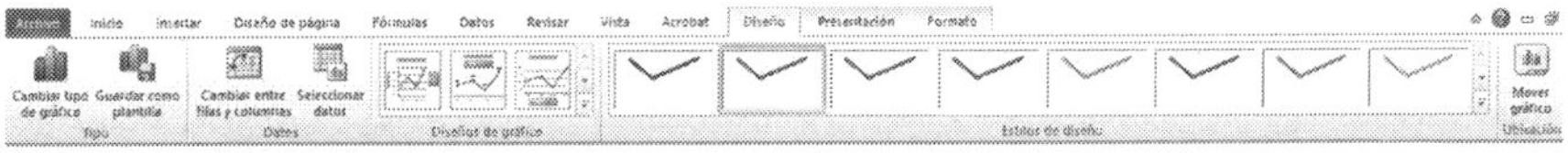

Ficha Presentación

En ella puede aplicar formato al gráfico, a sus elementos y al fondo, agregar etiquetas o modificar los ejes.

Ficha Formato

En ella puede cambiar el formato y tamaño del gráfico y sus elementos, agregar estilos al texto.

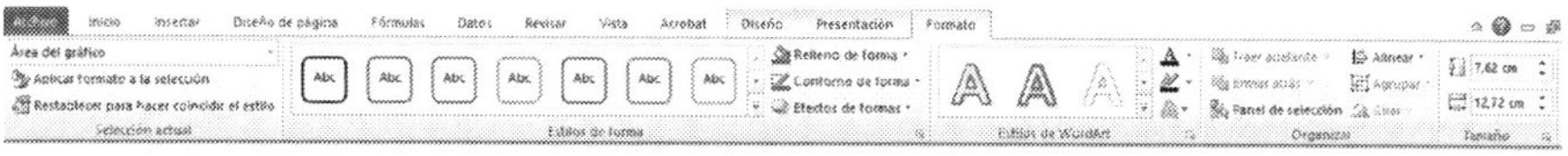

Las fichas "Presentación" y "Formato" contienen un grupo llamado "Selección actual" donde puede elegir los elementos del gráfico por separado para aplicarles formatos, o bien, hacer clic sobre ellos en el propio gráfico para seleccionarlos por separado.

Cambiar la escala del eje vertical (valores) en un gráfico

Excel predetermina los valores de escala mínimo y máximo del eje vertical (valores) al crear un gráfico. Pero puede personalizar la escala para adaptarla a sus necesidades. Cuando los valores representados en el gráfico cubren un rango muy grande, también puede cambiar el eje vertical (valores) a una escala logarítmica.

1. Seleccione el gráfico
2. Despliegue la lista del botón "Ejes", en el grupo "Ejes" de la ficha "Presentación" y elija "Eje vertical primario" – "Más opciones de eje vertical primario…"

Mínimo: haga clic en Fijo y, a continuación, escriba un número como valor inicial de la escala.

Máximo: haga clic en Fijo y, a continuación, escriba un número como valor final de la escala.

Unidad mayor: Es el intervalo entre dos marcas de graduación de la escala. Haga clic en Fijo y, después, escriba un número para los valores del intervalo.

Para el ejemplo:

Inserte un gráfico del tipo "Línea" – "Línea 2D".

Cambie la escala de valores del eje vertical modificando la unidad mayor.

Máximo: 400.000

Mínimo: 0

Unidad mayor: 100.000 (hay un valor en la escala cada 100.000 unidades)

Ubique el gráfico bajo la tabla arrastrándolo con el ratón.

12. Aplique los formatos

Existen formatos de números de moneda, con separadores de miles y dos decimales.

13. Guarde el libro

Ortografía

eRodio ediciones

Corregir las faltas que haya en cada línea.

1	Los temas principales de la ovra literaria "El Alcalde de Zalamea", en un orden
2	creciente de inportancia son amor, justicia y honor. Pero dicho esto así no nos
3	da idea de la riqueza, complegidad y profundidad concectual de esta obra que,
4	perteneciendo a las calificadas de filosóficas, tiene el inconfundivle sello de la
5	meditación calderoniana. Para entenderlo devemos prestar una concentrada
6	atención a la complicada problemática de justicia poética, livertad, tierra y cielo,
7	en una densidad que nos va ha mostrar un Calderón de la Barca que se sirbe
8	de las reglas comunes del drama, de la berosimilitud, para poner en juego las
9	muchas preocupaciones del hombre.
10	Su canto ha ispirado a bates y pastores ha lo largo de su larga existencia.
11	Es un pájaro grisáceo de mirada impasible, magestuoso y expectacular.
12	El marinero hotea el horizonte al ver las gaviotas rebolotear junto al barco.
13	Los vienes que tiene Juan le bienen de erencia familiar.
14	Después de la victoria del equipo estaban esultantes.
15	Se escribe con b el preterito imperfecto de indicativo del verbo *ir*: *iba*, *ibas*,...

Corregir las faltas que haya en cada línea.

1	La del alva sería cuando don Quijote salió de la benta, tan contento, tan gallardo
2	tan alvorozado por verse ya armado caballero, que el gozo le rebentaba por las
3	zinchas del caballo. Mas biniéndole a la memoria los consejos de su huésped
4	cerca de las prebenciones necesarias que había de llevar con sigo, especial la
5	de los dineros y camisas, determinó volber a su casa y acomodarse de todo, y
6	de un escudero, haciendo cuenta de recivir a un labrador becino suyo, que era
7	pobre y con hijos, pero a propósito para el oficio escuderíl de la caballería.
8	Toma las llabes del auto y lléname el depósito de gasolina.
9	Estoy indisnado por el tratamiento dado al subyugante bienhechor.
10	El rallo no pudo soslayar las atrayentes succiones del pararayos.
11	Se que no tiene importancia, pero estoy muy preocupado con lo ocurrido.
12	Por fabor, quita la televisión, pues no me gusta nada ese programa.
13	Antonio mejoró mucho tras su estancia en el hospitál.
14	Se escriben con *b* las formas de los verbos cuyo infinitivo finalice en *bir*, menos
15	las correspondientes a *hervir*, *servir* y *vivir*.

Corregir las faltas que haya en cada línea.

1	Siete años a morado en España Carlomagno, nuestro gran Emperador. A
2	conquistado la alta tierra hasta el borde del mar. Ni hubo castillo que ante el
3	resistiese, ni ciudad ni muro que no derrivase. Menos Zaragoza, que se haya
4	sobre una colina, sometida al rey moro Marsil.
5	Marsil tiene miedo de Carlos el Grande, y busca la manera de engañarle para
6	alejarle de sus tierras. Reúne a sus condes y duques en un bergel, sobre una
7	grada de mármoles azules, y allí toman la decisión de enviarle un mensaje de
8	serbidumbre, ofreciéndole lebreles, osos y leones, setecientos camellos y mil
9	azores, trescientos mulos cargados de oro y plata y armas y tesoros para que
10	no le haga más la guerra y se vuelva a su corte de Aquisgrán.
11	También le ofrece hacerse cristiano y ser su amigo. Pero el Rey Marsil miente:
12	su propósito siempre fué la traición.
13	Todavía tengo esperanza de que se de por vencido, pues se que está cansado.
14	Una baca arremetió contra el automóvil tirando de la vaca las maletas.
15	Se escriben con *b* las palabras terminadas en *bundo* o *bunda*.

Corregir las faltas que haya en cada línea.

1	En el siglo III los romanos habían construido una fortificación, provablemente
2	sobre las desoladas ruinas de una antigua fortaleza o castro celtibérico, en el
3	lugar que hoy ocupa este soverbio monumento castellano.
4	Puesto que la defensa de la ciudad no podía limitarse al castillo, se prolongó
5	por el rezinto amurallado que avarcó a todo Toledo. Así ocurrió en tiempos de
6	los visigodos (establecieron su capital en Toledo) y en tiempos de los árabes.
7	De ahí la importancia de las famosas y antiguas puertas toledanas. Al otro
8	lado del río se halla el castillo de San Servando, elebado sobre una antigua
9	vasílica visigótica, que fue reconstruido por Alfonso VI.
10	Juan II inició la reforma del Alcázar toledano que Carlos I y Felipe II culminaron,
11	quedando así: la fachada oriental era de muros lisos, como los de los castillos
12	feudales, que se conserbaba así desde tiempos de Alfonso X el Sabio.
13	La glosopeda es un padecimiento del ganado obino y cabrío.
14	Los naipes están marcados y deben cambiarse para ebitar trampas.
15	Se escribe *b* en los bocablos acabados en *bilidad*, menos *movilidad* y *civilidad*.

Corregir las faltas que haya en cada línea.

1	Las costantes victorias obtenidas por los Reyes Católicos para conseguir la
2	liberación del suelo hispano, sometido al yugo árabe, nuestra egemonía en
3	los destinos de Europa, el venturoso y prodigioso allazgo de América y la
4	extremada afición a las armas, expolearon en los herrantes espíritus inquietos
5	el ansia loable de nuevos descubrimientos. Así, podemos ver a Hernán Cortés,
6	extremeño de noble linage, proyectar la invasión de Méjico, imbirtiendo sus
7	vienes en la empresa, con los que ya se había abituado a vivir, consiguiendo
8	vencer al Emperador azteca y erijir la ciudad de Veracruz; a Pizarro, horiundo
9	de Trujillo, de nevuloso origen e imnato ánimo aventurero, conquistar el Perú,
10	con la cooperación y experiencia del valiente Almagro y del provo Luque,
11	guerrear contra Atahualpa, y lograr capturarle, auyentando a los indígenas,
12	que obstruían su biolento avance; a Magallanes, insigne navegante, acojido
13	al apoyo de Carlos V, descubrir el estrecho que lleva su nombre, y a los ocho
14	meses hizar la bandera en las islas Filipinas, después de sufrir una horrible
15	trabesía, faltos de víberes, privados de más agua para beber que la que aún
16	se conservaba en moosos embases, hinchados sus labios por el escorvuto,
17	afligidos por el insonnio, abandonados a la flacidez de sus músculos.
18	Tienes que hacer las cosas por ti mismo.
19	Porque soy curioso, quiero averiguar el porque.
20	Ignoro el como y el cuando de lo ocurrido en tan desagradable asunto.

Corregir las faltas que haya en cada línea.

1	Se trata de un monumento linquístico en el que se savorea con deleite el
2	habla castellana en boca de más de seiscientos individuos de diversa condición
3	social que buyen por su texto. Se a dicho del livérrimo estilo cervantino que
4	arrova los sentimientos por que tiene pinceladas a lo Velázquez, brochazos
5	geniales a lo Goya, exuverancia a lo Rubens he idealismo hermanado con el
6	realismo como el del "Divino Morales".
7	Es el libro que originó un mayor número de traduciones sin que ninguno le
8	aventage, pues rivaliza en cantidad de ejemplares con la Biblia. Por esta obra
9	de acabada perfección es acrehedor Cervantes a que los viógrafos manejen
10	en su honor y alavanza los más excesivos helogios. El sábado 23 de abril
11	de 1616, espiró Cervantes en la villa del Oso y el Madroño. Su cadaver fue
12	transportado en ataud a hombros de hermanos de la Orden de San Francisco,
13	para ser inumado en el convento de las Trinitarias.
14	El osado argulló que diluviaba y no quiso realizar su tarea.
15	La conducta de ese joven extraviado pone de relieve su mala condición.
16	No hay escusa para la abiesa coartada que tenía preparada.
17	Noé, el patriarca ebreo, se preservó del dilubio universal en un arca.
18	El jigante Goliat cayó hinerte de una certera pedrada lanzada por David.
19	El ácido sulfúrico es corrosivo si sale del bolcán.
20	Se escribe *g* en las palabras que principian por *geo*.

Corregir las faltas que haya en cada línea.

1	Nació Isabel I de Castilla el 22 de abril de 1451, en Madrigal de las Altas Torres.
2	Pasó los jubeniles años, junto a su madre, en el castillo de Arévalo, donde
3	compartió sus juegos infantiles, en estrecha amistaz, que duró toda la vida,
4	con Beatriz de Bobadilla, hija del governador de la fortaleza. Se casó con
5	Fernando V de Aragón, siendo su dibisa el "Tanto monta, monta tanto, Isabel
6	como Fernando", que equivalía a hotorgar iguales atribuciones a hambos
7	cónyugues. La solenne boda se realizó en Valladolid, en el mismo lugar donde
8	se conocieron los Príncipes. Bendijo la unión el intrigante Arzobispo primado
9	Alonso Carrillo de Acuña, el mismo que, ensoverbecido, amenazó a los Reyes
10	con arrevatarles el Reino y, palabras testuales, "hacer volver a hilar la rueca a
11	la Reina". Avatieron sin bacilaciones a la corrompida Nobleza y acabaron con
12	el bandidaje. Obtuvieron la victoria sobre Boabdil en Granada y protejieron a
13	Colón. Alma, la de Isabel, inclinada a la bondad hacia el prógimo, sufrió con
14	la muerte de sus dos hijos, con las desabenencias que surgieron en el hogar
15	de su hija doña Juana y con los debaneos de su esposo. Recibió con ferbor
16	los Sacramentos y espiró en noviembre de 1504.
17	Los orígenes de la Historia de Mesopotamia están embueltos en tinieblas.
18	Aquel desorden originó la pérdida del manuscrito orijinal.
19	Tu bienechor está muy complacido con las notas que has obtenido.
20	Brujir o grujir equivale a igualar los bordes de los vidrios cortados.

Corregir las faltas que haya en cada línea.

1	Descubierto con alvorozo el continente por las nahos de Colón, España no
2	solo se desbeló por llevar a él la civilización, si no que mezcló la sangre de
3	sus hijos con la de los avorígenes y asumió la tarea de la ebangelización de
4	extensos territorios. Los Reyes Católicos, después de actuar como padrinos
5	en el bautizo de los indios traídos por Colón, tomaron el acuerdo de que cada
6	caravela que surcara el Atlántico llevase misioneros para estender la fe del
7	Cristianismo como una hantorcha que iluminase a los espíritus ignorantes.
8	Entonces fue cuando se llevaron a efecto verdaderas lebas de misioneros,
9	jóvenes unos; en el humbral de la vejez, otros; pero todos, enagenados de
10	ardor dibino, fueron abandonando la soledad de sus celdas y avordaron los
11	peligros, yendo con diligencia a la combersión de aquellos havitantes que
12	llegaron a abjurar de su hidolatría. Para la enseñanza de la doctrina cristiana
13	rivalizaron en sacrificio y adnegación: primero, los benedictinos; después, los
14	franciscanos, los jesuitas, y casi todas las órdenes religiosas. Monges que
15	desenvolvieron una actividad inconcevible, sufriendo un boluntario hexilio y
16	realizando el esfuerzo del aprendizaje de idiomas hautóctonos.
17	Si te dio el sí fue por que no vio a lo que se exponía.
18	El importante puerto militar estaba protegido por una ilera de fuertes.
19	El general Prim, que triunfó en África, fue asesinado en Madrid.
20	La rabia se transmite por la saliba de los animales contaminados.

Corregir las faltas que haya en cada línea.

1	Más de cien años antes de Cristo, en los alvores de la pujanza romana, Quinto
2	Cecilio Metelo herigió una de las ciudades de civilización más abanzada que,
3	en tiempo de los Césares, llegó a abecindar miles de habitantes. Recivió el
4	sobrenombre de "segunda Roma". Los árabes profanaron sus monumentos, y
5	tanto Abderramán como Muza no se astuvieron de avusivas especulaciones,
6	parte en beneficio de la Mezquita de Córdoba. Estos aprovechamientos y el
7	vaivén de asoladoras guerras tan voradmente se cevaron en la excelsa Mérida
8	y con tan honda huella incaron la uña en su tesoro, en un breve intérvalo, que
9	hoy día ha quedado reducida la gran ciudad ha laberíntico acerbo histórico.
10	Las múltiples excavaciones han puesto de relieve que aún yacen enterrados
11	envidiables monumentos. Al sucunvir el último Rey godo, don Rodrigo, en la
12	batalla de Guadalete, su viuda, Egilona, hullendo de salvajes venganzas, se
13	refujió en Mérida, y fue apreendida por Muza. El hijo de este, que entonces
14	gobernaba, se enamoró de los echizos de la joven Egilona, con la que, al fin,
15	el descendiente de Mahoma contrajo nupcias. La cegüera del amor soslayó
16	el obstáculo de la incompativilidad de ambas razas.
17	Toda la convibencia humana iba cayendo bajo el nuevo régimen.
18	La textura o acción de tejer puso en difícil texitura al simpático vegete.
19	Su combersación no ha agrabiado a los presentes en la reunión.
20	Me halaga que no te pribes de probar la emoción de embarcarte conmigo.

Corregir las faltas que haya en cada línea.

1	Contienda la más memorable de la Historia de España, porque en ella lucharon,
2	con profunda abersión, dos razas hantagónicas, dos civilizaciones. Batalla que,
3	con la del Salado, decidió para siempre nuestra preheminencia sobre la Media
4	Luna. Los avorrecidos almohades, habían inflijido a Alfonso VIII la vergonzosa
5	derrota de Alarcos. En su envaucada altivez, envalentonados y alardeando con
6	saña de biperino áspid, volvieron en tan considerable número que amagaron
7	conquistar a España entera. Ante semejante irrucción, y para escarmentar a los
8	insumisos, se haliaron Castilla, Aragón, Navarra, León y Portugal.
9	El Papa Inocencio III publicó una cruzada en favor de España. El Arzobispo de
10	Toledo, hizo ardorosa propaganda de esta cruzada en Francia y en Alemania.
11	Se reunió en Toledo, bajo los ahuspicios del Rey castellano, un ejército con su
12	bagage, al que se agregó una heterogénea muchedumbre de visoños de las
13	distintas naciones, cuya confusa gerigonza era ininteligible. La bravía hueste
14	cristiana estaba dividida con sujección a tres cuerpos: el primero, compuesto
15	de extranjeros, al mando del Señor de Vizcaya; seguía el novle don Pedro II
16	con los suyos; después iba el Rey Alfonso VIII.
17	A la hora del llantar, dejó sobre la silla la voina y la vaina.
18	Hechado sobre una hamaca, hechó la baqueta de su carabina a la hoguera.
19	A pesar de su arte, espero se arte serrando el tablón de aya.
20	Con cielos despejados una miríada de estrellas parpadea ante nuestros ojos.

Corregir las faltas que haya en cada línea.

1	Nos encontramos ante el mostruo más repugnante de la Historia: Nerón. Su
2	nombre repele porque significa la sebicia infrahumana por antonomasia. Subió
3	al Trono del Imperio Romano en el siglo I. Su azarosa rejencia forma una red
4	tegida con los homizidios más esecrables y los actos más abyectos.
5	En su juventud se distinguió por sus várbaros instintos cuando se ufanaba de
6	herir a los transeúntes desprebenidos. Casó en primeras nupcias con Octavia,
7	a la que después condenó a muerte. Invitó a su cuñado a un vanquete y mandó
8	asesinarle, sirviéndole biandas embenenadas. Berificó una segunda boda con
9	la que había sido su concuvina, Popea, y, sin miramiento al sexo ni a su estado
10	de envarazo, le dio muerte de un brutal puntapie. Quiso como tercera cónyuge
11	a Antonia, hija del Emperador Claudio, y al saber que ella no le amaba si no que
12	le repudiaba, en el parosismo de su soberbia, buye, en su cabeza, tomar cruel
13	venganza; pensó extrangularla, pero después ordenó que fuese egecutada.
14	Falsificó moneda, robó las joyas y riquezas de los templos y luego asesinó a
15	los hopulentos acendados para desvalijarles sus arcas. En su averración llegó
16	al extremo de obligar a Séneca a abrirse las venas y hasta hosó quitar la vida
17	alebosamente a su propia madre.
18	La cicuta es una hierba de flores blancas cuyo zumo es benenoso.
19	Equinocio es la época en que la noche tiene la misma duración que el día.
20	El vaquero hirió gravemente al novillo con la pulla.

Corregir las faltas que haya en cada línea.

Con la batalla de Covadonga da comienzo la Reconquista. Dueños de casi toda España, los ensoverbecidos mahometanos cavilaban con perversidad imponer sus creencias a sus agrabiados rivales, los cristianos, y, tratando de beneficiarse, todavía los abasallaban a su alvedrío con honerosos tributos, hasta que se sublevaron al mando del valeroso Pelayo.

Distribuyó don Pelayo su ejército en hábil combinación estratéjica y ventajosa, envoscando combatientes en acecho entre las escabrosas hasperezas de los montes, y situando la mayor parte arriba de las bertientes, en los alrededores de la cueba. Los árabes se lanzan al ataque, engreídos por un indudable éxito, pero hacinados en la hangostura de lo hondo del valle se sintieron agredidos desde los hervosos y abruptos bosques por un enemigo que, con un desusado ardor, los acribiyaba con incesante lluvia de flechas.

Desde las alturas de los montes iban siendo aplastados por árboles y rocas que les arrojaban los cristianos con extremado ínpetu, hasta que vieron morir al cabesilla. Desarticulados se dieron a la huida, y el hepílogo milagroso que aniquiló finalmente al enemigo fue una horrible tempestaz que desbordó ríos y arrollos he inundó caminos y beredas. El traidor don Oppas, acompañante del jefe musulmán, fue cacturado y perdió la vida por su alebosa conducta. Pelayo había llevado a la cueva de Covadonga una imajen de la Virgen, a la que se atribuye esta gran victoria, con la que dio comienzo la Reconquista de España.

Corregir las faltas que haya en cada línea.

1	En su escolta ivan los más ilustres personajes de la Monarquía: las órdenes
2	de Santiago, Calatrava y Alcántara, los ovispos de Palencia, Plasencia y el
3	harzobispo de Toledo. En un gran aprieto se encontró, por inadbertencia, el
4	egército cristiano al borde del angosto barranco de La Losa, sin poder abanzar
5	y próximos ha perecer, cuando en esta situación, un pastor llamado Martín,
6	cazador y esperto en caminos, sale de su chozo y ofrece al Rey de Castilla
7	enseñarle una vereda o hatajo, vadeando el río por el lugar en que se hayaba
8	la cabeza de una vaca que habían deborado los lobos y por el que las tropas
9	podían hevadirse. Por esta acción, el Rey concedió al pastor el nombre de
10	Cabeza de Vaca. Al alborear el día 16 de julio de 1212, desplegó el ejército
11	de Miramamolín las tropas lijeras de los árabes y algunas tribus bereberes,
12	seguidas de los boluntarios del imperio, de los almohades y del propio Emir.
13	Los cristianos fueron los primeros en tomar la ofensiva y la banguardia de Haro
14	irrumpió en las avanzadas enemigas, batiendo con ímpetu la segunda línea y
15	viniendo a desembocar en manos de los mahometanos, en extrujado revoltijo.
16	Cuando va de gira campestre bebe, baila y gira sobre sus talones con agilidad.
17	Por arte de magia desapareció la bugía y no se supo como.
18	El monje tiene hábito de husar el hábito.
19	El oleaje que batía el rompeholas destruyó los sillares del muelle.
20	Se escribe *g* en las palabras acabadas en *ígera*, *ígero*.

Corregir las faltas que haya en cada línea.

Procedente de los abismos submarinos, al bislumbrarse la primavera, aborda los ríos del norte de la Península Ibérica el más codiciado havitante temporal de las aguas continentales, rey de nuestra fauna indíjena acuícola: el salmón del Atlántico. Su instinto atávico le guía inexorablemente a la desembocadura del curso flubial que le vio nacer y desde el que emigró en su juventud a los fondos avisales del océano. Viene buscando las frescas aguas y dulces, himpelido por el impulso biológico de la reprodución. Los aumentos de caudal en el cauce y las variaciones climáticas expolean su querencia hacia aguas arriba.

Nada contra la corriente salvando obstáculos y rápidos con la inverosímil fuerza y agilidad de su plateado cuerpo fuxiforme. Su anhelo jenésico es tan fuerte que ni la fatiga ni el prolongado ayuno en las aguas frías, en las que practicamente no se alimenta, impiden su subida hafanosa hasta muchos kilómetros río arriba, donde ha de hallar el remanso ideal para realizar su función jeneradora que ha de cerrar el ciclo biolójico de su especie selecta. Depositados los huevecillos por la hembra en un hueco avierto en la graba con su aleta caudal, fertilizados por el macho y cuviertos luego por los projenitores en el pedregal, nada hace pensar que a unos centímetros del lecho del cauce, laten miles de embriones que, en mínimo porcentaje, lograrán sobrevivir en condiciones tan adversas.

El débil latido del gérmen va haciéndose más hostensible para culminar en la eclosión o ruptura de la tenue membrana que le protegió durante mes y medio o dos meses. Un ser permanece oculto aún entre la graba, casi inmovil. Una bolsa abdominal, la besícula vitelina, le suministrará alimento durante 15 o 20 días, absorviéndose al fin y permitiendo que el alebín tenga que salir de su hoquedad para buscar el sustento en un ostil medio exterior, donde las vidas deben luchar por su esistencia.

Corregir las faltas que haya en cada línea.

1	El Cardenal Cisneros fue hencumbrado desde su escondido recogimiento del
2	convento hasta la sede primada, en la que se afanó por la dirección espiritual
3	de su basta diócesis en perseberante labor de combatir los herrores, avenir a
4	los desavenidos, proteger los acrisolados hábitos y exortar a los estraviados.
5	Más tarde se vio enaltecido con el honroso, graboso e inexcusable cargo de
6	Regente que, por precepto testamentario, le asignaba el fallecido Fernando V
7	el Católico, mientras dure la ausencia de Carlos I. El venerable Cardenal prebió
8	que debía precaverse ante las turvulencias que se avecinaban por la excisión
9	de los diverjentes bandos o facciones: unos, apoyando con ahínco a la Reina
10	madre; otros, imbocando el inviolable derecho del imberbe heredero del Trono,
11	y cuyos adectos flamencos urgían se le nombrase Rey; y los orgullosos nobles
12	colaborando en contuvernio, dispuestos a atacar al anciano purpurado a cuyo
13	puesto de gobierno se creían acrehedores con mejor derecho.
14	En vista de la rijida lección que recibieron los nobles por la enérgica actitud del
15	Cardenal, que no abdicaba de sus conviciones ni transigía con desobediencias
16	y rebeldías, nombraron unos mensajeros, muy hosados y vacíos de seso que,
17	en su representación, exigiesen al Cardenal Cisneros, sin ambages, dijese en
18	virtud de que poderes ejercía la Regencia y con que medios contaba.
19	El aire de la sierra vibifica a las plantas y a los animales.
20	Llena de ormigas estaba la hortiga que guardaba en la basija.
21	Llevaré en la expuerta las piedras del bolquete para tapar ese boquete.
22	En cuanto bote en las elecciones, nos trasladaremos en un vote a la otra orilla.
23	En efecto, el accidente fue más expectacular que grave.
24	Se escribe la letra *g* en los bocablos terminados en *gio*, *gia* y *gión*, siempre que
25	no se desaga el diptongo.

Corregir las faltas que haya en cada línea.

1	Excitado el Regente por semejante facción, sin admitir controbersia, abrevió la
2	entrevista, y los invitó ha asomarse al valcón de su residencia al tiempo que les
3	contestaba: "Vengo rigiendo por lejítima disposición del Rey Fernando V, y mis
4	poderes son esos". Señalaba al ejército y a las vaterías formadas frente a los
5	conversadores, como para entrar en lis. Este leve episodio, que robusteció su
6	acérrima autoridad, no escarmentó a los esasperados nobles, que amargaron
7	los postreros días del lonjevo Cisneros, pues siguieron arreciando con ahínco
8	y subrepticiamente en sus biperinas intrigas, y recavando del inexperto Rey que
9	le apartase de la Regencia. Cuando el reverendo Cardenal caminaba encorbado
10	sobre la cabalgadura, a pesar de sus ajes, para avistarse con Carlos I a su arribo
11	a España, se agravaron sus dolencias, no tanto por el agetreo de las jornadas
12	del viaje como por la ingrata y pungente misiba que recibió del propio Rey, en la
13	que le relebaba de la Regencia, sin esperar a expresarle su reconocimiento y
14	agradecimento por los muchos desasosiegos de su ímprova actuación.
15	La inaudita desafección agravió tan aceradamente sus sentimientos que, sin
16	serle factible salvar la distancia que todavía le separaba del Emperador, calló
17	esánime, víctima de un desvanecimiento o vaído producido por un colapso.
18	Yendo muy ligero, iendo bruscamente el aire que hallo al paso.
19	Me desojo mirando cómo se desojan los árboles del jardín.
20	Hacia el mediodía hacia un viento huracanado.
21	Mi caballo favorito continua siendo imbatido.
22	Garbín o garvín es una cofia hecha de red.
23	El chaval se ocultaba en la chavola.
24	El librero se desenvarazó del cliente diciéndole que no existía tal libro.
25	Se escribe *j* en las formas de los verbos cuyo infinitivo termina en *jear*.

Corregir las faltas que haya en cada línea.

1	Cada día la movilidad y voracidad del pequeño es mayor. Ya logra alcanzar en
2	el aire los insestos que proveen en avundancia a sus necesidades. De repente,
3	nota algo extraño en su interior que le obliga a dejarse llevar por la corriente, río
4	abajo, suabemente, hasta llegar al océano he internarse en sus profundidades,
5	donde crustáceos y moluscos abrán de proporcionarle el alimento que le hará
6	alcanzar hasta quince kilógramos de excelente carne a aquel cuerpo enclenque
7	que nació con una décima de gramo. Ya adulto, como a sus padres, un tactismo
8	inverso al que le impulsó al mar le hará sentir su misteriosa llamada hacia el río;
9	se abre el último paréntesis de su vida. Cuando efectue el deshove en las aguas
10	dulces será muy difícil que su cuerpo enflaquecido y exahusto, arrastrado por la
11	rápida corriente, pueda volver a alcanzar el mar y, en el, recuperar las fuerzas
12	para iniciar otro año una segunda lavor progenitora.
13	El Vesubio, famoso bolcán cuyo estado en ignición se conoce desde principios
14	del siglo I, se haya en Nápoles. Sus escarvadas cabidades estuvieron en otro
15	tiempo cubiertas de abundante y espesa vegetación. Los atos pacían la verde
16	hierba que brotaba al bértice o borde del cráter del volcán. Acampaban en sus
17	alrededores los pastores en las cabañas, vigilando sus hatajos, hasta que el
18	año 79, de infausto recuerdo, sobrevino la primera erupción rejistrada por la
19	Historia. Destrucción tan tremevunda izo que desaparecieran completamente
20	las ciudades de Pompeya y Herculano.
21	Las ostilidades cesaron con el intercambio de rehenes.
22	El harchivero me advirtió que no se podían ver los legajos.
23	El experto extrangero estravió la expoleta al extraer el detonador.
24	Se escribe *d* final en las segundas personas del plural de todos los imperativos:
25	*atad, vended, unid, tomad, seguid, jurad...*

Corregir las faltas que haya en cada línea.

Se inició la actividad con un zumbido extridente, seguido de fuertes explosiones, debidas a la inflamación del hidrógeno. Unos imponentes temblores conmovieron la tierra con vibraciones auguradoras de la ecatombe. Un humo acueo y oscuro comenzó a levantarse raudo desde los orificios de las cabernas hasta las nubes, como inmenso borrón de espesa lluvia cenicienta. Espelía por sus bocas, acre y nauseavundo olor a azufre, amoníaco o vitriolo que asfixiaba a los habitantes a mucha distancia. Rebosaban numerosas vurbujas de gas que reventaban en la superficie. En vertiginosa evullición, emergía un río de eferbescente y biscosa lava bomitada en completa cocción. Era una materia vituminosa vitrificada que, resvalando con empuje arrollador e incontenible, asolaba la campiña, destruía construcciones y se avalanzaba sobre las ciudades y sus suburbios.

El varranco echaba violáceas vaaradas llameantes. Era como un fundíbulo que disparaba rojizos proyectiles de pétreos segmentos calcinados, revueltos con guijarros candentes. Un letárjico sueño dejaba después inactivo este esotérico antro de Satán durante un tiempo más o menos largo, pero en todas las épocas hubo reacciones inevitables, reiteradas y biolentas. En el siglo XVIII, llegaron hasta el número de cuarenta y ocho. En varios períodos, la terrible agitación hizo peligrar su valioso obserbatorio.

Tuve un ribal que con su diluvio de frases, causó no pocos disturvios.

Los visoños infantes hincaron sus bayonetas en un acerbo de heno.

Enhebraba la aguja para hilbanar la lebita.

Es exacto que siempre permanecía al pie del llunque.

Donde se gasta más que se gana, viene pronto la ruina.

Hay unos cuantos bocablos que se pueden escribir con *c* o con *z*: *cinc* o *zinc*, *zelandés* o *celandés*, *zebra* o *cebra*, *cenit* o *zenit*, *ázimo* o *ácimo*...

Corregir las faltas que haya en cada línea.

1	Doscientos años antes de la Era cristiana imperó en España la imbicta Roma.
2	La sustituyen los visigodos, a los que eclipsaron los árabes con el reverberar de
3	sus fúljidas cimitarras y cuyo poderío fue desbanecido por los cristianos.
4	Convaleciendo Carlos I en Yuste, y despojada su gigantesca figura de toda su
5	magnificencia gerárquica, dió acogida en el célebre convento a su gentil hijo don
6	Juan de Austria, cuya crianza se realizó lejos del padre.
7	La laboriosidad y morigerados hábitos del Conde-Duque de Olivares indugeron a
8	Felipe IV a nombrarle su privado; más, no pudiendo transigirse con los fracasos
9	originados, hurgió sustituirle por el enérgico don Luis de Haro.
10	El paje encontró la agenda que el general perdió en el berengenal.
11	Tal carga es bastante honerosa y pesada para mí.
12	Rellena con grava los vadenes y cunetas.
13	Combiene hacer ginnasia con frecuencia para estar en forma.
14	Vivía con holgura y de modo alagüeño gracias a su trabajo.
15	Los claveles eran rebentones y vistosos y, por ello, los compré.
16	Fue en vida un hombre excelente y caval y muy trabajador.
17	El expectáculo estuvo entretenido y nos divertimos.
18	Has conseguido plasmar una imagen perfecta.
19	Mi trompo jira más veloz que el tuyo.
20	El niño huérfano fue hayado y recogido en un orfanato.
21	En la cabidad de la cueva hay cavida para todos.
22	La policía hayó la huella del desonesto ciudadano al hilar el carrete.
23	Las estampas del erravundo campeón le hicieron bibrar violéntamente.
24	Mi ahijado quiere veementemente desojar las hermosas flores.
25	Me he echo una amaca con los arapos de las adas madrinas.

Corregir las faltas que haya en cada línea.

En Sevilla, allá por el año 1599, vio la luz primera Diego Silva Velázquez, el más heminente de los pintores españoles, admirado por todas las escuelas, tenido por técnicos y por indoctos como maestro inmortal por excelencia. Sus ensayos iniciales los ejecutó bajo la magistral direción de Herrera el Viejo, primero, y de Francisco Pacheco, después. En sus primeros dibujos se bislumbran extrañas aptitudes y un perfecto órgano visual. A los pocos años llega a la posesión de un estilo pribativo, original y atrayente. Aventajó a todos los demás pintores en el uso de la perpectiva, con la que enriqueció sus obras. La magistral perfección de sus soberanos retratos le grangearon la regia hestimación, que culminó en su desisnación como pintor de cámara de Felipe IV. Las efijies de sus cuadros son una gran notavilidad: imágenes en reliebe, personas vivientes que parece como si abanzaran fuera de los lienzos.

Su pintura ha sido reconocida universalmente: no tiene impugnadores. Nadie ha podido reproducir la realidad con tanta sencillez, excrupulosidad y energía. Sus pinceles rebelan verismo, vida y belleza. Su pintura enardece, obsesiona, arrova. De él se ha dicho que llegó ha pintar el aire. Muchos de sus cuadros parecen instantáneas por la exactituz y el detalle.

Los museos más importantes del mundo lograron realizar sus exposiciones con la ansiada azquisición de trabajos de este genio, cuyos cuadros se valuan en sumas fabulosas. El Museo del Prado atesora una envidiable colección de sus más descoyantes obras.

Desde los albores de la creación unibersal, una faz pálida, a veces oculta y otras semioculta por su misma sombra, la Luna ha sido testigo mudo de los destinos de la Humanidad, flotando en el bacío eterno a unos 380.000 km. de la Tierra.

Cuando fui a verle me dijo: - Sino quiero esto, si no lo otro.

Corregir las faltas que haya en cada línea.

1	Su avandonado interior se ha combertido en guarida de alimañas y reptiles; y
2	sus oquedades, en covijo de rebullidores búos, cuervos, arañas y larbas.
3	Recordemos algunos de los más notables: el de Tarifa, en Cádiz, en el que se
4	llevó a cavo el episodio de hacendrado civismo que seguirá convulsionando a
5	todas las generaciones, pues desde allí arrojó Guzmán el Bueno su cuchillo al
6	billano don Juan; arma con la que este omicida, mató al hijo del defensor de la
7	fortaleza que poseía como rehen.
8	El de Simancas, en Valladolid, donde residieron reyes y príncipes, entre los que
9	podemos contar a Juan II y Álvaro de Luna, su pribado; se utilizó como cárcel
10	y después se instaló el Archivo Nacional. El de la Mota, en Medina del Campo,
11	que fue alojamiento de la Reina Isabel la Católica y su afligida hija doña Juana
12	la Loca. El de Mombeltrán, en Ávila, donde dio comienzo a darse pávulo a los
13	ilegítimos amores de don Beltrán de la Cueva y la bellísima Reina doña Juana
14	de Portugal; muros que presenciaron herborosas rebeliones y disturbios. El de
15	Turégano, en Segovia, de época mediebal, donde Juan II y su balido, el de Luna,
16	se entrebistaron cuando don Álvaro era acosado por sus velicosos adversarios;
17	en su calavozo fue preso el secretario de Felipe II, Antonio Pérez, acusado del
18	asesinato de Escobedo. El de Bellver, en Palma de Mallorca, circunvalado por
19	un espeso bosque; en el fue coronado el Rey Pedro IV de Aragón.
20	El farmacéutico que expenda medicamentos sin rejistro incurrirá en pena.
21	La desobediencia y la neglijencia del pasagero producen perjuicios.
22	La trajedia en la región originó la seca de los jirasoles.
23	Tanjente, sugestión y falange, son palabras dificiles de escribir.
24	Las normas de correción se basan en criterios de discrección y cortesía.
25	Cogió lo que tejía el sastre y rujió de ira.

Corregir las faltas que haya en cada línea.

1	Me alegra y celebro mucho el alibio de tus pasados males.
2	Después de tanto gasto el ahorro debe ser ahora tu deseo más ferbiente.
3	En el jardín de mi casa hay unos soverbios árboles que dan frutos.
4	Desalojaron el viejo edificio, por que se hundía.
5	La orchata es una bebida refrescante y nutritiva.
6	He pasado unos días muy haciagos pero me estoy recuperando.
7	Vió en la ondonada al ciervo herido y avisó al guarda forestal.
8	Los albañiles extendieron sobre la pared el lleso y este se secó.
9	La bestia salía del bosque muy tranquila.
10	Se apoyaba en su callado para no resvalar.
11	Exalaba un olor que no se podía aguantar.
12	Llema es la parte central del huevo del ave.
13	La labor ya está echa y hay que esperar.
14	Las nieves se extienden perennemente sobre el collado.
15	La escallola es yeso espejuelo calcinado.
16	Tubo una grave enfermedad en el tuvo digestivo.
17	El pelirubio Sixto se embarcó en una nave que iba a América.
18	Los equinoccios y los solsticios son puntos de la eclíptica.
19	Miguel Ángel fue un genio esuberante; en su labor exhaustiva de arquitectura,
20	pintura y escultura estampó su impronta. Cultivó todas las bellas artes sin que
21	realizase ninguna en interpretación pellorativa. Diestro en música y excelente
22	poeta. Legó a la posteridad grandiosas obras ejecutadas principalmente en el
23	Vaticano: en ellas imprimió el seyo de sincero creyente.
24	Se inició una activa campaña para herradicar la tuberculosis.
25	¡Hasta cuando el hasta de la bandera estará en la vaca del coche!

Corregir las faltas que haya en cada línea.

1	Tanto en la capital estremeña como en la ciudad del Guadalquivir se levantaron
2	elevados harcos, se adornaron espléndidamente los balcones, hubo bulliciosas
3	cavalgatas, divertidos y alborozados festejos en honor a los Reyes. Isabel, que
4	fue madre de Felipe II, falleció en Toledo. Su cadáver ocasionó la conversión del
5	Duque de Gandía (San Francisco de Borja), fuertemente impresionado al hallarlo
6	horriblemente descompuesto. Abatido el Emperador por graves rebeses y afligido
7	por acervos dolores que le originaba el padecimiento de la gota, imposibilitando
8	sus movimientos con harta frecuencia, abdicó en su hijo Felipe II y se retiró del
9	azaroso batallar, en 1557, al Monasterio de los Jerónimos de Yuste, donde dejó
10	de existir el 21 de septiembre del siguiente año. Desolló las prescripciones que
11	le privaban de los abusos en el llantar, que le trageron su fatal dolencia, cuyo
12	mayor berdugo fue el excesivo ácido úrico. Tuvo varios hijos vastardos: entre
13	ellos, don Juan de Austria, el héroe de Lepanto.
14	Todas las mujeres que aparecen en la nobela "Don Quijote" están pintadas con
15	un excelente verismo. Así, en Dulcinea se encarna la mujer, que aunque basta,
16	juzgamos como un dechado de perfeción; en Sanchica, la joven hacendosa; en
17	Teresa Panza, la mujer casera que se banagloria de dar embidia a las vecinas;
18	en la Duquesa, la hociosa que solo anhela divertirse y cuyos ligeros ribetes de
19	instrucción avarcan solo cosas insustanciales; en Marcela, la mujer helada al
20	afecto; en Quiteria, la mujer enagenada de amor, que logra berificar una boda
21	que lleva consigo inerentes privaciones.
22	Es maravilloso obserbar el sentido de orientación de la cigüeña.
23	El expediente espuesto, hace reflexionar sobre la anplitud del problema.
24	La costumbre es excecional, y está enrraizada en la urgencia del momento.
25	Es inadmisivle y bastante contradictorio el resultado optenido y recogido.

Corregir las faltas que haya en cada línea.

1	Desde los adarves del abandonado castillo, las mujeres de los guerrilleros
2	echaban hóleo hirviente sobre las cabezas de los imbasores, que protegidos
3	por yelmos, seguían avanzando.
4	Con tu mal genio, me exasperas he irritas, porque excede tu caracter a toda
5	ponderación, pero no te valdrá la extratagema.
6	Se seccionó la yugular por razones inexplicables.
7	Saqué la dedución de que aquella era una reunión sin ninguna finalidad.
8	Puso en él toda su confianza y no le defraudó.
9	Huyendo por la horilla del arroyo, es fácil que haya perdido la balleta.
10	Debes hacer la jugada que más te convenga.
11	No reunes aptitud para ese cargo tan importante.
12	El convoy estaba compuesto por jóvenes y bravos ginetes.
13	Afila bien la nabaja, pues está meyada.
14	Subía por el sendero del viejo camino cuando me encontró.
15	La extructura de ese viejo edificio está bien echa.
16	El amable combersador nos hizo varias adbertencias.
17	El joven vendía blusas con objeto de poder comprarse un abrigo.
18	Las aguas subterraneas se buscan debajo de cauces pobres.
19	¿Qué te a parecido la casa nueva de mi hermano?.
20	La diavetes le tenía desbelado y aumentaba su debilidad.
21	El extrépito asustó a la perdiz que huyó rápidamente.
22	Hay que corregir semejante hultraje para que no ocurra más.
23	Se eló la huerta con los hielos de la noche.
24	El aviador realizaba acrovacias con su aeroplano.
25	El velero fue undido por el submarino de un solo cañonazo.

Corregir las faltas que haya en cada línea.

El religioso Martín Lutero, promovedor del cisma protestante en Alemania, armó un gran rebuelo entre los fieles exortándoles a combatir los botos monásticos, el celivato de los sacerdotes, el Purgatorio y la comunión bajo una sola especie. Tradujo la Biblia en lengua bulgar. De aquí salió la sexta de los protestantes. La Iglesia, en en el Concilio de Trento, condenó dichos herrores y excomulgó a los adectos de las mencionadas creencias.

Se iba apagando el día entre las piedras húmedas de la ciudad, a sorvos, como se consume el fuego en la ceniza. Era un cielo de cáscara de naranja y la sangre de las hayas goteaba entre las nubes, a veces coloreadas de rojo y a veces eran rubias como el pelo del maiz o el cuero de los pumas. En lo más alto del templo, un vigilante vio pasar una nube a rás del lago, casi besando el agua y posarse a los pies del volcán. La nube se detubo, y tan pronto como el cura la vio cerrar los ojos, bajó al templo gritando que la guerra havía concluido. El lago se cubrió de luces rápidamente. Iban y venían las varcas de los comerciantes, alumbradas como si fueran estrellas.

Cautiva la belleza de los muros, hornados de maravillosos y ricos cuadros con pinturas murales, debidas a los más eximios artistas.

Se contemplan con enveleso la benerabilidad de sus reliquias y las variadas y esplendorosas joyas que se exhiben a diario al público. Bajo sus vóbedas reposan personajes de esclarecido avolengo, reyes y santos.

Nada más conmovedor que ver a esos pobres errar sus bueyes como si fueran caballos; engancharlos a un carruaje de dos ruedas, enzima del cual colocaban su pobre y corto equipaje y sus hijos pequeños. Ellos, con las manos tendidas hacia todas las ciudades que dibisaban en el camino, preguntaban si no era la Jerusalén la que se veía en el horizonte.

Corregir las faltas que haya en cada línea.

1	No aré lo que me pides, aun que insistas durante todo el día.
2	El pintor ha querido transmitir alegría en este cuadro.
3	Las obras del piso estarán acabadas para el próximo año.
4	¿Sueles ir a trabajar los sábados por la mañana?.
5	Volveremos a llamarte aunque tú continues sin querer hablar.
6	¿Cuanto dinero has gastado esta mañana en el mercado?.
7	Si llegas tarde al colegio no podrás entrar en la clase de Lengua.
8	Creo que ha llegado la hora de irnos a casa pues es muy tarde.
9	Me dijo que la mesa es de madera de cedro y yo le creí.
10	¡Con que poco te conformas!.
11	Necesito una batería nueva para mi coche y no sé como pagarla.
12	Dime sin ambages, ¿qué vestido me queda mejor, el rojo o el verde?.
13	Creo que aprobaré, pues he resuelto bien los problemas.
14	Ha llegado el momento de decidir que vamos a hacer esta noche.
15	No recuerdo donde he puesto las llaves de tu coche.
16	Si quieres decirme algo, azlo pronto pues me marcho ya.
17	¿Cuándo hay que recoger la cosecha de maíz?.
18	Trabajamos muy duro para poder vivir olgada y dignamente.
19	El disco que me regalaste por mi cumpleaños no se escucha bien.
20	No me gusta que vuelvas solo por la noche desde tan lejos.
21	Si la puerta está cerrada debes llamar al tinbre.
22	Aunque llores y patalees no conseguirás más caprichos.
23	Es el mejor jarrón chino de toda la colección del hanticuario.
24	Todavía no ha llegado el pedido que hicimos al almacén.
25	Es uno de los edificios más bonitos que he visto.

Corregir las faltas que haya en cada línea.

1	Alfonso XI fue sucedido por su hijo Pedro I, llamado el Cruel; pero el vastardo
2	Enrique, escudado en su noble y esclarecido avolengo, le disputó, exasperado,
3	la Corona, y en los campos de Montiel, la malicia del suvencionado caudillo
4	Duguesclín vio el modo espeditivo de enfrentarlos. Como una exalación, se
5	fueron a las manos, Pedro y Enrique, ansiosos de esterminarse. Como aquel
6	era más fuerte y de mejor salud cayó encima de Enrique, que yacía estrujado,
7	descolluntado y con las fuerzas exhaustas. Entonces, el traidor Duguesclín,
8	que a la espectativa espiaba la lucha, lejos de inibirse, utilizó la excelente
9	estratajema de darles la vuelta, pronunciando la paradógica frase: "Ni quito
10	ni pongo rey, pero ayudo a mi señor". El ambicioso Enrique llevó a cabo la
11	acción de hundir su daga en el corazón del desbalido Pedro, sin experimentar
12	aflición alguna al contemplarlo yerto. Así fue como subió al Trono Enrique II,
13	primero de la bastarda dinastía de los Trastámara.
14	Maritornes, harto hombruna, pero muy espléndida; Zoraida, tipo de belleza
15	mora, que se sacrifica en aras del objeto amado; Dorotea, la eterna víctima
16	del desvío de un hombre beleidoso; Camila, hembra bella, frájil, de efluvios
17	de simpatía y de excitante boluptuosidad; Luscinda, la enamorada, que por
18	obediencia derriba del corazón a su inacesible ídolo; Altisidora, la amiga de
19	buya; Claudia, atropellada y violenta; Leandra que se deja embaucar por
20	cualquier advenedizo que la emboba con sus expurias palabras; y, la señora
21	Rodríguez, que no cesa de criticar a quienes sirbe.
22	El artista sufrió un vaído porque habitaba en una casa humbría.
23	Fue el vuzo de la aldea, pese a estar abocado a grave ebento.
24	El río Óder desagüa en el mar Báltico.
25	Hemos estado agenos a esta jugada de agedrez.

Corregir las faltas que haya en cada línea.

1	Alegemos sospechas tan salvajes pues no conducen a nada.
2	Fuimos al vivero, cerca del algibe, y recogimos las plantas.
3	En la alcova tengo el traje para que te lo pongas.
4	La antiguedad de la joya es verosímil, según el experto.
5	Eugenio, el cajista, ha tenido una hemorragia y está flogillo.
6	La cajera llevó el aviso a la cerragería y nos harán la llave.
7	Líbido se puso cuando le dijeron que ignoraban sus aseberaciones.
8	Su amigo corregirá semejante ultraje en cuanto sepa lo que ha ocurrido.
9	Por arte de prodigiosa magia, desapareció la bugía.
10	Este tegido es de gran calidad y con el le harán un buen traje.
11	Tejen, protegen y cotegen son tiempos de verbos.
12	Dime sin ambages que porcentaje nos da en el negocio.
13	Se aproximaron al lugar del suceso en actitud espectante.
14	Se reunieron en el boscaje todos los congéneres y, con proligidad discutieron,
15	en su gerga peculiar, sobre los tejedores.
16	Urano es un planeta y uranio un metal.
17	Serán dados hoy de alta los heridos y podrán irse a su casa.
18	La hermosa ciudad italiana de Pompeya fue ondamente sepultada bajo la laba
19	de una horrorosa erucción del Vesubio.
20	Los ratones huyeron holgadamente, como hardillas, por ese interticio después
21	de hartarse de comer huevo ilado, arenques y los hollejos de las habichuelas.
22	Los bates más escogidos esculpieron en sus versos la portentosa extructura
23	de este edén de alucinador esplendor.
24	La adversidaz se cebó en los mozalvetes cuando jugaban.
25	No fui capaz de hayar la llave del lavadero del pueblo.

Corregir las faltas que haya en cada línea.

1	Ante un clamor y desvordante entusiasmo, que permanecerá gravado con el
2	vuril de las hondas emociones, al rítmico son de los motores y después de un
3	vertijinoso ronrroneo de la élice, se yergue arrogante el Plus Ultra, en el que,
4	sentados en la cavina, los abizorantes ojos de los héroes españoles excrutan
5	el espacio. Vate el viento sus halas, al accionar en un hábil viraje, y, tras ligero
6	alabeo, va disminuyendo su bolumen hasta perderse a lo lejos. En el espacio,
7	reciven los pilotos las palpitaciones del mundo por las hondas hercianas, que
8	los orientan en su ruta y, sin desaliento, derrochando valor, llegan indennes a
9	bislumbrar las dilectas urves americanas, pueblos hermanos, de igual habla y
10	de idéntica historia. En las extensas bahías del Nuevo Mundo, millares de seres
11	se adieren a un homenaje de bienvenida indescriptible, inenarrable, y aquella
12	nueva sabia de la vieja Madre Patria ahogó con lágrimas su exaltada emoción.
13	Acusados los moriscos de estralimitarse, manteniendo estrechas relaciones
14	para común auxilio con los turcos y berveriscos, fueron arrojados de España.
15	Excusamos decir que sus exajeradas protestas y extravagantes pretestos no
16	fueron escuchados ni lograron transación alguna.
17	Es famoso el cuadro de Rembrandt que representa a la avatida Artemisa, Reina
18	de Halicarnaso, bebiendo un brevaje con la infusión de las cenizas del esposo
19	para buscar alivio a su acerva tribulación. Dicha Reina levantó, en trivuto de su
20	marido Mausolo, un soverbio panteón, que se conceptua por los sabios como
21	una verdadera maravilla. De el proviene el nombre de mausoleo.
22	Lo que ocurrió en la fiesta de anoche no debe estrañarte nada.
23	Con una audaz y valiente estratagema se ganó la batalla.
24	La rehata de mulas está habituada a llevar provisiones al pastor.
25	El exófago es el conducto de la laringe al estómago.

Corregir las faltas que haya en cada línea.

1	Es extraño que los roedores extremezcan al naranjero.
2	El autor del homicidio espiará su crimen.
3	El fiel cancervero se extravió en medio de aquel oasis.
4	Lo exiguo de su remuneración le hundió en la miseria.
5	Estaba estenuado por el esfuerzo desarrollado toda la tarde.
6	Armaron un zipizape con sus trabesuras y fueron amonestados.
7	Son excelentes versos, dignos de exculpirse.
8	No te expansiones leyendo cosas que rebelan mal gusto.
9	El fausto allazgo le produjo una gran alegría.
10	No le hicieron la autopsia; sus hexequias se celebraron con todos los honores,
11	al octavo día de su trágico óvito.
12	Ayudé a que su benebolencia fuera extrema ante tal situación.
13	El joven arguyó que diluviaba para no tener que salir de la casa.
14	La conducta de aquel individuo extraviado, cuyas azañas y viciosos hábitos
15	todos conocían, ponían de relieve su mala condición.
16	No hubo excusa para la abiesa idea al preparar la coartada.
17	El elisir que he pedido es muy bueno y te hará bien.
18	El ciervo volador es un insecto semejante al escaravajo.
19	A duras penas y hacinado con la gente, pude estrechar su mano.
20	No existe excusa para eximirte de tu responsabilidad en la intoxicación.
21	Ese tapiz es de buena estructura.
22	Con excesiva exactitud comenzó el convate de boxeo.
23	La zarzaparrilla es una bebida que no excita.
24	Me zambuyí en un baño de agua tivia sin estremecerme.
25	Su estravagante conducta exaspera a todos los que le conocen.

Corregir las faltas que haya en cada línea.

1	Yo, señor, no soy malo, aunque no me faltarían motibos para serlo. Todos los
2	mortales tenemos los mismos cueros al nacer y sin envargo, cuando bamos
3	creciendo, el destino se complace en bariarnos como si fuésemos de cera y
4	en destinarnos por sendas diferentes al mismo fín: la muerte. Hay hombres a
5	los que se les ordena ir por el camino de los cerdos y de las chumberas.
6	Algunos gozan de un mirar sereno y el haroma de su felicidad sonríe con cara
7	de inocente; otros sufren del sol biolento en la llanura y arrugan el ceño como
8	las halimañas para defenderse. Hay bastante diferencia entre adornarse las
9	carnes con arrebol y colonia, y hacerlo con tatuajes que después nadie ha de
10	vorrar ya. Nací hace muchos años, lo menos cincuenta y cinco, en un pueblo
11	perdido por la probincia de Badajoz; el pueblo se encontraba a dos leguas de
12	Almendralejo, agachado sobre una carretera lisa y larga como un día sin pan,
13	lisa y larga como los días -de una lixura y una largura como usted, para su
14	bien, no puede figurarse- de un condenado a muerte. Era un pueblo caliente
15	y soleado, bastante rico en olibos y guarros (con perdón), con las casas tan
16	blancas, que aún me duele la vista al recordarlas, con una plaza de losas y
17	con una hermosa fuente de tres caños enmedio de la plaza. Hacía ya varios
18	años, cuando del pueblo salí, que no manaba agua de las bocas y sin embargo,
19	ique elegante!, nos parecía a todos la fuente con su remate figurando un niño
20	desnudo, con su bañera rizada al vorde como las conchas de los romeros.
21	Si vienes conmigo, te enseñaré los vienes que poseo en mi pueblo.
22	Desde la rivera del arroyo disparó la escopeta y marró el tiro.
23	Era su obligación trabajar en la hera, e iba allá con exactitud.
24	Tubo que esconderse en la caverna para que no le vieran.
25	Sino cambias de actitud, no podrás demostrar tu actitud en las pruebas.

Corregir las faltas que haya en cada línea.

1	En la metalurgia se utiliza el llunque y el martillo.
2	La huya es una variante del carbón y emite olor vituminoso.
3	La bayena es un cetáceo que vive en el mar.
4	La gripe está producida por un birus y es muy molesta.
5	Los esploradores lanzaron varios proyectiles en señal de advertencia.
6	El espectáculo de anoche nos servirá de escarmiento para lo sucesivo.
7	El vendedor estaba en connibencia con otra persona en el negocio.
8	La veleta del pabellón giraba veloz, junto a la clarabolla.
9	La insurrección de los isleños causó problemas a los dirigentes.
10	La yesca hizo arder la mecha y esta produjo el incendio.
11	La yegua vaya y el caballito alazán corrían alegres por la pradera.
12	No sé el porque de los mauyidos quejumbrosos del gato.
13	Asumió sus yerros, y explicó el motivo que le llevaron a cometerlos.
14	La región de la atmósfera, superior a la troposfera, es la extratosfera.
15	En el bagel sentimos bascas, y con el envate de las olas nos avalanzamos al
16	primer envite, con gran expectación, contra un expectador que fue envestido.
17	Con las hojas del esparto se fabrican sogas y hesteras.
18	Desde el adarbe del bastión, calló al cauce y tubo que ser rescatado.
19	El estaño brilla más que el plomo y cruge al doblarse.
20	Tuvo que contar los racimos de uvas que el experto vendimiador iba estirpando
21	para luego poder determinar su jornal.
22	Ya muy agravado, parecía un expectro, y, a pesar de su escogida extirpe, fue
23	enterrado en una fosa común.
24	Levantaron el cadalso donde se castigaría su falta de providad.
25	Era un hombre en extremo sebero pero con un gran sentido de justicia.

Corregir las faltas que haya en cada línea.

1	Desde los valuartes de la Alhambra anuncian tres cañonazos el acto solenne
2	en que es arriada la hizada bandera islamita. Boabdil se acerca, con desusado
3	voato, al Cardenal Mendoza, y acompañado de sus huestes, entrega Granada.
4	Isabel devuelve al Rey moro el hijo que aprendió en rehén. Boabdil se dirige
5	a don Fernando; se apea de su caballo, y en prueba de feaciente vasallaje no
6	rehúsa besar su mano. Enseguida, hondea la heráldica insignia cristiana, y
7	refulje con atuendo el celevérrimo váculo arzobispal. El ejército íbero admira,
8	ávido y envelesado, la inolvidable escena, que gravaba en su alma, al liberar
9	a los cautivos de los moosos hierros que los asían.
10	Se bislumbró un majestuoso relámpago, cuya proyección hendió el plúnveo
11	cielo como una arista enrojecida y zigzagueante. El rayo agugereó la agreste
12	montaña, que se estremeció en un zumbido expectral, enervante y estentóreo,
13	de explosión volcánica, y los fuertes hecos rebotaron en una extensa área, por
14	valles, barrancos y abismos, cual si el orve fuera a derrumbarse. Los jélidos
15	aquilones silbaron, removiendo expeluznantes remolinos, que astillaron las
16	haspas de los molinos. Las nubes, vertiginosamente, se recojieron.
17	Los pájaros, tratando de esquivar la fuerte tormenta, se ovillaron acobardados,
18	covijados en las oquedades abruptas, y la tempestad, en su apojeo turbulento,
19	adquirió ambiente apocalíptico, hasta que el alubión, en tromba, cayó sobre los
20	caminos, inundándolos. Anegó y debastó vergeles uvérrimos y sepultó en la
21	aldea las débiles covachas de adoves. El mar, embravecido, valanceaba una
22	endeble corbeta, la cual fue a encallar, en brusco embite, en un escoyo.
23	Hágame usted un estracto de lo que ha leído.
24	El uso es un instrumento muy útil para hilar.
25	Hecha a la lumbre esos troncos de aya.

Corregir las faltas que haya en cada línea.

1	Estos ejercicios contienen bastantes ejemplos de como debemos estudiar.
2	La horquesta ha egecutado una bella pieza musical.
3	Echo de menos al habilidoso mecánico que había antes en mi suvurbio.
4	Me revelo contra los que revelan secretos confiados a su discrección.
5	Hay que reibindicar los derechos desde el cumplimiento de los deberes.
6	A tu vehículo le han echo una chapuza en la viela y las bujías.
7	No dejes que te digan ambiguedades y conseguirás tu propósito.
8	Los productos que quitan los dolores físicos se llaman analjésicos.
9	Ahora vamos a aprender la forma de apreender barbos con anzuelo.
10	Hace dos semanas que no se riega la mazeta.
11	Los bomberos acudieron dilijentes al incendio.
12	Siento un mal estar que nunca había experimentado.
13	Una baca arremetió contra el automóvil tirando de la vaca las maletas.
14	Aremos el campo y mañana podremos salir a sembrar.
15	La tanjente es la recta que toca en un punto a la circunferencia.
16	A noche cené con un amigo que hacía tiempo no veía.
17	El lobo del bosque está apunto de espirar.
18	Aún se recuerda como el búho dirigía todos los que haceres del bosque.
19	Nos echamos sobre la hierva del parque.
20	Sus pensamientos eran inexcrutables.
21	Es una neglijencia por tu parte dejar el vutano abierto.
22	Solo llovisnó un poco y los coches se mojaron.
23	Se que pasarán muchos días antes de volver a verte.
24	Aquel objeto punjente es originario del volcán Vesubio.
25	Hinchaba un globo con más y más aire, asta que hizo explosión.

Corregir las faltas que haya en cada línea.

Cristóbal Colón, nacido hacia el año 1446, fue el protagonista de uno de los hechos más trascendentales de la Humanidad: el descubrimiento del Nuevo Mundo. A pesar de los adbersos dictámenes de personajes y sabios que no aprobaban y revatían por absurdos y descavellados sus audaces proyectos de buscar nuevas tierras, allende el océano, merced al monge del convento de La Rábida, Juan Pérez, el cual dió hospitalidad a Colón bajo las bóvedas del cenovio y oyó sus explicaciones, logró este la proteción sin titubeos de la Reina Isabel la Católica.

Con el apoyo moral y valimiento económico de tan egrejia señora, adquirió y votó las tres memorables carabelas: Santa María, Pinta y Niña, que surcarían la mar con rumbo a ignoradas y uvérrimas tierras. La exploradora espedición, cuyos tripulantes revasarían escasamente el centenar, probista previamente de abundantes bituallas, se hizo a la bela en la bahía de Palos en la mañana del viernes 3 de agosto. Los fuertes vientos y el excesivo oleaje averiaron, con un violento forcegeo a bavor y a estribor, las balanceadas naves obligándolas a arrivar a Tenerife, donde con habilidad fueron reparados los desperfectos.

Su estancia en la isla coincidió con la erupción del volcán del pico del Teide el 24 de agosto. Lebaron anclas y continuaron su valeroso viaje, cuya aventurada navegación tuvo vicisitudes varias. Hubo momentos en que la desazón de no hallar tierra llevó la bacilación y el desaliento al marinaje, pero jamás probocó actos de cobardía, hasta que el venturoso 12 de octubre surgió el maravilloso hallazgo, que hizo hervir la sangre de los tripulantes, que atronaron el espacio con salbas y exclamaciones de estentóreos vítores, humedecidos sus ojos por la emoción más exhaltada.

Estuvimos depié todo el rato que duró la película.

Corregir las faltas que haya en cada línea.

1	El escritor fue sacado de su éxtasis por el canto de un gayo.
2	La graba del camino se grava en las plantas de los pies.
3	Es necesario aplicar un gravamen a la comunidad, cuya situación se que es
4	grave, pero también es preciso que grave la inscripción.
5	Que ice, si quiere, el conserje la bandera, que yo ya ice bastante.
6	El hotel tiene una habitación con baño y vidé.
7	El vadajo de bronce cayó dentro del vastión y causó alarma.
8	Las pieles de bisón valen mucho dinero.
9	Bareando los frutos de los árboles cayeron en la valsa.
10	Los boyos eran caros, pues tenían hojaldre y huevo batido.
11	El balón es viejo y no vota bien.
12	El belero hundido por el submarino abituallaba al ejército.
13	El chaval se ocultaba en la chavola para que no le vieran.
14	En la cúspide del monte hay una casa con corriente eléctrica.
15	La betusta dilijencia fue acribillada por los indios.
16	El chuvasco nos envadurnó de barro las botas.
17	El bicarbonato es una sal que hablanda las legumbres.
18	El niño tiene baricela y no puede asistir al colegio.
19	Me aburre ver en la televisión programas que no dicen nada.
20	Rellenaron con grava los vadenes antes de la época estibal.
21	El odontólogo cura la caries dental.
22	Por tu holgazanería, no encendiste el orno y la comida estaba fría.
23	Los cohetes que ha tirado ese truhan han ahumado la habitación.
24	El hermitaño acariciaba a los dos perros para que no ladraran.
25	Lo exigüo de su remuneración le obligaba a muchas privaciones.

Corregir las faltas que haya en cada línea.

1	Se asebera que producía éxtasis la efijie del Coloso de Rodas. Fue ejecutada
2	en bronce, y se erigía, a horcajadas, dando abceso al bello puerto de la bahía
3	de Rodas. Apoyaba, ufano, uno de sus mayestáticos pies en la isla. Los barcos
4	cruzaban bajo ella con su hasta errada para el abordaje, y los alucinados
5	nautas elevaban sus ojos hacia la estatua, que, hierática, se erguía sobre las
6	caravelas, en movimiento abante, con las velas extendidas, inchadas como
7	un soberbio penacho de plumas al suave empuge de las brisas marinas. Un
8	alarmante movimiento sísmico la derrumbó con desusado estrépito.
9	Acabado el agetreo del Congreso, el 27 de diciembre de 1870, subió Prim a
10	su carruaje con dos ayudantes. El vehículo enfiló la hangosta calle del Turco,
11	que estaba alumbrada con luces bacilantes. Caía la nieve en albos vellones.
12	Ojos vigilantes excrutaban abizores, a hurtadillas, desde umbrales tenebrosos.
13	En la desenvocadura a la calle de Alcalá, se atravesó, estorbando el paso,
14	un coche, que acechaba con ahínco, y al hinquirir el General, asomado a la
15	ventanilla, los motivos de la detención, retumbaron en la noche disparos con
16	los que varios malechores fugitivos le acribillaron. Los espantados caballos
17	revasaron las aceras, resbalando su herraje, y huyeron despavoridos ante el
18	espantoso varullo. El General espiró cuatro días después.
19	El cultivador de zanaorias vendió su cosecha en el mercado.
20	Aseguran que el agua de esa hacequia es inodora.
21	Haragán es el vago que rehúye el trabajo y vive en ocio.
22	Voy a la antigua usanza, con mi basto tavardo.
23	El bravo general derrotó a los insurjentes enemigos.
24	El orijen de los apellidos lo estudia la Genealogía.
25	El agente de ventas ha sido escojido con la máxima pulcrituz.

Corregir las faltas que haya en cada línea.

1	Volaba sobre los embravecidos océanos el alado hidroavión, que, oteando a
2	barlobento y a sotavento, vio que las onduladas holas batían a babor y estribor
3	a un barco, por cuya ermética cubierta resbalaban las aguas.
4	¡Hojalá se salve el torero después de cornada tan aparatosa!.
5	Más tarde averigüé la causa de su ausencia.
6	Ya sabía yo que la sabia del árbol es útil.
7	El espléndido huesped fue el que animó la fiesta.
8	Compraríamos maletas sino tuviésemos baúles.
9	Cuando votaron la corveta, yo estaba de viaje y no pude asistir.
10	Nos imbitó a tomar café y le dimos las gracias por su amabilidad.
11	Fue atropeyado al intentar subir al autobús escolar en marcha.
12	El agua, al estenderse, se colaba por debajo de las puertas.
13	El ahorro es una posible fuente de riqueza para todo el país.
14	Fernando III el Santo destacó tanto por su santidad como por sus azañas.
15	Al preguntarme porqué lo hice le respondí que estaba exhausto.
16	Tras el naufrajio, consiguieron sobre vivir diez pescadores.
17	Figuraba entre los havitantes más desfavorecidos.
18	Las gabiotas sobrevolaban las alegres gavarras que volvían al puerto.
19	Le remito la resolución de los expedientes que me encargó.
20	Comenzó a estudiar a desora y no rindió lo necesario.
21	Lo siento, no lo ice a propósito y estoy apesadumbrado.
22	El guardabosques nos ayudó mucho a encontrar la senda.
23	Me extraña que se halla vuelto olgazán e irreflexivo.
24	El orador harengaba a las masas con voz vibrante.
25	Este invierno no se han helado los jeranios ni las rosas.

Corregir las faltas que haya en cada línea.

1	Tuve un ribal que, con su dilubio de frases, causó no pocos disturbios.
2	Ollar es cada uno de los dos orificios de la nariz de las caballerías.
3	La adnegada y laboriosa joven padecía de flebitis.
4	Había que verla cuando se haviaba para ir de fiesta.
5	Con onda pena vimos que una súbita onda del mar nos arrebató a la obeja.
6	El jugador de balompie venía de la cavina telefónica.
7	El botulismo es un bocablo que expresa intoxicación.
8	El radar es un detector y localizador de objetos.
9	Cogió lo que tegía Francisco y este rujió de ira.
10	Traje el caballo de la dehesa, por que cojeaba un poco.
11	Los que se alojan en el convento no se alejaron mucho con su vagaje.
12	Le condugeron de noche a una casa de viajeros para pernoctar.
13	La encagera llevó el aviso a la cerragería.
14	El jinete se hizo un jirón en su traje de montar.
15	El dibujo de ese herraje parece un geroglífico.
16	No pudo injerir el pequeño refrigerio contenido en una jícara.
17	Padecía de anginas y tenía irritada la larinje.
18	Con harta frecuencia y sigilo infliges hultrajes a la gente.
19	Eres el guía y bigía de esta generación tan escogida.
20	Los rebaños arribaron a su aprisco por un hatajo.
21	Mi hoz está sobre el haz de gabillas de heno.
22	Los visoños soldados hincaron sus ballonetas en un saco de tierra.
23	Enviaron al combento un convoy lleno de víberes.
24	El plexo solar es una red nerviosa que rodea la harteria aorta ventral.
25	Se henojó porque hervía en la oya otras hierbas.

Corregir las faltas que haya en cada línea.

1	Nadie adivinaría al astuto cleptómano, de caracter veleidoso y mandívula de
2	exagerado prognatismo, cuando se reunía con sus colegas en los mullidos
3	dibanes del hotel, para hacer ostentación de su euforia y jactarse de todas
4	sus valadronadas, mientras expiraba el humo de su veguero, cuyas bolutas
5	iban impregnando la atmósfera de boluptuosidad.
6	Al horto del astro Febo, ocultos en los cañaverales divisamos el paisaje, por el
7	que avanzaban toda una hilera de falanjes cabileñas provistas de alavardas, a
8	cuyo frente marchaba airoso el jefe de la tropa. Dificultosamente, apoyábamos
9	los pies sobre vituminoso suelo, que nos hacía resvalar con peligro de caer en
10	honda alverca. Nuestros holgados calzones se engancharon en el matorral. Al
11	desasirnos, nos escabullimos. Esperábamos el momento propicio de continuar
12	la marcha entre las salvajes selvas de avetos y abedules.
13	Amarga herencia la que recogió Isabel de su desonrado hermano Enrique: la
14	Corte, convertida por su corrupción en un vurdel; desbordadas las pasiones
15	en todos los bandos; extragada la moral; abusiva conducta de los ambiciosos
16	cortesanos de basta epidermis, taifas continuadores de la obra rebolucionaria
17	del lebantisco ovispo Carrillo, traidores los más, que amparaban a la Beltraneja,
18	fruto de las libiandades de la mujer de Enrique IV con don Beltrán de la Cueva.
19	¡Repugnante expectáculo! Sin embargo, gracias a Isabel, de férrea fortaleza y
20	rígido carácter, se inició con los Reyes Católicos el reinado que abrió a España
21	las puertas del poder mundial, imnovando con habilidad innegable y con sabias
22	medidas coercitibas los corruptos hábitos, y colocando bien erguido el pabellón
23	nacional con los gloriosos echos que causaron admiración en todo el mundo:
24	el descubrimiento de América y la espulsión de los musulmanes de España.
25	La revelión de las masas reveló la intransigencia del gerarca.

Corregir las faltas que haya en cada línea.

1	Nadie hubiera podido congeturar que el Domingo de Ramos, día 19 de abril de
2	1886, se escribiría una página sangrienta en la misma Catedral de Madrid.
3	Galeote, el enagenado presvítero de subversivo carácter, cejijunto el rostro y
4	enrojecidas las megillas, se colocó vigilante, en escogido y estratégico lugar, y
5	sin que adugese motivo alguno, imbuido y aguijoneado por oscuras razones,
6	asesinó de tres tiros de revolver al casi sexagenario Narciso Martínez Izquierdo,
7	primer ovispo de Madrid, al que acompañaba su page.
8	En el límite de las provincias de Madrid y Ávila, cerca de Cadalso de los Vidrios,
9	esiste el sitio de Guisando, en el que hay cuatro berroqueños toros de la época
10	de Sertorio (70 años antes de Cristo), histórico lugar donde se resolvió el litijio
11	de la sucesión del veleidoso Enrique IV, declarando este, sin ambajes en 1468,
12	como heredera del Trono a su generosa hermana Isabel, inteligente Reina que
13	había de zeñir la diadema de dos mundos. Firmó el Rey, de manera vergonzosa,
14	un acta, que suscrivió en Medina del Campo, confirmando su desonra.
15	Existe una sustancia esplosiva que es del hombre perfectamente conocida. Se
16	compone de azufre, carbón vejetal y salitre: es la pólbora. Son horrorosos los
17	extragos y afliciones que ha causado a la Humanidad este descubrimiento: el
18	silbido de las extraviadas balas que se incrustan con extrépito en las endiduras
19	de los baluartes; la alarma y el estruendo que turban la paz del campo en la
20	dura batalla y herizan los cabellos de las tropas combatientes, sembrando con
21	salvaje locura la orfandad, la desolación, el esterminio y el hambre. Con
22	frecuencia, se utilizan en pirotecnia, como cuando se fabrican cohetes.
23	Andaba yo con parsimonia por el sendero que atraviesa los campos cuando el
24	sol poniente guardaba avaricioso en la ucha del monte sus últimos oros. Se
25	hundían cada vez más las luces en la sombra, y la tierra descansaba cayada.

Corregir las faltas que haya en cada línea.

1	Me invitó a visitar su chalé, pero no me dijo cuando.
2	En Suiza hay gran cantidad de hayas, avedules, avetos y pinos.
3	El ortelano anhelaba que sus berduras crecieran más.
4	El idioma es un organismo vivo, y como tal, cambia continuamente.
5	La avoceta es un ave de cuerpo blanco y pico encorbado.
6	El contrato que firmaron es bilateral y obliga a hambos.
7	Garbín es una cofia hecha de red que se utilizaba antiguamente.
8	El comboy llegó a la vifurcación del camino y se extravió.
9	El hulular del viento ha desvelado a los ravadanes.
10	Dejé el automovil en el garaje y me fui andando a casa.
11	El estrépito asustó a la perdiz que huyó rápidamente.
12	¿Cuánto solicitó él para sí?.
13	¿Dónde compras tú el te? Lo compro donde té dije ayer.
14	¿Qué quieresque haga con esta carta de esa chica?.
15	Aquel es mí primo, y este, mi cuñado.
16	Esa pluma es de ese. ¿De quién es éste bastón?.
17	Los que hablan no saben aun lo que dirán los que callan.
18	Me respondió con un rotundo si y yo, desde luego, le creí.
19	Por que soy curioso, quiero averiguar el porqué de tan extraña conducta.
20	No ignoro el como y el cuando de lo ocurrido anoche en la fiesta.
21	Te doy las gracias por todo lo que hiciste por mí.
22	Estaba apollado en el antepecho del balcón y le vi pasar.
23	Calculo abulto que el regalo te ha devido costar bastante caro.
24	Ese tubo de vidrio tuvo hidrógeno del laboratorio de bacunación.
25	La entivación del túnel se hizo con rebestimiento de cemento.

Corregir las faltas que haya en cada línea.

1	Vespasiano fue felicitado por su acierto cuando se decidió a la construción del
2	Coliseo de Roma. Todavía cubre este una extensión de dos hectáreas. Cavían
3	en sus gradas cerca de cien mil expectadores. En tan trágico recinto, la pleve y
4	la aristocracia romanas contemplaban impábidas e inconscientes las luchas de
5	los gladiadores y el irritante martirio de los estoicos cristianos que, la foragida y
6	salvaje horda, entregaba en su besánica vorágine a la tremebunda boracidad de
7	las fieras, las cuales, avanzando con gran rapidez se avalanzaban sobre sus
8	desvahídas y desbalidas víctimas, las cuales gravaron páginas excelsas, para
9	lohor del Cristianismo.
10	Dos jóvenes desembueltos: Entendimiento y Voluntad, contrajeron nupcias y
11	de este matrimonio surgió un esbelto y laborioso barón, que se llamó Trabajo.
12	No en valde eligió el mancebo a una doncella llamada Economía, que vivía en
13	una aldehuela próxima con sus austeros padres: Orden y Prebisión.
14	Sin más preámbulos se casaron y tuvieron un bástago que se llamó Ahorro.
15	Creció el neófito, y no tituveó en enlazarse con Constancia, bella joven de ojos
16	glaucos y labios vermejos, hija del Honor y de la Firmeza y esclarecida nieta
17	del Carácter y de la Rectitud, y de este matrimonio nació un espavilado y
18	gigantesco infante, denominado Capital.
19	Jobialmente, se comenta la original extratagema de que se valió Aníbal para
20	conseguir una conquista naval. La víspera del combate, se advierte un extraño
21	tejemanege sobre la cubierta. Los soldados de Aníbal llevan a bordo de la nave
22	basijas de barro, cerradas herméticamente. Sonríe el enemigo al observar que,
23	como hinocuos proyectiles, les abalanzan los cartagineses los embases, que
24	se desacen al estrellarse contra la cubierta. Súbitamente, un marino lanza un
25	terrible halarido, y cae herido, y deshauciado, por virulenta picadura de reptil.

Corregir las faltas que haya en cada línea.

1	El gentilhombre dejó el guardapolvo en el guardaropa.
2	La beleta del pabellón giraba veloz, junto a la clarabolla.
3	Los habares en flor tienen fragancia y darán buenas habas.
4	Espuso sus yerros, explicando el porqué de dichos errores.
5	Se guardó la bonificación de la venta del escaveche.
6	Por tu culpa he cargado con el sambenito y tengo que pagar por ello.
7	El estaño brilla más que el plomo y cruge al doblarse.
8	Puso de relieve su hosco carácter y su despavilado ingenio.
9	Disputaba con un vecino a causa de las lindes de una finca.
10	Las expoleadas huestes expoliaron la finca con gran algaravía.
11	Aunaron sus esfuerzos y hurdieron un plan estratégico.
12	La llanta del vehículo la llevó una llunta a la herrería.
13	El carretero gritó a las caballerías al cruzar por un bado de la ría.
14	El bromuro se puede utilizar como calmante.
15	El viajero sufrió un vaído porque había dormido en una casa muy humbría.
16	El grave ebento se solucionó cuando intervino el vuzo.
17	La rehata está habituada a llevar provisiones al pastor.
18	Hisopo significa haspersorio y, también, nombre de una planta.
19	Vendió una vaca que fue transportada en la baca del carruaje.
20	Contra su hostil compañero empuñó el mango de la hazada.
21	Ese bribón maneja diestramente el arpón y azadón.
22	En medio del hollo expiró el gigante.
23	El fugitivo, que deanvulaba por el monte, halló una joya de gran valor.
24	Las becas del orfanato se hallan bacantes.
25	No rebeles la consigna del rebelde ni te reveles contra él.

Corregir las faltas que haya en cada línea.

1	No cabe duda que fue avominable e inaudito que se procesara a Juana de
2	Arco. Sin pruebas, se la acusó de utilizar artes de magia y brujería, de erética
3	y visionaria, cual si fuese la cancervera de un haquelarre. Con la promesa
4	de su liberación, la conminaron que abjurase, y una noche, en contuvernio,
5	llevaron a cabo el hurto de sus vestidos de mujer, sustituyéndolos por un traje
6	de varón, y en tal tesitura, este hecho terjiversado, bastó para condenarla a
7	la hoguera con el coaccionado boto de veleidosos y osados jueces. Fue, más
8	tarde, santificada prebia aprobación del expediente hincoado.
9	Se ha hecho proberbial el nombre del bárbaro Atila, rey de los hunos, al que
10	se llamó el desaforado “Azote de Dios”. Se banagloriaba de que no volviese a
11	surgir la hierba por donde ollara su caballo. Era varón rovusto, de exagerada
12	cabeza, ojos vivarachos, barba hirsuta, mezcla de grandes vicios y virtudes, de
13	abiesa intención para los enemigos y de hacendrada venebolencia para los
14	adeptos. Asoló urbes y desechó eximios amigos. De sus luchas salió incólume
15	y sin menoscabo. Expiró a orillas del Danubio.
16	Viriato, caudillo de los lusitanos, fue, por traición, asesinado cuando dormía en
17	su tienda. Asiduamente, con empuge vertiginoso de veloz saeta, batió y venció
18	sin bravatas a los romanos, como venganza a las avusivas y avominables
19	sebicias, siempre en auge, que con aviesa acervidad cometieron en España.
20	Hastiados y enrojecidos de rabiosa ira los coibidos romanos, no se coartaron
21	en halagar, sin ambajes, a unos oficiales que, sovornados, llegaron al extremo
22	de consumar el trágico rejicidio.
23	El aire de la sierra vivifica a las plantas y a los animales.
24	Los acidentes del nombre son género, número y caso.
25	El azar hizo que en estos inhóspitos parajes asásemos pan en la lumbre.

Corregir las faltas que haya en cada línea.

1	Durante toda la noche estuve leyendo la novela que me dejaste.
2	Como no abreviéis, me agoviáis.
3	El conductor hacía correr a gran velocidad su vehículo.
4	El vaquero bapuleó a la vaca con una dura bara.
5	La vahinilla es un vegetal aromático.
6	Deja la barilla en la basija y tráeme los nuevos utensilios.
7	La vaca tiene un vecerro muy bonito.
8	Con esos ayes es extraño que no halles a nadie que te auxilie.
9	Después de una vida turbulenta volvió a su antiguo trabajo.
10	Si bacilo en exterminar el mal me undiré en el abismo.
11	La sirvienta hierve la hierba para preparar una hinfusión.
12	Seguís siendo tan pusilánimes como erais cuando os conocí.
13	Cuando leeis, pareceis un moscardón que no cesa de rebolotear.
14	Me han asignado la misión de enseñar a los transeúntes el viejo arbol del jardín
15	que hay al extremo del paseo marítimo.
16	El espléndido huesped fue agasajado antes de despedirse.
17	El hortelano se bañó en la alverca después de la jornada bespertina.
18	Se movía al compás de la música que se oia desde la ventana.
19	Es bonito viajar en primavera por ser una estación privilejiada.
20	Le privaron de sus privilegios por querer absorver toda la mercancía.
21	El secretario recibió un barapalo del vicepresidente.
22	Esa tarea debéis realizarla al aire libre.
23	Faltaba media hora para la salida del tren y aún no abían llegado.
24	Anoche tuve un sueño caótico e inquietante.
25	¿Responderían después de lo que había ocurrido?

Corregir las faltas que haya en cada línea.

1	Se admira al célebre Fidias, genial escultor de la gigantesca estatua de Júpiter,
2	que se tiene por una señalada maravilla. Se egecutó en homenaje a esta deidad,
3	que aparecía sentada en un soverbio trono de brillantes y rubíes. En la diestra,
4	hostentaba orgullosamente una figura que representaba a la diosa Victoria, y
5	en la siniestra, un valioso váculo con encajes de esmeraldas, obra de habilidosa
6	concepción de relevante horfebre. El manto caía, desde los hombros, a guisa
7	de lluvia aurea, por sus atléticas espaldas. Los ignorantes creyentes le rendían,
8	hincados de inojos, idolátrica beneración.
9	Parece que llegó una mala racha de trivulaciones cuando los ilusos gavachos
10	se apoderaron de España. Hasta en los suburbios más alejados de las urbes,
11	vibró el heroísmo contra el invasor extranjero. Cabilantes y cabizvajos, todos
12	los indígenas aguardaban, sin tibiezas, la hora del combate, desde el ravadán,
13	en su cabaña, hasta el de más esclarecido avolengo; desde el ortelano hasta
14	el hosco sabiondo hundido en su lavoratorio, ávidos de ser para la patrulla de
15	rivales como lava hirviente y arrolladora. El aunado esfuerzo fue tan unánime
16	y abasallante que logró vencer al imbasor.
17	San Ignacio de Loyola, de noble linaje, se dedicó a las armas. Tomó parte en
18	la egemplar y legítima defensa que en Pamplona hicieron los indígenas, con
19	empuje valeroso, contra los franceses, y en la que una vala disparada por los
20	extranjeros vino a agujerear la pierna de Ignacio.
21	Durante su larga combalecencia, la sigilosa lectura de la vida de los Santos le
22	llegó a causar tan onda impresión, que decidió serbir a Dios por entero y, a la
23	edad de treinta y tres años, empezó ha estudiar para sacerdote.
24	Yo tampoco me conformo con ganar tampoco sueldo.
25	Tenemos que ir a casa de José, afín de darle la enhorabuena.

Corregir las faltas que haya en cada línea.

1	Andrés vió un extraño fenómeno atmosférico en su pueblo.
2	En la feria hay vocerío y algaravía, pues el festejo está en su máximo apogeo.
3	Esta pérdida fue un acervo dolor, pues se quemó todo el acervo artístico.
4	Los sembrados se extienden hacia lo lejos y se pierden en el orizonte.
5	El italiano Verdi es ídolo inolbidable por sus obras Aida y La Traviata.
6	En efecto, lo que hacéis me parece un pasatiempo muy agradable.
7	Oboe es un istrumento músico de viento.
8	Estuve ojeando en la librería pero no encontré el libro que buscaba.
9	La hiedra está en aquel hueco del nogal viejo.
10	Como has escrito con ligereza, la carta está ilejible.
11	Echan una hojeada los combatientes y su expanto es horrible.
12	La nave fue imbadida por venenosas bívoras surgidas del inesperado envalaje.
13	No quiero que el cirujano le estirpe ese grano.
14	Ese hartilugio sirve para rayar el pan.
15	Pasé toda la tarde en la biblioteca, pero solo estuve hojeando unos libros.
16	Tu bienechor está muy complacido con las notas que as obtenido.
17	El ácido sulfúrico es corosivo si sale del volcán.
18	Husaremos de mucha higiene en las hemorrajias.
19	Las lluvias de este invierno han llenado el algibe.
20	El camello es un animal que posee una jiba.
21	Las pilas eléctricas contienen cinc, cobre y llodo.
22	Un enjanbre de avejas picó a las ovejas que estaban cerca.
23	Abrían dos o tres niños al abrir la puerta que havía en el patio.
24	El líder de los bandidos, ha vendido la alaja que me robó del arca.
25	No me arrevatarás los juguetes de manera capciosa y perversa.

Corregir las faltas que haya en cada línea.

El héroe exhaló sus últimos extertores, sucumbiendo, sino por el hierro de los fugitivos, sí por el designio del Hacedor, por un exceso de tristeza, originada por la henojosa decepción que sobre él gravitaba, por el muy desventurado descalabro de la batalla de Calatañazor, donde el arrojo de las hengreídas huestes cristianas le exterminó.

Se desalojó la sala del hospital, he hicieron la autopsia a aquel impúver chaval. Había muerto asfixiado. Desolado, acudió su abuelo, un enjuto vegete, el cual sufrió un vahído. Un avigarrado gentío se hacinaba, sosteniendo una diatriva inverosímil sobre lo acahecido al mozalbete. En aquella retahíla de opiniones sin hilación, unos lo atribuían al azar, en tanto que otros lo revatían, opinando que era un suicidio por haber malbersado parte de los ahorros que el dueño de una joyería le había encomendado. No se pudo saber, a pesar de abispadas investigaciones, el por qué de echo tan triste.

El sivilino viento embestía y balanceaba furiosamente la nabe. Vano resultaba el esfuerzo rísmico de los remeros. El mensaje lo llevaba oculto en su tavardo de dorados votones, y había de llegar a manos del jeneral, el cual aguardaba espectante. La orden recibida hapelaba a su civismo, aludiendo a la inmediata y rápida marcha para el campo combatiente.

Aníbal atravesó los Alpes, y quedaron a su libre alvedrío los romanos, abatidos en las batallas de Trebia, Tesino, Trasimeno y Cannas, en las que perdieron la vida innumerables caballeros, y llegaron a prevenirse, por tener la convición de que Aníbal encontraría obvia la conquista de la propia Roma.

En el lugar donde se alzó la desvaratada torre de Babel, se emplearon, hallá por el año 2640 antes de Cristo, dos millones de obreros, para dar avasto, en el menor intérvalo, con bertiginosa desenvoltura, a la edificación de Babilonia.

Señalar las faltas que hay en cada línea.

1	Azquiere un gran auje hacer helogios de la energía solar.
	A B C D
2	La esfinje es un monumento faraónico.
	A B C D
3	Los tayos del jeranio son muy frájiles.
	A B C D
4	No existen vestijios del triste naufragio.
	A B C D
5	No debes sujestionarte con esta trajedia.
	A B C D
6	Cangea por otras nuevas las bugías fundidas.
	A B C D
7	El vajel envarrancó en el bahío de la horilla.
	A B C D
8	El envejecido jefe de los insurrestos era un foragido.
	A B C D
9	Observa con fijeza esta forma de injerto.
	A B C D
10	Necesitaremos un gran enpuje para mover este peñasco.
	A B C D
11	Agamos una demostración de siembra con el trastor.
	A B C D
12	El colegio tiene una buena calefación en invierno.
	A B C D
13	Realiza la correción de este poblema y dame el resultado.
	A B C D
14	Limítate a exponer lo extrictamente necesario.
	A B C D
15	En octubre comienzan las clases en los colejios.
	A B C D

Señalar las faltas que hay en cada línea.

1	Es conveniente tu interbención para que se determinen los planes futuros.
	A B C D
2	Para cabar la tierra de mi heredad necesito recavar dinero.
	A B C D
3	El órreo es el granero de los países húmedos.
	A B C D
4	La ormiga es un insecto acendoso que trabaja en verano.
	A B C D
5	El oso hormiguero tiene un pronunciado ocico.
	A B C D
6	Usa esta orquilla para introduccir el pan en el horno.
	A B C D
7	Las hojas úmedas producen en la hogera mucho humo.
	A B C D
8	No ostigues al hurón pues te morderá.
	A B C D
9	El fragor del huracán hororizó a los humildes habitantes del hospizio.
	A B C D
10	El heroe se mostró hostil a todo alago.
	A B C D
11	Bajó el telón al acavar el cantante su valada.
	A B C D
12	Estas valdosas tienen un precio hasequible y son muy bonitas.
	A B C D
13	De un terrible coletazo la bayena hizo zozobrar la varca.
	A B C D
14	En la varraca se eshiben bellas vandejas y debemos elejir una.
	A B C D
15	Cierra la válbula de la botella de hoxígeno pues se está saliendo.
	A B C D

Señalar las faltas que hay en cada línea.

1	Traza una línea resta que sea bertical.
	A B C D
2	Yo conozco al arquitecto que a construido este edificio.
	A B C D
3	Me varrunto que hoy abrá un buen jaleo.
	A B C D
4	Es maravilloso observar el sentido de horientación inerente a las aves emigrantes.
	A B C D
5	Aún tengo esperanza de que se de por venzido.
	A B C D
6	Deambulo entre olibos e higueras que exhiben jugosas brebas.
	A B C D
7	Enebraba la aguja para hilvanar la lebita.
	A B C D
8	El viejo que cuidaba el verjel padecía de la vejiga.
	A B C D
9	La vabera del yelmo estaba llena de errumbre.
	A B C D
10	El horador elogió la rigidez y honestidad del fabricante de vujías.
	A B C D
11	En las endiduras de la dehesa hay avejas y ormigas.
	A B C D
12	Puso tanto anelo en la acción que se desmalló al cruzar la meta.
	A B C D
13	Era verdad que el bergantín fue atacado por una nave berverisca.
	A B C D
14	El carburador del vehículo estaba extropeado y lleno de hoyín.
	A B C D
15	La vívora es un rectil benenoso y carníboro.
	A B C D

Señalar las faltas que hay en cada línea.

1	Los árboles de la huerta son de hoja peremne y madera blanda. A B C D
2	Tiene un extenso bocavulario en el que resaltan los bervos. A B C D
3	El auxilio contra la axfisia de los ahogados debe hacerse mediante respiración artificial. A B C D
4	Ayer me herí una pierna y me até una tohalla alrededor. A B C D
5	Los revaños trashumantes arribaron a su haprisco. A B C D
6	Aún hay gente en la calle saltando la vaya. A B C D
7	Tú, que nunca quisiste oír hablar del tema, ahora me preguntas por el. A B C D
8	¿Cuánto cuesta ese jersei del escaparate?. A B C D
9	El origen de los fenómenos paranormales es una incócnita. A B C D
10	El libro de las reglas vásicas de ortografía nos está siendo muy hútil. A B C D
11	Este frigorífico no conjela lo suficiente en berano. A B C D
12	El teremoto vino aconpañado de un enorme extruendo. A B C D
13	La conferencia, si bien complicada, a sido interesante. A B C D
14	Me parece que tu razón fue la que influlló en la decisión tomada. A B C D
15	Cuando nieve pasaremos un fin de semana en Granada. A B C D

Señalar las faltas que hay en cada línea.

1	El vagavundo benébolo y venefactor fue bioquímico. A B C D
2	El estravagante viajero vivió como herrabundo y viólogo. A B C D
3	La amabilidad de Juan le alludó a la mobilidad vibliotecaria. A B C D
4	Yo me vaso en que el baso de agua y el vate de béisbol son del vecino. A B C D
5	Es vello el vello de la cabesa de Juan, el hamigo de tu prima. A B C D
6	Caminó por los ignorados túneles y llegó a ignotas rejiones indias. A B C D
7	Las fotografías que hay en el álbum me recuerdan tienpos pasados. A B C D
8	Salió con un convoy con víberes para socorrer a los náufragos. A B C D
9	El hortelano cuida de sus ortalizas y esóticas ortensias. A B C D
10	Es obio que tube que andar mucho al adbertir y ver al enemigo. A B C D
11	Con esa bovina de hilo no podrás coser estos tegidos tan vastos. A B C D
12	Al bagabundo le hurtaron sus míseros arapos. A B C D
13	El otro día vi en el cine una película de ciencia fición. A B C D
14	El té lo darán mañana en la sala de rececciones. A B C D
15	El vando recompensa la captura del vandolero. A B C D

Señalar las faltas que hay en cada línea.

1	El celivato es un problema a resolber que no incumbe a los seglares. A B C D
2	Tras la condena, su escarcelación tuvo restriciones terapéuticas. A B C D
3	Los herrores son obvios pero fueron tolerados con venevolencia. A B C D
4	No ostante el técnico reflexionó, pues en sus prescripciones era eccesivo. A B C D
5	Cumplió con su dever al denunciar el delito cometido. A B C D
6	El texto surjido de la nada, es inprocedente y controbertido. A B C D
7	A causa de la velocidad se rebentó una rueda en un vache. A B C D
8	Oviamente, el prececto penal a sido tácitamente infringido. A B C D
9	Hay que absolber al acusado por falta de pruebas. A B C D
10	Los países del área ocidental tienden paulatinamente a protejer al menor. A B C D
11	El marino estaba embebido en la bana persecución de una gabiota. A B C D
12	Frunziendo el entrecejo para no ronper a llorar, le miré a los ojos. A B C D
13	El pueblo de los pigmeos es uno de los más primitibos. A B C D
14	El estrépito de los motores aún reberberaba en mis oídos sordos. A B C D
15	El hicnotizador reflexionó al hexhumar el cadáver del asesino. A B C D

Señalar las faltas que hay en cada línea.

1	Los cazadores rehuyen matar a las abuvillas por su pestilenzia.
	A B C D
2	Te eshorto para que rehúllas de las acciones desonestas en tu trabajo.
	A B C D
3	Cuando reclinaba mi cabeza en la almohada anelaba dormir para no pensar.
	A B C D
4	El hombre ahorró con haínco las alhajas que heredo de sus ante pasados.
	A B C D
5	El dictador deprabado y despota sufrió el deshonor y la deshonrra.
	A B C D
6	El gran vendabal avivó la yama de la hoguera que estubo a punto de apagarse.
	A B C D
7	Tras ímprovos esfuerzos revivió el bañista que estuvo apunto de aogarse.
	A B C D
8	Debemos decir que la halmeja es un molusco bivalvo y la lapa univalvo.
	A B C D
9	El buceador cerró herméticamente la válbula de la botella de oxíjeno.
	A B C D
10	Cuando revolvió la esquina sacó el rebólver y disparó a mansalba.
	A B C D
11	Devemos decir que la palabra hadagio es sinónimo de refrán o probervio.
	A B C D
12	El ginnasta danzó y realizó una eshibición de agilidad rísmica en la pista.
	A B C D
13	Debes abalarle con tu firma para que le conzedan el préstamo que solicita.
	A B C D
14	Después de llegar aun acuerdo, se descombocó la huelga de los hujieres.
	A B C D
15	El baluarte a sido derruido con fuertes cañonazos disparados desde el nabío.
	A B C D

Señalar las faltas que hay en cada línea.

1	El benerable anciano mató al búfalo hechando veneno en el varranco. A B C D
2	La caberna o cuvil del oso estaba situada en la trabesía del barvecho. A B C D
3	Preservar los abellanos es loable y emotivo; para mí, no es una averración. A B C D
4	Las vengalas asustaron a los avejarucos que despavoridos invadieron el pavellón. A B C D
5	El párbulo tiró el móvil y rompió el moviliario del hermano de mi cónyuge. A B C D
6	El longevo aveto fue injertado por mis antepasados con yemas de abedul. A B C D
7	Los peregrinos visitaron la ermita y vieron el proyecto del combento. A B C D
8	Yo sé el porqué de su expléndido salto y, por eso, no pude evitar sonrreír al verlo. A B C D
9	El brioso caballo murió al caerle encima una biga de madera de aya. A B C D
10	El pastor medita cayado apoyado en su basto cayado. A B C D
11	Una vez desecho este viejo muevle tira los deshechos a la oguera. A B C D
12	El farmacéutico nuevo, embasó el agua del envalse porque era potable. A B C D
13	Huíamos cuando construimos el puente aereo por temor a un derumbamiento. A B C D
14	Cuando el hasta del toro halla sido rota nos iremos de aquí. A B C D
15	El aero plano entró en varrena y se estrelló en el varranco. A B C D

Señalar las faltas que hay en cada línea.

1	En la dehesa había avellanos, habedules, abetos y évanos.
	A B C D
2	Te prevengo que le advertí del peligro de la longeva víbora.
	A B C D
3	El lababo tenía un dibujo color amarillo que hacia juego con el moviliario.
	A B C D
4	El sibarita era un serio ribal y el avulense perdió el campeonato.
	A B C D
5	Cabilaba si debía usar jabón para lavar las piedras manchadas de venceno.
	A B C D
6	La sabia no llegava a las hojas en el momento previsto por las ormigas.
	A B C D
7	Jugando a la beleta golpearon a la abutarda que calló al suelo entre los clabeles.
	A B C D
8	La bela y la vala son cosas validas para vender en el mercado de avastos.
	A B C D
9	Tuvo un accidente; pero se recuperó en casa sin ingerencia de los médicos.
	A B C D
10	El huérfano del horfanato oscense era un humilde ortelano.
	A B C D
11	El mahometano no pudo estirpar su noble extirpe y calló en desgracia.
	A B C D
12	El vorrego daba validos subido en la inestable valsa.
	A B C D
13	El injente iceberg amenaza la navegación marina en la zona polar ártica.
	A B C D
14	El esplorador ha salido hacia ignotos países por caminos desconocidos.
	A B C D
15	El barquero canta al son de la vandurria mientras cruza el río en dirección a la ribera.
	A B C D

Señalar las faltas que hay en cada línea.

1	La Alhambra de Granada, está halambrada por todo el rezinto. A B C D
2	La berengena envejeció al ingertarla en la cagetilla de semilla. A B C D
3	Ese hombre diseccionó con discrección al buho al derrivarlo. A B C D
4	Antonio cayó la boca, cuando cayó en el hollo de la calle. A B C D
5	La caravela de Colón llegó llena de calaberas humanas. A B C D
6	Conviné estas telas de colores porque me combino hacerlo. A B C D
7	Si se vota el barco en esos hastilleros, se hundirá. A B C D
8	Ha hechado a la basura las papeletas del boto. A B C D
9	Aquel alunno se está fijando en el trabajo de su compañero. A B C D
10	Jamás ará una cosa así y tú lo sabes muy bien. A B C D
11	Observa que la veleta de la ermita jira suavemente. A B C D
12	Coge la maza de madera y vate la masa de los bizcochos. A B C D
13	El mensagero rebeló a sus jefes que la tropa se reveló contra ellos. A B C D
14	Blandiendo su maziza maza el gladiador se reveló contra su opresor. A B C D
15	En la varricada asomaban amenazadoras las bayonetas. A B C D

Señalar las faltas que hay en cada línea.

1	La avoceta es un abe de cuerpo blanco y pico encorbado hacia arriba. A B C D
2	El contrato que firmaron es bilateral y obliga a hambos. A B C D
3	Garvín es una cofia echa de red que se utilizaba antiguamente. A B C D
4	El comboy llegó a la vifurcación del camino y se estravió. A B C D
5	El hulular del viento a desvelado a los ravadanes. A B C D
6	Los vijías hescudriñan los cielos en espera del ataque. A B C D
7	El hatolondrado era incapaz de hablar de forma expontánea. A B C D
8	Ese sarcasmo he indolencia le grangean enemigos. A B C D
9	Tengo que harar toda una hectárea antes de que anochesca. A B C D
10	El reo, avatido, aguantó mientras era llevado a la cárcel. A B C D
11	Veo hordeñar una vaca en el covertizo, donde una gallina se halla encovando. A B C D
12	Los aldeanos están lavorando la óctima tierra con erramientas varias. A B C D
13	Encontré a mi tía hilbanando un vestido con hilo verde. A B C D
14	Volvemos al poblado por que nos han auyentado los ahullidos de los lobos. A B C D
15	Estuvo dos meses en la incuvadora y salió perfestamente. A B C D

Señalar las faltas que hay en cada línea.

1	Tras ejercer de egecutivo, pasó al egército y ejecutó las órdenes. A B C D
2	El huérfano vivía en el horfanato jesuita y nazareno de las monjas. A B C D
3	La metraya del prollectil produjo hemorrajia en el hígado al hombre. A B C D
4	La azaña en la batalla captó la azmiración del ejército enemigo. A B C D
5	Las imágenes visionarias y honíricas tienen una simbolojía idealista. A B C D
6	Una aptitud de rechazo y nostaljia hacia su país lo mató. A B C D
7	El supsuelo y el espazio aéreo costituyen parte del territorio de España. A B C D
8	En la cultura ocidental no hay más lejitimidad que la democracia. A B C D
9	Aún no llegó el marmol alemán a la tierra de la Alpujarra. A B C D
10	Los mayas y aztecas consideraban la belleza disna de beneración. A B C D
11	Un enjanbre de avejas picó a las obejas que estaban en el aprisco. A B C D
12	Este estraño primate es de vida nocturna, silencioso y arvóreo. A B C D
13	Estoy ábido de reír pues a habido mucha tensión en la reunión. A B C D
14	El horangután es arborícola, come insestos, cortezas y subciona el nectar. A B C D
15	El gayo con su hermosa cresta, plumaje vistoso y expolón de ataque. A B C D

Señalar las faltas que hay en cada línea.

1	Subía por el sendero del viejo camino cuando me encontró. A B C D
2	La extructura de ese viejo edificio está bien echa. A B C D
3	El amable combersador nos hizo varias adbertencias. A B C D
4	El joven bendía blusas con objeto de poder conprarse un abrigo. A B C D
5	Las aguas supterráneas se buscan debajo de cauzes pobres. A B C D
6	Hecho de menos al habilidoso mecánico que había antes en mi suvurbio. A B C D
7	Me revelo contra los que revelan secretos confiados a su discrección. A B C D
8	Hay que reibindicar los derechos desde el cumplimiento de los deveres. A B C D
9	A tu vehículo le han echo una chapuza en la viela y las bujías. A B C D
10	No dejes que te digan ambiguedades y conseguirás tú propósito. A B C D
11	Vivía en una casa con muebles de nogal y pabimento de mármol. A B C D
12	Desembolvieron, sin desmayo, una actividad inconcevible. A B C D
13	Las personas de cabeyos rojos o rubios tienen la piel muy clara. A B C D
14	Estoy combencido de que es muy difícil resolver el poblema. A B C D
15	El jiboso ejecutó una ligera maniobra que maravilló a todos los presentes. A B C D

Señalar las faltas que hay en cada línea.

1	Tres cuerbos negros subieron a un árvol. A B C D
2	Las avejas viven en pequeñas colmenas. A B C D
3	En la huerta del bate hay mucha cosecha. A B C D
4	Tocaron los tinbres de las casas bajas. A B C D
5	Eso que bes es para ti y eso para mí. A B C D
6	La lluvia calló copiosamente y llenó los pequeños arrollos. A B C D
7	Los ríos parecen incharse en sus breves trayestorias. A B C D
8	Entran en la arena calléndose y dando tunvos para hacer gracia a los niños. A B C D
9	Pero aún hay gente en la calle y algunos al cierre saltan la vaya. A B C D
10	La asimilación y la pacífica combivencia pueden ennoblecer. A B C D
11	Tu presentarás tú versión de los echos acahecidos en el templo. A B C D
12	María y el, deverán ser los dueños del vote de pintura. A B C D
13	La sustracción de la alaja se produjo ha mediodía. A B C D
14	El embanecido mensajero se esponía sin moderación. A B C D
15	La tenplanza exige una eccelente sobriedad. A B C D

Señalar las faltas que hay en cada línea.

1	El tayo de las plantas busca anhelante los rayos solares. A B C D
2	Turbante. Hostra. Halfalfa. Harrear. A B C D
3	El cloruro sódico o sal común se obtiene por ebaporación. A B C D
4	Berenjena. Veduino. Abigarrado. Trévol. A B C D
5	De los viñedos de estos campos se estrae un esquisito vino. A B C D
6	Buhardilla. Hilación. Oboe. Omóplato. A B C D
7	Noctánvulo es la persona que no duerme por la noche. A B C D
8	Halacena. Paroxismo. Amedrentar. Oveja. A B C D
9	La atargea es un conducto por donde las aguas de la casa van al zumidero. A B C D
10	Hamerizaje. Bistec. Mancillar. Horfandad. A B C D
11	Le rebeló, bajo secreto, la pobable intervención extranjera. A B C D
12	Avotargado. Abovedar. Basto. Bisnieto. A B C D
13	El término advertencia no es un adberbio. A B C D
14	Dentrífrico. Gorgear. Aberno. Dibieso. A B C D
15	El enrrejado de hierro rodeaba el jardín de la casa. A B C D

Señalar las faltas que hay en cada línea.

1	Después de la guerra se proclamó y se trasmitió un edipto elocuente. A B C D
2	Tenía insonnio y dejó la lámpara enzendida con dos bombiyas. A B C D
3	El melocotón en halmíbar es absolutamente rico en fósforo. A B C D
4	Me considero burlón, vuscavidas, buscapleitos y bienechor. A B C D
5	Al abrir un cacahuete encontré una alhaja en él y la cojí. A B C D
6	El ajente logró injerir gran cantidad de oxígeno por los pulmones. A B C D
7	Por que soy curioso, quiero averiguar el por qué de tu aptitud. A B C D
8	Se habían desecho las filas; unos fueron a los baños, otros rodeaban la cantina. A B C D
9	Me dijo por qué lo había echo, aun que no supo decirme cómo. A B C D
10	La pérdida le produjo un acervo dolor, pues se quemó todo el acervo artístico. A B C D
11	Hechado sobre una hamaca, echó la baqueta de su caravina a la hoguera. A B C D
12	Llena de hormigas estaba la hortiga que guardaba en la basija. A B C D
13	Los bisoños infantes incaron sus ballonetas en unas gavillas de heno. A B C D
14	El ortelano sufrió un vaído porque habitaba en una casa humbría. A B C D
15	Tenemos que aprehender la forma de aprender barbos con anzuelo. A B C D

Señalar las faltas que hay en cada línea.

1	Te dije que no volbieras tarde y no as obedecido. A B C D
2	Apoplejía. Desaucio. Hinojo. Imbernar. A B C D
3	He hecho lo que me dijiste: hechar comida a las obejas y vacas. A B C D
4	Latrozinio. Retaíla Acerbo. Zaúrda. A B C D
5	El párbulo lloraba sin consuelo por su balón destrosado. A B C D
6	Izo. Ojear. Huso. Texta. A B C D
7	Hirvió demasiado la berdura y tuvo que desecharla. A B C D
8	Botar. Hufano. Bacilo. Valido. A B C D
9	Estaba lavándose la cabeza en la rivera del río y le vio pasar junto a él. A B C D
10	Extrambótico. Óvito. Taúr. Alféizar. A B C D
11	Los gallos y los papagallos tienen voz chillona. A B C D
12	Exquilmar. Endidura. Vesanía. Hazmereír. A B C D
13	Me tiró a la cabeza una vola de nieve pero no me dio. A B C D
14	Inodoro. Novel. Asimismo. Taona. A B C D
15	Paseaba por el verde prado y sabía que su hatuendo era motivo de embidia. A B C D

Señalar las faltas que hay en cada línea.

1	El enemigo hinterceptó el mensage dirigido al jeneral. A B C D
2	El cortejo nupcial pasó originando una gran algaravía. A B C D
3	La cosecha está en óbtimascondicciones para ser segada. A B C D
4	La televisión anuncia para mañana un heclipse solar. A B C D
5	El nadador quedó ha merced de las aguas y tubo que ser rescatado. A B C D
6	Esta cápsula metálica es acta para nuestros fines. A B C D
7	El mago ipnotizó a la huidiza serpiente. A B C D
8	Los remeros aspiraban, mientras vogaban, los eflubios del mar. A B C D
9	El generoso genobés donó un importante donativo. A B C D
10	El origen de los apellidos los estudia la Genealogía. A B C D
11	Tu amigo fue ageno al robo de alhajas y se le declaró inocente. A B C D
12	Estaba estenuado por el esfuerzo que avía realizado. A B C D
13	El evanista expiaba al grabador de cinc para plajiarle. A B C D
14	Es increíble, hallí solo hay lances inberosímiles y episodios inconesos. A B C D
15	Más bale morir con honra que vivir con bilipendio. A B C D

Señalar las faltas que hay en cada línea.

1	Las bestias abrebaban en una poza llena de bazofia.
	A B C D
2	Valiza. Vasilisco. Aumar. Olimpiada.
	A B C D
3	La marta cibelina tiene una piel extimadísima.
	A B C D
4	Alberca. Agilizar. Afín. Hicono.
	A B C D
5	Los clabeles rebentones estaban sovados y no los compré.
	A B C D
6	Reprovar. Puya. Devanar. Traginar.
	A B C D
7	En el laboratorio había un conegillo de Indias para los experimentos.
	A B C D
8	Reboltillo. Gabiota. Ameba. Expiar.
	A B C D
9	A pesar de que estoy desecho, deshecho los auxilios de la cirujía.
	A B C D
10	Infeción. Hinfluir. Hinocuo. Enojo.
	A B C D
11	La respiración es la reacción osidante de los principios químicos de los tejidos.
	A B C D
12	Inojo. Hoval. Bahído. Centilitro.
	A B C D
13	Un público selesto escuchaba con harrobo al sesudo varón.
	A B C D
14	Ablando. Acervo. Bedel. Vello.
	A B C D
15	No me henojaré porque hiervas en la holla otras hierbas.
	A B C D

Señalar las faltas que hay en cada línea.

1	Súbitamente desapareció el envalaje de las erramientas forcegeadas. A B C D
2	Huyendo por la rivera del arroyo, es fácil que halla perdido la balloneta. A B C D
3	Con furor bélico el capitán de la fragata ordenó al marinaje desplegar el haparejo. A B C D
4	Las penas pribativas de libertad tratan de la reducación y de la reinserción social. A B C D
5	Se encontró una bíbora en la vóveda del desván y tuvo que auyentarla. A B C D
6	La testura o acción de teger puso en difícil texitura al tejedor. A B C D
7	El ginete espoleó su caballo afín de poder evitar el espolio de su hacienda. A B C D
8	En aquella cabidad no había cabida para todos y tuvieron que deshecharla. A B C D
9	La herborosa rebelión dió comienzo al alba en el hervoso prado. A B C D
10	La vorrasca hizo un voquete en la parez de la casa de mí cuñado. A B C D
11	Por el intesticio de la puerta penetró una hardilla que se hartó de nueces. A B C D
12	La responsavilidad de la formación de los hijos es de los projenitores. A B C D
13	El handrajoso encontró la agenda que el ugier perdió en el berengenal. A B C D
14	En aquella hoquedad se cultiban verduras y árboles como el haya y el abedul. A B C D
15	El público esperaba espectante a que diera comienzo el espectáculo. A B C D

Señalar las faltas que hay en cada línea.

1	El químico sueco Nobel, a quien se debe la dinamita, istituyó el premio de su nombre.
	A B C D
2	Exaltar. Espoliar. Exequias. Esonerar.
	A B C D
3	Los reveldes fueron castigados con furivunda dureza.
	A B C D
4	Fehúcho. Moíno. Espolear. Extratosfera.
	A B C D
5	Cojí una cigüeña y la entregué para que la curaran.
	A B C D
6	Anésdota. Escremento. Hósculo. Alcoolímetro.
	A B C D
7	Corrije al prógimo sin rigidez y sé benebolente.
	A B C D
8	Háspid. Oradar. Ovación. Herizo.
	A B C D
9	El cántaro calló dentro del pozo y no pudieron sacarlo.
	A B C D
10	Ebento. Gilguero. Bergajo. Prebenda.
	A B C D
11	El partido hacía bibrar al público pues estaba emocionante.
	A B C D
12	Rivera. Vizco. Bazofia. Canvalache.
	A B C D
13	Para vivir con dignidad hay que trabajar honradamente.
	A B C D
14	Valla. Injerencia. Converjencia. Ambidiestro.
	A B C D
15	La palabra ídem significa el mismo o lo mismo.
	A B C D

Señalar las faltas que hay en cada línea.

1	La mesquita destruida cayó al ohasis de agua turbia. A B C D
2	En la Guerra Civil prebaleció la ructura con empresas extranjeras. A B C D
3	Aquí el narcotrafico muestra un grado de institucionalización apreciavle. A B C D
4	Las normas de correción se basan en criterios de discrección y cortesía. A B C D
5	El farmacéutico que espenda medicamentos sin rejistro incurrirá en pena. A B C D
6	Los traficantes que infrinjan el réjimen fiscal ilicitamente, tendrán pena. A B C D
7	La desobediencia y la neglijencia del pasagero producen perjuicios. A B C D
8	Vaso mi explicación en el cristal del baso roto, que tenía huellas. A B C D
9	El bestia de mi tío, vestía jersei gris y calzaba una bellísima vota. A B C D
10	El bate recitaba la hoda al mismo tiempo que vatía el huevo. A B C D
11	La víbora es un reptil que se desplaza por el césped de la haldea. A B C D
12	El tímido análixis del agente, izo que el vehículo se estreyara. A B C D
13	La policía hayó la huella del desonesto ciudadano al hilar el carrete. A B C D
14	El bienechor eshortaba al rehén para que no bebiese alcohol. A B C D
15	El destello de la bonbilla hencandilaba al inverbe. A B C D

Señalar las faltas que hay en cada línea.

1	Costatar equivale a conprobar algo personalmente. A B C D
2	Ahínco. Bicario. Ambidextro. Exhultación. A B C D
3	Goethe es el más grande de los escritores alemanes, iniciador del romanticismo. A B C D
4	Aberno. Texitura. Hadiestrar. Alebosía. A B C D
5	El trivuto me puso en tal tesitura, que me dio un abceso de furia. A B C D
6	Hastillero. Laringe. Cavida. Arapos. A B C D
7	Era sexajenario y gozaba de gran flesibilidad y mucha esperiencia. A B C D
8	Abalancha. Perpicaz. Ingerir. Hintrincado. A B C D
9	El jigante filisteo Goliat cayó hinerte de una certera pedrada lanzada por David. A B C D
10	Enagenar. Expecular. Lasante. Exguince. A B C D
11	El agente de ventas a sido escogido con la máxima pulcrituz. A B C D
12	Imbestir. Covijo. Atisvo. Hisopo. A B C D
13	Hemos estado agenos a esta jugada de agedrez. A B C D
14	Envestir. Sutil. Reúma. Malumor. A B C D
15	La esplosión de la bomba originó horrorosos extragos. A B C D

Señalar las faltas que hay en cada línea.

1	Hablamos de una peremne diferencia que esiste entre los núcleos de población. A B C D
2	Son fuentes de conflicto que solo la asimilación y la convivencia resuelben. A B C D
3	Quedáronse entonces en silencio como hicnotizados en la contemplación. A B C D
4	El alcázar estrecho y reducido ofrecía un soverbio punto de vista. A B C D
5	Que quieres que haga yo sino sé cómo se llama el chabal. A B C D
6	Es lo mas importante, mas a otros solo les interesa la dibersión. A B C D
7	Los tiempos de auge son los de fe, de decadencia y de escecticismo. A B C D
8	No sé como pudiste contenerme en la oscura tierra de tu alma. A B C D
9	Las tiendas son hangostas y lóbregas dejando pasar a los mas curiosos. A B C D
10	Eran las hondas del mar turvio y cenagoso ajitadas por el viento. A B C D
11	¿Cómo es que te has enfadado? – Por que no me han imbitado. A B C D
12	Aun no es el tiempo de la bendímia pues está lloviendo a mares. A B C D
13	El varullo inhibía al hatónito agente. A B C D
14	Yacía junto al alvaricoque, pero a sido ebacuado. A B C D
15	Los rallos obligaban al extrangero a refugiarse. A B C D

Señalar las faltas que hay en cada línea.

1	El mayordomo leyó la carta apollado en la varandilla del valneario. A B C D
2	Envite. Rivera. Recavar. Enveleso. A B C D
3	Salió la yegua al trote, con su potrillo, por los hondulados campos, hacia la era. A B C D
4	Llermo. Papagayo. Subllugar. Cenit. A B C D
5	El guía de la carabana excavó para hacer crugir la base de la esfinge egipcia. A B C D
6	El espía jiboso, que estaba hebrio de ajenjo, no pudo ebadirse. A B C D
7	Vitola. Biverón. Bíspera. Inhibir. A B C D
8	En la despensa hay hodres, y en sus vasares, varias botas de alcohol. A B C D
9	Eshibir. Hortiga. Histérico. Reúsa. A B C D
10	El talabartero adquirió vadana para hacer arneses a los caballos. A B C D
11	Hepatitis es la inflamación del hígado; y hotitis, la del oído. A B C D
12	Con la paz cesaron las ostilidades y acabó la guerra. A B C D
13	Jendarme. Confesonario. Acerbo. Convergencia. A B C D
14	El cazador furtibo mató un alcón el otro día y tendrá que pagar por ello. A B C D
15	Herial. Hidalguía. Silbestre. Ostilidad. A B C D

Señalar las faltas que hay en cada línea.

1	Como había echo frío, se echó un gaván por enzima de la cabeza. A B C D
2	Habían ido a la hacienda, cuando hacíamos la escursión a la sierra. A B C D
3	Hubo una vez un obispo que mandó ir a Roma a los romanos. A B C D
4	Todos hechamos leña al fuego que hicimos allí. A B C D
5	Han hechado la película que había echo ese actor hermano de Juan. A B C D
6	No creo que hayan hecho muy bién hechando agua al fuego. A B C D
7	Hasme el favor de hacer lo mismo que han echo los demás. A B C D
8	Aquel alunno se está fijando en el trabajo de ese. A B C D
9	Jamás ará una cosa así y tu lo sabes muy bien. A B C D
10	El té lo darán mañana en la zala de receciones. A B C D
11	"Los miserables" es una famosa nobela de Víctor Hugo. A B C D
12	"La guerra de las galasias" es una pelicula de ciencia fición. A B C D
13	El hindígena primojénito se iba a undir. A B C D
14	Me gustaría ver como descongelas la orchata helada. A B C D
15	La lijereza con el móbil menoscaba la sintasis. A B C D

Señalar las faltas que hay en cada línea.

1	Hércules realizó las más prodigiosas azañas. En la cuna mató a dos serpientes. A B C D
2	Intervalo. Pátina. Falanje. Horca. A B C D
3	Dejé mi automóbil en el garaje y me fui andando hasta la verbena de la plaza. A B C D
4	Patina Ejecutoria. Homojéneo. Extrage. A B C D
5	Mi amor propio fue zaherido en lo más íntimo con sus hespúreas palabras. A B C D
6	Alvarda. Hespumadera. Vergantín. Razia. A B C D
7	Era una horda salvaje y debastadora que arrasaba todo a su paso. A B C D
8	Rezio. Cinejético. Larinje. Flajelar. A B C D
9	El hornamento de la hermita era muy antiguo y de gran valor. A B C D
10	Execrable. Extrías. Expoliar. Discreción. A B C D
11	La beleta del pabellón jiraba veloz por que hacía mucho viento. A B C D
12	Expectante. Adaliz. Hazotea. Exigüidad. A B C D
13	Ice las gestiones que me encargaste y luego me fui aver una película. A B C D
14	Avigarrado. Alfanje. Apoplejía. Hilaridad. A B C D
15	Dos líneas restas pueden ser entre sí convergentes por un extremo. A B C D

Señalar las faltas que hay en cada línea.

1	Juega al villar con volas verdes, pero de poco le sirbe. A B C D
2	El vejete urgó en la bolsa de heramientas y me la harrojó. A B C D
3	A producido gran indignación el intencionado macnicidio. A B C D
4	Esta singularidad es jeneradora de conflistos de jurisdición. A B C D
5	El esplorador se fue hacia otros países por caminos desconocidos. A B C D
6	Con el hajetreo del aterrizaje no vimos el ligero resplandor solar. A B C D
7	Ante la victoria de mi equipo estaba hexultante y lleno de alegría. A B C D
8	Un pelirrubio de mi pueblo se enrroló en un barco extrangero. A B C D
9	El estallido de la bomba no dejó oir el redoble del tanbor. A B C D
10	En esta basta llanura se ha sembrado una basta especie de trigo. A B C D
11	Me alaga que no te prives de provar la emoción que siento. A B C D
12	Los girones de su hávito, escondían las heridas de la vatalla. A B C D
13	La onda melancolía del poeta, se produjo al oír las hondas musicales. A B C D
14	El personage poético vive inmerso en su mundo hedénico. A B C D
15	El tragaluz del castillo emite rayos hultravioletas de múltiples colores. A B C D

Señalar las faltas que hay en cada línea.

1	El expediente espuesto, hace reflexionar sobre la anplitud del problema. A B C D
2	Rugido. Fingir. Ginete. Ingerto. A B C D
3	Es inazmisible y bastante contradictorio el resultado optenido y recogido. A B C D
4	La sujerencia y la sujestión, desvirtúan el texto poético. A B C D
5	Encoraginar. Espolear. Discrección. Sugestión. A B C D
6	Ovedece a un bictimismo superado, ireal y demagójico. A B C D
7	Hóbito. Díjito. Aunar. Desoyar. A B C D
8	Juan ha demostrado que en ciertas fórmulas jurídicas se jestan algunas teorías. A B C D
9	Ibón. Cavalgar. Aventajado. Vandurria. A B C D
10	Este extraño primate es de vida nocturna, silencioso y arvóreo. A B C D
11	Intervalo. Orca. Telegrama. Azentúo. A B C D
12	Estoy ávido de reír pues ha habido mucha tensión en la reunión. A B C D
13	El horangután es arborícola, come insectos, cortezas y suciona el néctar. A B C D
14	Paradógico. Vagaje. Dígito. Gesto. A B C D
15	Las penas pribativas de libertad tratan de la reducación y reinserción social. A B C D

Señalar las faltas que hay en cada línea.

1	Como pudiste acectar ese insulto de prollecto de fin de carrera. A B C D
2	Ese livro no lleva indice, pero aquel tampoco lo tiene. A B C D
3	Quizas allí podré encontrar un travajo de cerámica azul. A B C D
4	Pregúntele que le ocurre para que esté así de heufórico. A B C D
5	¿Sabeis quienes tenían un modelo de ese tipo?. A B C D
6	No sé si ese será tu trabajo. ¿Cuál será el siguiemte?. A B C D
7	Allá lejos allarás a tu amigo, pues no creo que se halla ido. A B C D
8	Cuando hayas husado la madera de halla, hayarás lo divino. A B C D
9	Hablaremos bien de ese hayazgo si lo analisamos pronto. A B C D
10	Realizé una visita de cortesía en el Instituto Tecnológico. A B C D
11	Vete allá lejos con ese animal que has allado en Almería. A B C D
12	No hayo un uheco para que hablemos del chaqué que llevo. A B C D
13	El nuevo concepto "acción histórica", dará lugar al consenso y conflicto. A B C D
14	La demostración empírica del cuando y como, plantea gran dificultaz. A B C D
15	En síntexis, la concección social del partido afecta a los extremos de el. A B C D

Señalar las faltas que hay en cada línea.

1	Se hasomó al pretil del pozo que costruí con mis manos.
	A B C D
2	El etíope trabajó con tesón y de forma muy hávil la roca.
	A B C D
3	Depravación. Cabiar. Besícula. Caníbal.
	A B C D
4	Aún no a llegado el mármol alemán a la tierra de la Alpujarra.
	A B C D
5	Vadila. Envarar. Bache. Diatriva.
	A B C D
6	Todavía será posible la renobación de esa embarcación tan frájil.
	A B C D
7	El ladrón hutilizó una ganzua de punta fría y vasta.
	A B C D
8	No quiero estralimitarme con mi llerno al esponer mis notas.
	A B C D
9	Le pido que hulla pronto, por que en la mina de huya sonó una explosión.
	A B C D
10	En esta cabidad, hay cavida para todos y se puede enzender fuego.
	A B C D
11	Esa reveca está deshusada, pues María no la utilisa nunca.
	A B C D
12	La decisión adoctada reafirmó la cosciente duda del párroco.
	A B C D
13	Al tirar la piedra en la onda alberca se originaron ondas concéntricas.
	A B C D
14	El vastidor del camión harrojó bastante peso en la váscula.
	A B C D
15	El jenerador de oxígeno dio origen a una gama maravillosa de colores.
	A B C D

Señalar las faltas que hay en cada línea.

1	En ese estenso vaye se hicieron las esequias del padre de Julián.
	A B C D
2	La felonía de Antonio, extinguió la esuberancia de la fertil huerta.
	A B C D
3	El I.R.P.F graba a Manolo por gravar esculturas en su tayer.
	A B C D
4	Luis tubo que espiar su pena, por espiar en el travajo de Marcelo.
	A B C D
5	La honda que se formó en el agua, es de la piedra lanzada por la honda.
	A B C D
6	La billa de Lepe tiene en su pueblo un billar jigante para los paisanos.
	A B C D
7	La virtud y la coerencia son suscestibles de ser dogmáticos.
	A B C D
8	El método inductibo es idóneo y controbertido para crear asignaturas.
	A B C D
9	Los travalenguas saltan todos los ostáculos y son diversificados.
	A B C D
10	La instrución impartida en escuelas es libre, mixta y no sesista.
	A B C D
11	El astencionismo abria de ser pieza básica del régimen liveral.
	A B C D
12	El harraigo concectual, es propio de las dostrinas apsolutistas.
	A B C D
13	El jeneral alemán adoctó una solución diplomática en las combersaciones.
	A B C D
14	La corrucción dio lugar a la astención y suversión del pueblo.
	A B C D
15	El aprendizaje debe ser áljido y se construye antagónicamente.
	A B C D

Señalar las faltas que hay en cada línea.

1	Ayer tube un dolor de cabeza pasagero en la casa de Eva.
	A B C D
2	Los barcos de la rivera se valanceaban con el holeaje.
	A B C D
3	Quiero ponerle un encaje para tapar el agujero del baso.
	A B C D
4	En esa obra travaja un personaje que es siego.
	A B C D
5	Teje una vufanda para abrigarse y protejerse del frío polar.
	A B C D
6	Acabaron con el embalage de las erramientas forcegeadas.
	A B C D
7	Hay que tener corage para hacer de relojero sin zaber.
	A B C D
8	El mejunge del monje y del conserge es un potage.
	A B C D
9	El extranjero avista el coraje de la vaca cornuda del vurladero.
	A B C D
10	En el siglo XX se consiguieron grandes abances científícos.
	A B C D
11	Ya no tendrá más combulsiones y le bajará la tenperatura.
	A B C D
12	El zegador se secó el sudor en un descanso de la siega.
	A B C D
13	El relato no hacía si no recoger en una fórmula sintética una vivenzia.
	A B C D
14	El cautiverio en las ondas cuevas, daba al régimen más convicción.
	A B C D
15	La rebelación del secreto, esbozó un venébolo método atractivo.
	A B C D

Señalar las faltas que hay en cada línea.

1	Todabía no hierve el agua con la hierva que le hemos hechado. A B C D
2	Ayer cabé una zanja donde cave un hombre grande y gordo. A B C D
3	Cuando valla a comerme una vaya desecharé el hueso. A B C D
4	El sebero es una persona sebera, hética y famélica. A B C D
5	La flor de azaar olia bien por asar de la vida. A B C D
6	La revelión de las masas, rebeló la intransijencia del gerarca. A B C D
7	Se sentía felizísimo por la victoria halcanzada en la resta final. A B C D
8	Le produce tristesa la cicatrís que le quedó en la nariz. A B C D
9	Fue una proheza encontrar unos zapatos azules en la cómoda. A B C D
10	Es una beyeza ver los cerezos, aunque halla gran escasez. A B C D
11	Me hace feliz acudir a la caza de la perdiz en el vaye. A B C D
12	Su cónyugue poselló mansiones en las incostantes tierras resvaladizas. A B C D
13	La política es un agedrez de ajedrezes, cuyo hormigeo turva al político. A B C D
14	Muchas de esas jugadas de convinación son simples hamagos herróneos. A B C D
15	Jugar es bulgar y tribial, aunque solo sea de cuando en cuando. A B C D

Señalar las faltas que hay en cada línea.

1	Estoy muy interesada en esa jolla roja tan atrallente. A B C D
2	Hoy voy ollendo un nuevo ensallo en la radio. A B C D
3	Ívamos en el comboy acompañando a los alludantes de los lacallos. A B C D
4	Se cayó el timón y la lancha quedó ha merced del biento. A B C D
5	No me arrevatarás los jugetes de manera cacciosa y perversa. A B C D
6	En las selbas y en las plantaziones de bananos abundan los rectíles. A B C D
7	Yo no interpreto las cosas desde esa óptica tan octimista. A B C D
8	Con las yuvias el arrollo aumentó su caudal y arroyó al coche. A B C D
9	Las dioptrías de Juan le arrevatan visibilidad acta para la condución. A B C D
10	Toma las llabes del ahuto y lléname el deposito de gasolina. A B C D
11	Estoy indicnado por el tratamiento dado al subyugante bienechor. A B C D
12	El rallo no pudo soslallar las atrallentes succiones del pararrayos. A B C D
13	El agente esigió injerir gran cantidad de oxígeno por los pulmones. A B C D
14	El oleaje trajo con sigo una vocación imnata al océano grandioso. A B C D
15	Tras ejercer de ejecutibo, pasó al ejército y ejecutó las órdenes. A B C D

Señalar las opciones incorrectas.

1	Las pilas eléctricas contienen cinz, cobre y llodo. A B C D
2	Un enjanbre de avejas picó a las avubillas que estaban cerca. A B C D
3	Abrían dos o tres niños al abrir la puerta prósima. A B C D
4	El has de los bandidos, ha vendido la alaja que me robó del harca. A B C D
5	Vacilo en entrar a ese hospital, pues por hazar puedo coger un vacilo. A B C D
6	Cuando alles un árbol con hazahar es que ahí hay grandes maravillas. A B C D
7	As de saber que la bandera debe llegar asta lo alto del hasta. A B C D
8	El valido de las obejas se mostró valido para el tribunal. A B C D
9	Estoy ávido de reír pues ha habido mucha tensión. A B C D
10	Algunos afisionados a los toros siempre llevan vota de vino. A B C D
11	La bela y la vala son cosas bálidas para bender. A B C D
12	Con esa vobina de hilo no podrás coser estos tejidos tan vastos. A B C D
13	El melocotón en almíbar es absolútamente rico en fósforo. A B C D
14	Me considero burlón, buscavidas, buscapléitos y bienhechor. A B C D
15	La vorrasca hizo un boquete en la parez de la casa del bampiro. A B C D

Señalar las opciones incorrectas.

1	Caminó en los isnorados túneles y llegó a ígnotas rejiones indias. A B C D
2	Salió con un convoy con víberes para socorrer a los naúfragos. A B C D
3	Hay una técnica expecial para esmaltar argoyas de hierro dulce. A B C D
4	Yo estoi dispuesto a interceptar la trayectoria del proyectíl soviético. A B C D
5	En esta planizie puede sembrarze una parcela con cerezos y calavazas. A B C D
6	Demos un paseo con el trastor para que veas como crece la siembra. A B C D
7	Las jóvenes de esta billa son muy vellas y han inspirado los versos del vate local. A B C D
8	El dependiente rompió este vaso de agua; vaso esta afirmación en que lo vi. A B C D
9	Vienes mañana con tus vienes monetarios y la vota de bino. A B C D
10	En la caravela navegaba un hombre que llevaba el craneo de una calabera. A B C D
11	Dejó de hablar y se enfadó, cuando tropezó y se calló al agua. A B C D
12	El itinerario del viage se ha echo con coesión por los organisadores. A B C D
13	El embroyo que se lio, cuando Juan intervino en la converzación. A B C D
14	Estoy astraído y es ovio, pues estoy obcecado con el albacea. A B C D
15	Es acsurdo el ossequio que me distes en la alcova de la casa. A B C D

Señalar las opciones incorrectas.

1	El buso estrajo al obispo y al profeta del fondo de los mares. A B C D
2	La semana pasada obtube y sostuve el dinero con tesón. A B C D
3	En aquella escursión andubimos bastante durante todo el día nuvlado. A B C D
4	Cuando el clavel se llerga airoso, se conclulle la redación del poema. A B C D
5	La hiedra está en aquél ueco del viejo nogal. A B C D
6	En aquel hueco u hoquedad se cultivan verduras y arboles. A B C D
7	La ingenúidad es un precioso dón de las halmas vuenas. A B C D
8	El juez fue induljente con los índíjenas del país aborijen. A B C D
9	Ahora subiremos a la cubbre de aquella injente montaña helada. A B C D
10	El superombre es subacuático y proclama al viseministro su honradez. A B C D
11	Después de la postguerra se proclamó y se transmitió un edipto elocuente. A B C D
12	El tragalus del castillo emite rallos ultrabioletas de múltiples colores. A B C D
13	El personaje poético vive expulsado de su mundo hedénico. A B C D
14	No ostante la ruptura abocó en un mar de cuitas. A B C D
15	Cicerón transmitió ideas estoicas, construyendo leyes cohactivas. A B C D

Señalar las opciones incorrectas.

1	Te eshorto para que rehuyas de las aciones deshonestas en tu trabajo. A B C D
2	Cuando dormia en la almohada anhelaba comer pescados aumados. A B C D
3	El hombre ahorra con ainco las alajas que heredo de sus antepasados. A B C D
4	El dictador deprabado y despota sufrió el deshonor y la deshonrra. A B C D
5	El vendabal avivó la llama de la hogera que estuvo a punto de apagarse. A B C D
6	Tras ímprovos esfuerzos revivió el bañista que se ahogó en granada. A B C D
7	Debemos decir que la halmeja es un molusco bibalvo y la lapa unibalvo. A B C D
8	El buceador cerró hermeticamente la valvula de la botella de oxigeno. A B C D
9	Cuando revolvió la esquina el ampón sacó el rebólver y disparó a Manolo. A B C D
10	Debemos decir que la palabra adajio es sinónimo de refran, o probervio. A B C D
11	El ginnasta danzó y realizó una eshibición de agilidad rícmica en la pista. A B C D
12	La oferta publica de azquisición de aciones es espestacular. A B C D
13	Los interlocutores le an hecho un dialogo sobre fármacos y apósitos. A B C D
14	No ostante, soy obtimista con el máximo dirijente de la nación. A B C D
15	El único principio incómodo para la burguesía es la soberanía absoluta. A B C D

Señalar las opciones incorrectas.

1	Prefirió embiar un mensaje radiófonico al mundo tras su huida. A B C D
2	La política trival de los generales del regimen es su opjetivo político. A B C D
3	Lo sabíamos: tarde o temprano los fazinerosos tenían que cometer la estupidez. A B C D
4	La decisión adoctada reafirmó la cosciente duda del párroco. A B C D
5	Se adquiere un gran auge al hacer elogios de la egregia efigie egipcia. A B C D
6	Como has escrito con lijereza la carta, está ilejible. A B C D
7	Debes acer un apunte marginal en la hoja dieciseis de la geometría. A B C D
8	La berengena envejeció al ingertarla en la cagetilla de semilla. A B C D
9	La bujía del coche del pasajero, crujía al flojear el rítmo del par motor. A B C D
10	Hasta cuando el hasta de la bamdera soportara los golpes del hasta del toro. A B C D
11	El público desbordado ovasionó en pie diez minutos al xasofonista. A B C D
12	Los ensayos se expusieron a trabés de la colección de la soprano. A B C D
13	La clave del ésito está en los jestos del cráneo y del oido de los hombres. A B C D
14	La conexión de la televisión es coerente y egocéntrica consigo mismo. A B C D
15	La actitud que tienes en el colejio no demuestra la aptitud profesional. A B C D

Señalar las opciones incorrectas.

1	Yo apreendí el alijo de droga, cuando aprendí a estudiar al contravandista. A B C D
2	El azaar del naranjo tenía vacilos de veldad indescrictibles. A B C D
3	El bazo del niño se puso vasto al tropezar con la baqueta de la pistola. A B C D
4	Aquella persona eccéntrica tenía título de varón de Málaga. A B C D
5	Ese hombre cabila costantemente para poder espiar la producción. A B C D
6	El callado de mi abuelo, es de madera de un halla muy alto y robusto. A B C D
7	El artista sufrió un vaído porque habitaba en una casa muy humbría. A B C D
8	El reverendo de la ciudad de Toledo vendió una vaca verrenda. A B C D
9	Se vislumbró un majestuoso relánpago que hendió el cielo azúl. A B C D
10	Soportó de forma viríl sin qejidos ni jimoteos el disparo. A B C D
11	Nos ahuyentan lejanos auyidos de hambrientos lobesnos en la noche. A B C D
12	Fue villano, avominable e inaudito que se procesara a Colón. A B C D
13	Es legítimamente beatificada, previa aprobación del expediente hincoado. A B C D
14	Cavilantes y cabizbajos todos los indigenas aguardaban sin tibiezas. A B C D
15	El romántico cacta el mundo a través de un método prehestablecido. A B C D

Soluciones de ortografía

Rodio ediciones

Corregir las faltas que haya en cada línea.

1	Los temas principales de la o**b**ra literaria "El Alcalde de Zalamea", en un orden
2	creciente de i**m**portancia son amor, justicia y honor. Pero dicho esto así no nos
3	da idea de la riqueza, comple**j**idad y profundidad conce**p**tual de esta obra que,
4	perteneciendo a las calificadas de filosóficas, tiene el inconfundi**b**le sello de la
5	meditación calderoniana. Para entenderlo de**b**emos prestar una concentrada
6	atención a la complicada problemática de justicia poética, li**b**ertad, tierra y cielo,
7	en una densidad que nos va (**h**)a mostrar un Calderón de la Barca que se sir**v**e
8	de las reglas comunes del drama, de la **v**erosimilitud, para poner en juego las
9	muchas preocupaciones del hombre.
10	Su canto ha i**n**spirado a **v**ates y pastores (**h**)a lo largo de su larga existencia.
11	Es un pájaro grisáceo de mirada impasible, ma**j**estuoso y e**s**pectacular.
12	El marinero (**h**)otea el horizonte al ver las gaviotas re**v**olotear junto al barco.
13	Los **b**ienes que tiene Juan le **v**ienen de **h**erencia familiar.
14	Después de la victoria del equipo estaban e**x**ultantes.
15	Se escribe con b el pret**é**rito imperfecto de indicativo del verbo *ir*: *iba*, *ibas*,...

Corregir las faltas que haya en cada línea.

1	La del al**b**a sería cuando don Quijote salió de la **v**enta, tan contento, tan gallardo
2	tan al**b**orozado por verse ya armado caballero, que el gozo le re**v**entaba por las
3	**c**inchas del caballo. Mas **v**iniéndole a la memoria los consejos de su huésped
4	cerca de las pre**v**enciones necesarias que había de llevar co**ns**igo, especial la
5	de los dineros y camisas, determinó vol**v**er a su casa y acomodarse de todo, y
6	de un escudero, haciendo cuenta de reci**b**ir a un labrador **v**ecino suyo, que era
7	pobre y con hijos, pero a propósito para el oficio escuderi**l** de la caballería.
8	Toma las lla**v**es del auto y lléname el depósito de gasolina.
9	Estoy indi**g**nado por el tratamiento dado al subyugante bienhechor.
10	El ra**y**o no pudo soslayar las atrayentes succiones del parar**r**ayos.
11	S**é** que no tiene importancia, pero estoy muy preocupado con lo ocurrido.
12	Por fa**v**or, quita la televisión, pues no me gusta nada ese programa.
13	Antonio mejoró mucho tras su estancia en el hospit**a**l.
14	Se escriben con *b* las formas de los verbos cuyo infinitivo finalice en *bir*, menos
15	las correspondientes a *hervir*, *servir* y *vivir*.

Corregir las faltas que haya en cada línea.

1	Siete años **h**a morado en España Carlomagno, nuestro gran Emperador. **H**a
2	conquistado la alta tierra hasta el borde del mar. Ni hubo castillo que ante **é**l
3	resistiese, ni ciudad ni muro que no derri**b**ase. Menos Zaragoza, que se ha**ll**a
4	sobre una colina, sometida al rey moro Marsil.
5	Marsil tiene miedo de Carlos el Grande, y busca la manera de engañarle para
6	alejarle de sus tierras. Reúne a sus condes y duques en un **v**ergel, sobre una
7	grada de mármoles azules, y allí toman la decisión de enviarle un mensaje de
8	ser**v**idumbre, ofreciéndole lebreles, osos y leones, setecientos camellos y mil
9	azores, trescientos mulos cargados de oro y plata y armas y tesoros para que
10	no le haga más la guerra y se vuelva a su corte de Aquisgrán.
11	También le ofrece hacerse cristiano y ser su amigo. Pero el Rey Marsil miente:
12	su propósito siempre fu**e** la traición.
13	Todavía tengo esperanza de que se d**é** por vencido, pues s**é** que está cansado.
14	Una **v**aca arremetió contra el automóvil tirando de la **b**aca las maletas.
15	Se escriben con *b* las palabras terminadas en *bundo* o *bunda*.

Corregir las faltas que haya en cada línea.

1	En el siglo III los romanos habían construido una fortificación, pro**b**ablemente
2	sobre las desoladas ruinas de una antigua fortaleza o castro celtibérico, en el
3	lugar que hoy ocupa este so**b**erbio monumento castellano.
4	Puesto que la defensa de la ciudad no podía limitarse al castillo, se prolongó
5	por el re**c**into amurallado que a**b**arcó a todo Toledo. Así ocurrió en tiempos de
6	los visigodos (establecieron su capital en Toledo) y en tiempos de los árabes.
7	De ahí la importancia de las famosas y antiguas puertas toledanas. Al otro
8	lado del río se halla el castillo de San Servando, ele**v**ado sobre una antigua
9	**b**asílica visigótica, que fue reconstruido por Alfonso VI.
10	Juan II inició la reforma del Alcázar toledano que Carlos I y Felipe II culminaron,
11	quedando así: la fachada oriental era de muros lisos, como los de los castillos
12	feudales, que se conser**v**aba así desde tiempos de Alfonso X el Sabio.
13	La glosopeda es un padecimiento del ganado o**v**ino y cabrío.
14	Los naipes están marcados y deben cambiarse para e**v**itar trampas.
15	Se escribe *b* en los **v**ocablos acabados en *bilidad*, menos *movilidad* y *civilidad*.

Corregir las faltas que haya en cada línea.

1	Las co**n**stantes victorias obtenidas por los Reyes Católicos para conseguir la
2	liberación del suelo hispano, sometido al yugo árabe, nuestra **h**egemonía en
3	los destinos de Europa, el venturoso y prodigioso **h**allazgo de América y la
4	extremada afición a las armas, e**s**polearon en los (**h**)errantes espíritus inquietos
5	el ansia loable de nuevos descubrimientos. Así, podemos ver a Hernán Cortés,
6	extremeño de noble lina**j**e, proyectar la invasión de Méjico, i**nv**irtiendo sus
7	**b**ienes en la empresa, con los que ya se había **h**abituado a vivir, consiguiendo
8	vencer al Emperador azteca y eri**g**ir la ciudad de Veracruz; a Pizarro, (**h**)oriundo
9	de Trujillo, de ne**b**uloso origen e i**n**nato ánimo aventurero, conquistar el Perú,
10	con la cooperación y experiencia del valiente Almagro y del pro**b**o Luque,
11	guerrear contra Atahualpa, y lograr capturarle, a**h**uyentando a los indígenas,
12	que obstruían su **v**iolento avance; a Magallanes, insigne navegante, aco**g**ido
13	al apoyo de Carlos V, descubrir el estrecho que lleva su nombre, y a los ocho
14	meses (**h**)izar la bandera en las islas Filipinas, después de sufrir una horrible
15	tra**v**esía, faltos de ví**v**eres, privados de más agua para beber que la que aún
16	se conservaba en mo**h**osos e**nv**ases, hinchados sus labios por el escor**b**uto,
17	afligidos por el inso**m**nio, abandonados a la flacide**z** de sus músculos.
18	Tienes que hacer las cosas por ti mismo.
19	Porque soy curioso, quiero averiguar el porqu**é**.
20	Ignoro el c**ó**mo y el cu**á**ndo de lo ocurrido en tan desagradable asunto.

Corregir las faltas que haya en cada línea.

1	Se trata de un monumento lin**gü**ístico en el que se sa**b**orea con deleite el
2	habla castellana en boca de más de seiscientos individuos de diversa condición
3	social que bu**ll**en por su texto. Se **h**a dicho del li**b**érrimo estilo cervantino que
4	arro**b**a los sentimientos po**rq**ue tiene pinceladas a lo Velázquez, brochazos
5	geniales a lo Goya, exu**b**erancia a lo Rubens (**h**)e idealismo hermanado con el
6	realismo como el del “Divino Morales”.
7	Es el libro que originó un mayor número de tradu**c**ciones sin que ninguno le
8	aventa**j**e, pues rivaliza en cantidad de ejemplares con la Biblia. Por esta obra
9	de acabada perfección es acre(**h**)edor Cervantes a que los **b**iógrafos manejen
10	en su honor y ala**b**anza los más excesivos (**h**)elogios. El sábado 23 de abril
11	de 1616, e**x**piró Cervantes en la villa del Oso y el Madroño. Su cad**á**ver fue
12	transportado en ata**ú**d a hombros de hermanos de la Orden de San Francisco,
13	para ser in**h**umado en el convento de las Trinitarias.
14	El osado argu**y**ó que diluviaba y no quiso realizar su tarea.
15	La conducta de ese joven extraviado pone de relieve su mala condición.
16	No hay e**x**cusa para la a**v**iesa coartada que tenía preparada.
17	Noé, el patriarca **h**ebreo, se preservó del dilu**v**io universal en un arca.
18	El **g**igante Goliat cayó (**h**)inerte de una certera pedrada lanzada por David.
19	El ácido sulfúrico es corrosivo si sale del **v**olcán.
20	Se escribe *g* en las palabras que principian por *geo*.

Corregir las faltas que haya en cada línea.

1	Nació Isabel I de Castilla el 22 de abril de 1451, en Madrigal de las Altas Torres.
2	Pasó los ju**v**eniles años, junto a su madre, en el castillo de Arévalo, donde
3	compartió sus juegos infantiles, en estrecha amista**d**, que duró toda la vida,
4	con Beatriz de Bobadilla, hija del go**b**ernador de la fortaleza. Se casó con
5	Fernando V de Aragón, siendo su di**v**isa el "Tanto monta, monta tanto, Isabel
6	como Fernando", que equivalía a (**h**)otorgar iguales atribuciones a (**h**)ambos
7	cónyug(**u**)es. La sole**m**ne boda se realizó en Valladolid, en el mismo lugar donde
8	se conocieron los Príncipes. Bendijo la unión el intrigante Arzobispo primado
9	Alonso Carrillo de Acuña, el mismo que, enso**b**erbecido, amenazó a los Reyes
10	con arre**b**atarles el Reino y, palabras te**x**tuales, "hacer volver a hilar la rueca a
11	la Reina". A**b**atieron sin **v**acilaciones a la corrompida Nobleza y acabaron con
12	el bandidaje. Obtuvieron la victoria sobre Boabdil en Granada y prote**g**ieron a
13	Colón. Alma, la de Isabel, inclinada a la bondad hacia el pró**j**imo, sufrió con
14	la muerte de sus dos hijos, con las desa**v**enencias que surgieron en el hogar
15	de su hija doña Juana y con los de**v**aneos de su esposo. Recibió con fer**v**or
16	los Sacramentos y e**x**piró en noviembre de 1504.
17	Los orígenes de la Historia de Mesopotamia están e**nv**ueltos en tinieblas.
18	Aquel desorden originó la pérdida del manuscrito ori**g**inal.
19	Tu bien**h**echor está muy complacido con las notas que has obtenido. Brujir o grujir
20	equivale a igualar los bordes de los vidrios cortados.

Corregir las faltas que haya en cada línea.

1	Descubierto con al**b**orozo el continente por las na(**h**)os de Colón, España no
2	solo se des**v**eló por llevar a él la civilización, s**in**o que mezcló la sangre de
3	sus hijos con la de los a**b**orígenes y asumió la tarea de la e**v**angelización de
4	extensos territorios. Los Reyes Católicos, después de actuar como padrinos
5	en el bautizo de los indios traídos por Colón, tomaron el acuerdo de que cada
6	cara**b**ela que surcara el Atlántico llevase misioneros para e**x**tender la fe del
7	Cristianismo como una (**h**)antorcha que iluminase a los espíritus ignorantes.
8	Entonces fue cuando se llevaron a efecto verdaderas le**v**as de misioneros,
9	jóvenes unos; en el (**h**)umbral de la vejez, otros; pero todos, ena**j**enados de
10	ardor di**v**ino, fueron abandonando la soledad de sus celdas y a**b**ordaron los
11	peligros, yendo con diligencia a la co**nv**ersión de aquellos ha**b**itantes que
12	llegaron a abjurar de su (**h**)idolatría. Para la enseñanza de la doctrina cristiana
13	rivalizaron en sacrificio y a**b**negación: primero, los benedictinos; después, los
14	franciscanos, los jesuitas, y casi todas las órdenes religiosas. Mon**j**es que
15	desenvolvieron una actividad inconce**b**ible, sufriendo un **v**oluntario (**h**)exilio y
16	realizando el esfuerzo del aprendizaje de idiomas (**h**)autóctonos.
17	Si te dio el sí fue po**rq**ue no vio a lo que se exponía.
18	El importante puerto militar estaba protegido por una **h**ilera de fuertes.
19	El general Prim, que triunfó en África, fue asesinado en Madrid.
20	La rabia se transmite por la sali**v**a de los animales contaminados.

Corregir las faltas que haya en cada línea.

1	Más de cien años antes de Cristo, en los al**b**ores de la pujanza romana, Quinto
2	Cecilio Metelo (**h**)erigió una de las ciudades de civilización más a**v**anzada que,
3	en tiempo de los Césares, llegó a a**v**ecindar miles de habitantes. Reci**b**ió el
4	sobrenombre de "segunda Roma". Los árabes profanaron sus monumentos, y
5	tanto Abderramán como Muza no se ab**s**tuvieron de a**b**usivas especulaciones,
6	parte en beneficio de la Mezquita de Córdoba. Estos aprovechamientos y el
7	vaivén de asoladoras guerras tan vora**z**mente se ce**b**aron en la excelsa Mérida
8	y con tan honda huella **h**incaron la uña en su tesoro, en un breve int**e**rvalo, que
9	hoy día ha quedado reducida la gran ciudad (**h**)a laberíntico acer**v**o histórico.
10	Las múltiples excavaciones han puesto de relieve que aún yacen enterrados
11	envidiables monumentos. Al sucu**mb**ir el último Rey godo, don Rodrigo, en la
12	batalla de Guadalete, su viuda, Egilona, hu**y**endo de salvajes venganzas, se
13	refu**g**ió en Mérida, y fue apre**h**endida por Muza. El hijo de este, que entonces
14	gobernaba, se enamoró de los **h**echizos de la joven Egilona, con la que, al fin,
15	el descendiente de Mahoma contrajo nupcias. La ceg**u**era del amor soslayó
16	el obstáculo de la incompati**b**ilidad de ambas razas.
17	Toda la convi**v**encia humana iba cayendo bajo el nuevo régimen.
18	La textura o acción de tejer puso en difícil te**s**itura al simpático ve**j**ete.
19	Su co**nv**ersación no ha agra**v**iado a los presentes en la reunión.
20	Me halaga que no te pri**v**es de probar la emoción de embarcarte conmigo.

Corregir las faltas que haya en cada línea.

1	Contienda la más memorable de la Historia de España, porque en ella lucharon,
2	con profunda a**v**ersión, dos razas (**h**)antagónicas, dos civilizaciones. Batalla que,
3	con la del Salado, decidió para siempre nuestra pre(**h**)eminencia sobre la Media
4	Luna. Los a**b**orrecidos almohades, habían infli**g**ido a Alfonso VIII la vergonzosa
5	derrota de Alarcos. En su e**mb**aucada altivez, envalentonados y alardeando con
6	saña de **v**iperino áspid, volvieron en tan considerable número que amagaron
7	conquistar a España entera. Ante semejante irru**p**ción, y para escarmentar a los
8	insumisos, se (**h**)aliaron Castilla, Aragón, Navarra, León y Portugal.
9	El Papa Inocencio III publicó una cruzada en favor de España. El Arzobispo de
10	Toledo, hizo ardorosa propaganda de esta cruzada en Francia y en Alemania.
11	Se reunió en Toledo, bajo los a(**h**)uspicios del Rey castellano, un ejército con su
12	baga**j**e, al que se agregó una heterogénea muchedumbre de **b**isoños de las
13	distintas naciones, cuya confusa **j**erigonza era ininteligible. La bravía hueste
14	cristiana estaba dividida con suje(**c**)ción a tres cuerpos: el primero, compuesto
15	de extranjeros, al mando del Señor de Vizcaya; seguía el no**b**le don Pedro II
16	con los suyos; después iba el Rey Alfonso VIII.
17	A la hora del **y**antar, dejó sobre la silla la **b**oina y la vaina.
18	(**H**)echado sobre una hamaca, (**h**)echó la baqueta de su carabina a la hoguera.
19	A pesar de su arte, espero se **h**arte serrando el tablón de **h**aya.
20	Con cielos despejados una miríada de estrellas parpadea ante nuestros ojos.

Corregir las faltas que haya en cada línea.

1	Nos encontramos ante el mo**n**struo más repugnante de la Historia: Nerón. Su
2	nombre repele porque significa la se**v**icia infrahumana por antonomasia. Subió
3	al Trono del Imperio Romano en el siglo I. Su azarosa re**g**encia forma una red
4	te**j**ida con los homi**c**idios más e**x**ecrables y los actos más abyectos.
5	En su juventud se distinguió por sus **b**árbaros instintos cuando se ufanaba de
6	herir a los transeúntes despre**v**enidos. Casó en primeras nupcias con Octavia,
7	a la que después condenó a muerte. Invitó a su cuñado a un **b**anquete y mandó
8	asesinarle, sirviéndole **v**iandas e**nv**enenadas. **V**erificó una segunda boda con
9	la que había sido su concu**b**ina, Popea, y, sin miramiento al sexo ni a su estado
10	de e**mb**arazo, le dio muerte de un brutal puntapi**é**. Quiso como tercera cónyuge
11	a Antonia, hija del Emperador Claudio, y al saber que ella no le amaba s**in**o que
12	le repudiaba, en el paro**x**ismo de su soberbia, bu**ll**e, en su cabeza, tomar cruel
13	venganza; pensó e**s**trangularla, pero después ordenó que fuese e**j**ecutada.
14	Falsificó moneda, robó las joyas y riquezas de los templos y luego asesinó a
15	los (**h**)opulentos **h**acendados para desvalijarles sus arcas. En su a**b**erración llegó
16	al extremo de obligar a Séneca a abrirse las venas y hasta (**h**)osó quitar la vida
17	ale**v**osamente a su propia madre.
18	La cicuta es una hierba de flores blancas cuyo zumo es **v**enenoso.
19	Equino**c**cio es la época en que la noche tiene la misma duración que el día.
20	El vaquero hirió gravemente al novillo con la pu**y**a.

Corregir las faltas que haya en cada línea.

Con la batalla de Covadonga da comienzo la Reconquista. Dueños de casi toda España, los enso**b**erbecidos mahometanos cavilaban con perversidad imponer sus creencias a sus agra**v**iados rivales, los cristianos, y, tratando de beneficiarse, todavía los a**v**asallaban a su al**b**edrío con (**h**)onerosos tributos, hasta que se sublevaron al mando del valeroso Pelayo.

Distribuyó don Pelayo su ejército en hábil combinación estraté**g**ica y ventajosa, e**mb**oscando combatientes en acecho entre las escabrosas (**h**)asperezas de los montes, y situando la mayor parte arriba de las **v**ertientes, en los alrededores de la cue**v**a. Los árabes se lanzan al ataque, engreídos por un indudable éxito, pero hacinados en la (**h**)angostura de lo hondo del valle se sintieron agredidos desde los her**b**osos y abruptos bosques por un enemigo que, con un desusado ardor, los acribi**ll**aba con incesante lluvia de flechas.

Desde las alturas de los montes iban siendo aplastados por árboles y rocas que les arrojaban los cristianos con extremado í**m**petu, hasta que vieron morir al cabe**c**illa. Desarticulados se dieron a la huida, y el (**h**)epílogo milagroso que aniquiló finalmente al enemigo fue una horrible tempesta**d** que desbordó ríos y arro**y**os (**h**)e inundó caminos y **v**eredas. El traidor don Oppas, acompañante del jefe musulmán, fue ca**p**turado y perdió la vida por su ale**v**osa conducta. Pelayo había llevado a la cueva de Covadonga una ima**g**en de la Virgen, a la que se atribuye esta gran victoria, con la que dio comienzo la Reconquista de España.

Corregir las faltas que haya en cada línea.

1	En su escolta i**b**an los más ilustres personajes de la Monarquía: las órdenes
2	de Santiago, Calatrava y Alcántara, los o**b**ispos de Palencia, Plasencia y el
3	(**h**)arzobispo de Toledo. En un gran aprieto se encontró, por inad**v**ertencia, el
4	e**j**ército cristiano al borde del angosto barranco de La Losa, sin poder a**v**anzar
5	y próximos (**h**)a perecer, cuando en esta situación, un pastor llamado Martín,
6	cazador y e**x**perto en caminos, sale de su chozo y ofrece al Rey de Castilla
7	enseñarle una vereda o (**h**)atajo, vadeando el río por el lugar en que se ha**ll**aba
8	la cabeza de una vaca que habían de**v**orado los lobos y por el que las tropas
9	podían (**h**)evadirse. Por esta acción, el Rey concedió al pastor el nombre de
10	Cabeza de Vaca. Al alborear el día 16 de julio de 1212, desplegó el ejército
11	de Miramamolín las tropas li**g**eras de los árabes y algunas tribus bereberes,
12	seguidas de los **v**oluntarios del imperio, de los almohades y del propio Emir.
13	Los cristianos fueron los primeros en tomar la ofensiva y la **v**anguardia de Haro
14	irrumpió en las avanzadas enemigas, batiendo con ímpetu la segunda línea y
15	viniendo a desembocar en manos de los mahometanos, en e**s**trujado revoltijo.
16	Cuando va de **j**ira campestre bebe, baila y gira sobre sus talones con agilidad.
17	Por arte de magia desapareció la bu**j**ía y no se supo c**ó**mo.
18	El monje tiene hábito de (**h**)usar el hábito.
19	El oleaje que batía el rompe(**h**)olas destruyó los sillares del muelle.
20	Se escribe *g* en las palabras acabadas en *ígera*, *ígero*.

Corregir las faltas que haya en cada línea.

Procedente de los abismos submarinos, al **v**islumbrarse la primavera, aborda los ríos del norte de la Península Ibérica el más codiciado ha**b**itante temporal de las aguas continentales, rey de nuestra fauna indí**g**ena acuícola: el salmón del Atlántico. Su instinto atávico le guía inexorablemente a la desembocadura del curso flu**v**ial que le vio nacer y desde el que emigró en su juventud a los fondos a**b**isales del océano. Viene buscando las frescas aguas y dulces, (**h**)impelido por el impulso biológico de la reprodu**c**ción. Los aumentos de caudal en el cauce y las variaciones climáticas e**s**polean su querencia hacia aguas arriba.

Nada contra la corriente salvando obstáculos y rápidos con la inverosímil fuerza y agilidad de su plateado cuerpo fu**s**iforme. Su anhelo **g**enésico es tan fuerte que ni la fatiga ni el prolongado ayuno en las aguas frías, en las que pr**á**cticamente no se alimenta, impiden su subida (**h**)afanosa hasta muchos kilómetros río arriba, donde ha de hallar el remanso ideal para realizar su función **g**eneradora que ha de cerrar el ciclo bioló**g**ico de su especie selecta. Depositados los huevecillos por la hembra en un hueco a**b**ierto en la gra**v**a con su aleta caudal, fertilizados por el macho y cu**b**iertos luego por los pro**g**enitores en el pedregal, nada hace pensar que a unos centímetros del lecho del cauce, laten miles de embriones que, en mínimo porcentaje, lograrán sobrevivir en condiciones tan adversas.

El débil latido del **g**ermen va haciéndose más (**h**)ostensible para culminar en la eclosión o ruptura de la tenue membrana que le protegió durante mes y medio o dos meses. Un ser permanece oculto aún entre la gra**v**a, casi inm**ó**vil. Una bolsa abdominal, la **v**esícula vitelina, le suministrará alimento durante 15 o 20 días, absor**b**iéndose al fin y permitiendo que el ale**v**ín tenga que salir de su (**h**)oquedad para buscar el sustento en un **h**ostil medio exterior, donde las vidas deben luchar por su e**x**istencia.

Corregir las faltas que haya en cada línea.

1	El Cardenal Cisneros fue (**h**)encumbrado desde su escondido recogimiento del
2	convento hasta la sede primada, en la que se afanó por la dirección espiritual
3	de su **v**asta diócesis en perse**v**erante labor de combatir los (**h**)errores, avenir a
4	los desavenidos, proteger los acrisolados hábitos y ex**h**ortar a los e**x**traviados.
5	Más tarde se vio enaltecido con el honroso, gra**v**oso e inexcusable cargo de
6	Regente que, por precepto testamentario, le asignaba el fallecido Fernando V
7	el Católico, mientras dure la ausencia de Carlos I. El venerable Cardenal pre**v**ió
8	que debía precaverse ante las tur**b**ulencias que se avecinaban por la e**s**cisión
9	de los diver**g**entes bandos o facciones: unos, apoyando con ahínco a la Reina
10	madre; otros, i**nv**ocando el inviolable derecho del imberbe heredero del Trono,
11	y cuyos ade**p**tos flamencos urgían se le nombrase Rey; y los orgullosos nobles
12	colaborando en contu**b**ernio, dispuestos a atacar al anciano purpurado a cuyo
13	puesto de gobierno se creían acre(**h**)edores con mejor derecho.
14	En vista de la rí**g**ida lección que recibieron los nobles por la enérgica actitud del
15	Cardenal, que no abdicaba de sus convi**c**ciones ni transigía con desobediencias
16	y rebeldías, nombraron unos mensajeros, muy (**h**)osados y vacíos de seso que,
17	en su representación, exigiesen al Cardenal Cisneros, sin ambages, dijese en
18	virtud de qu**é** poderes ejercía la Regencia y con qu**é** medios contaba.
19	El aire de la sierra vi**v**ifica a las plantas y a los animales.
20	Llena de **h**ormigas estaba la (**h**)ortiga que guardaba en la **v**asija.
21	Llevaré en la e**s**puerta las piedras del **v**olquete para tapar ese boquete.
22	En cuanto **v**ote en las elecciones, nos trasladaremos en un **b**ote a la otra orilla.
23	En efecto, el accidente fue más e**s**pectacular que grave.
24	Se escribe la letra *g* en los **v**ocablos terminados en *gio*, *gia* y *gión*, siempre que
25	no se des**h**aga el diptongo.

Corregir las faltas que haya en cada línea.

1	Excitado el Regente por semejante facción, sin admitir contro**v**ersia, abrevió la
2	entrevista, y los invitó (**h**)a asomarse al **b**alcón de su residencia al tiempo que les
3	contestaba: "Vengo rigiendo por le**g**ítima disposición del Rey Fernando V, y mis
4	poderes son esos". Señalaba al ejército y a las **b**aterías formadas frente a los
5	conversadores, como para entrar en li**d**. Este leve episodio, que robusteció su
6	acérrima autoridad, no escarmentó a los e**x**asperados nobles, que amargaron
7	los postreros días del lon**g**evo Cisneros, pues siguieron arreciando con ahínco
8	y subrepticiamente en sus **v**iperinas intrigas, y reca**b**ando del inexperto Rey que
9	le apartase de la Regencia. Cuando el reverendo Cardenal caminaba encor**v**ado
10	sobre la cabalgadura, a pesar de sus ajes, para avistarse con Carlos I a su arribo
11	a España, se agravaron sus dolencias, no tanto por el a**j**etreo de las jornadas
12	del viaje como por la ingrata y pungente misi**v**a que recibió del propio Rey, en la
13	que le rele**v**aba de la Regencia, sin esperar a expresarle su reconocimiento y
14	agradecimento por los muchos desasosiegos de su ímpro**b**a actuación.
15	La inaudita desafección agravió tan aceradamente sus sentimientos que, sin
16	serle factible salvar la distancia que todavía le separaba del Emperador, ca**y**ó
17	e**x**ánime, víctima de un desvanecimiento o va**h**ído producido por un colapso.
18	Yendo muy ligero, **h**iendo bruscamente el aire que hallo al paso.
19	Me desojo mirando cómo se des**h**ojan los árboles del jardín.
20	Hacia el mediodía hac**í**a un viento huracanado.
21	Mi caballo favorito contin**ú**a siendo imbatido.
22	Garbín o garvín es una cofia hecha de red.
23	El chaval se ocultaba en la cha**b**ola.
24	El librero se dese**mb**arazó del cliente diciéndole que no existía tal libro.
25	Se escribe *j* en las formas de los verbos cuyo infinitivo termina en *jear*.

Corregir las faltas que haya en cada línea.

1	Cada día la movilidad y voracidad del pequeño es mayor. Ya logra alcanzar en
2	el aire los inse**c**tos que proveen en a**b**undancia a sus necesidades. De repente,
3	nota algo extraño en su interior que le obliga a dejarse llevar por la corriente, río
4	abajo, sua**v**emente, hasta llegar al océano (**h**)e internarse en sus profundidades,
5	donde crustáceos y moluscos **h**abrán de proporcionarle el alimento que le hará
6	alcanzar hasta quince kil**o**gramos de excelente carne a aquel cuerpo enclenque
7	que nació con una décima de gramo. Ya adulto, como a sus padres, un tactismo
8	inverso al que le impulsó al mar le hará sentir su misteriosa llamada hacia el río;
9	se abre el último paréntesis de su vida. Cuando efect**ú**e el des(**h**)ove en las aguas
10	dulces será muy difícil que su cuerpo enflaquecido y ex**h**austo, arrastrado por la
11	rápida corriente, pueda volver a alcanzar el mar y, en **é**l, recuperar las fuerzas
12	para iniciar otro año una segunda la**b**or progenitora.
13	El Vesubio, famoso **v**olcán cuyo estado en ignición se conoce desde principios
14	del siglo I, se ha**ll**a en Nápoles. Sus escar**b**adas ca**v**idades estuvieron en otro
15	tiempo cubiertas de abundante y espesa vegetación. Los **h**atos pacían la verde
16	hierba que brotaba al **v**értice o borde del cráter del volcán. Acampaban en sus
17	alrededores los pastores en las cabañas, vigilando sus hatajos, hasta que el
18	año 79, de infausto recuerdo, sobrevino la primera erupción re**g**istrada por la
19	Historia. Destrucción tan treme**b**unda **h**izo que desaparecieran completamente
20	las ciudades de Pompeya y Herculano.
21	Las **h**ostilidades cesaron con el intercambio de rehenes.
22	El (**h**)archivero me advirtió que no se podían ver los legajos.
23	El experto extran**j**ero e**x**travió la e**s**poleta al extraer el detonador.
24	Se escribe *d* final en las segundas personas del plural de todos los imperativos:
25	*atad, vended, unid, tomad, seguid, jurad...*

Corregir las faltas que haya en cada línea.

1	Se inició la actividad con un zumbido e**s**tridente, seguido de fuertes explosiones,
2	debidas a la inflamación del hidrógeno. Unos imponentes temblores conmovieron
3	la tierra con vibraciones auguradoras de la **h**ecatombe. Un humo **á**cueo y oscuro
4	comenzó a levantarse raudo desde los orificios de las ca**v**ernas hasta las nubes,
5	como inmenso borrón de espesa lluvia cenicienta. E**x**pelía por sus bocas, acre y
6	nausea**b**undo olor a azufre, amoníaco o vitriolo que asfixiaba a los habitantes a
7	mucha distancia. Rebosaban numerosas **b**urbujas de gas que reventaban en la
8	superficie. En vertiginosa e**b**ullición, emergía un río de efer**v**escente y **v**iscosa
9	lava **v**omitada en completa cocción. Era una materia **b**ituminosa vitrificada que,
10	res**b**alando con empuje arrollador e incontenible, asolaba la campiña, destruía
11	construcciones y se a**b**alanzaba sobre las ciudades y sus suburbios.
12	El **b**arranco echaba violáceas va**h**aradas llameantes. Era como un fundíbulo que
13	disparaba rojizos proyectiles de pétreos segmentos calcinados, revueltos con
14	guijarros candentes. Un letár**g**ico sueño dejaba después inactivo este esotérico
15	antro de Satán durante un tiempo más o menos largo, pero en todas las épocas
16	hubo reacciones inevitables, reiteradas y **v**iolentas. En el siglo XVIII, llegaron
17	hasta el número de cuarenta y ocho. En varios períodos, la terrible agitación
18	hizo peligrar su valioso obser**v**atorio.
19	Tuve un ri**v**al que con su diluvio de frases, causó no pocos distur**b**ios.
20	Los **b**isoños infantes hincaron sus bayonetas en un acer**v**o de heno.
21	Enhebraba la aguja para hil**v**anar la le**v**ita.
22	Es exacto que siempre permanecía al pie del **y**unque.
23	Donde se gasta más que se gana, viene pronto la ruina.
24	Hay unos cuantos **v**ocablos que se pueden escribir con *c* o con *z*: *cinc* o *zinc*,
25	*zelandés* o *celandés*, *zebra* o *cebra*, *cenit* o *zenit*, *ázimo* o *ácimo*...

Corregir las faltas que haya en cada línea.

1	Doscientos años antes de la Era cristiana imperó en España la i**nv**icta Roma.
2	La sustituyen los visigodos, a los que eclipsaron los árabes con el reverberar de
3	sus fúl**g**idas cimitarras y cuyo poderío fue des**v**anecido por los cristianos.
4	Convaleciendo Carlos I en Yuste, y despojada su gigantesca figura de toda su
5	magnificencia **j**erárquica, di**o** acogida en el célebre convento a su gentil hijo don
6	Juan de Austria, cuya crianza se realizó lejos del padre.
7	La laboriosidad y morigerados hábitos del Conde-Duque de Olivares indu**j**eron a
8	Felipe IV a nombrarle su privado; m**a**s, no pudiendo transigirse con los fracasos
9	originados, (**h**)urgió sustituirle por el enérgico don Luis de Haro.
10	El paje encontró la agenda que el general perdió en el beren**j**enal.
11	Tal carga es bastante (**h**)onerosa y pesada para mí.
12	Rellena con grava los **b**adenes y cunetas.
13	Co**nv**iene hacer gi**mn**asia con frecuencia para estar en forma.
14	Vivía con holgura y de modo **h**alagüeño gracias a su trabajo.
15	Los claveles eran re**v**entones y vistosos y, por ello, los compré.
16	Fue en vida un hombre excelente y ca**b**al y muy trabajador.
17	El e**s**pectáculo estuvo entretenido y nos divertimos.
18	Has conseguido plasmar una imagen perfecta.
19	Mi trompo **g**ira más veloz que el tuyo.
20	El niño huérfano fue ha**ll**ado y recogido en un orfanato.
21	En la ca**v**idad de la cueva hay ca**b**ida para todos.
22	La policía ha**ll**ó la huella del des**h**onesto ciudadano al hilar el carrete.
23	Las estampas del erra**b**undo campeón le hicieron **v**i**b**rar viol**e**ntamente.
24	Mi ahijado quiere ve**h**ementemente des**h**ojar las hermosas flores.
25	Me he **h**echo una **h**amaca con los **h**arapos de las **h**adas madrinas.

Corregir las faltas que haya en cada línea.

En Sevilla, allá por el año 1599, vio la luz primera Diego Silva Velázquez, el más (**h**)eminente de los pintores españoles, admirado por todas las escuelas, tenido por técnicos y por indoctos como maestro inmortal por excelencia. Sus ensayos iniciales los ejecutó bajo la magistral dire**c**ción de Herrera el Viejo, primero, y de Francisco Pacheco, después. En sus primeros dibujos se **v**islumbran extrañas aptitudes y un perfecto órgano visual. A los pocos años llega a la posesión de un estilo pri**v**ativo, original y atrayente. Aventajó a todos los demás pintores en el uso de la per**s**pectiva, con la que enriqueció sus obras. La magistral perfección de sus soberanos retratos le gran**j**earon la regia (**h**)estimación, que culminó en su desi**g**nación como pintor de cámara de Felipe IV. Las efi**g**ies de sus cuadros son una gran nota**b**ilidad: imágenes en relie**v**e, personas vivientes que parece como si a**v**anzaran fuera de los lienzos.

Su pintura ha sido reconocida universalmente: no tiene impugnadores. Nadie ha podido reproducir la realidad con tanta sencillez, e**s**crupulosidad y energía. Sus pinceles re**v**elan verismo, vida y belleza. Su pintura enardece, obsesiona, arro**b**a. De él se ha dicho que llegó (**h**)a pintar el aire. Muchos de sus cuadros parecen instantáneas por la exactitu**d** y el detalle.

Los museos más importantes del mundo lograron realizar sus exposiciones con la ansiada a**d**quisición de trabajos de este genio, cuyos cuadros se val**ú**an en sumas fabulosas. El Museo del Prado atesora una envidiable colección de sus más desco**ll**antes obras.

Desde los albores de la creación uni**v**ersal, una faz pálida, a veces oculta y otras semioculta por su misma sombra, la Luna ha sido testigo mudo de los destinos de la Humanidad, flotando en el **v**acío eterno a unos 380.000 km. de la Tierra.

Cuando fui a verle me dijo: - S**i n**o quiero esto, s**in**o lo otro.

Corregir las faltas que haya en cada línea.

1	Su a**b**andonado interior se ha co**nv**ertido en guarida de alimañas y reptiles; y
2	sus oquedades, en co**b**ijo de rebullidores bú**h**os, cuervos, arañas y lar**v**as.
3	Recordemos algunos de los más notables: el de Tarifa, en Cádiz, en el que se
4	llevó a ca**b**o el episodio de (**h**)acendrado civismo que seguirá convulsionando a
5	todas las generaciones, pues desde allí arrojó Guzmán el Bueno su cuchillo al
6	**v**illano don Juan; arma con la que este **h**omicida, mató al hijo del defensor de la
7	fortaleza que poseía como reh**é**n.
8	El de Simancas, en Valladolid, donde residieron reyes y príncipes, entre los que
9	podemos contar a Juan II y Álvaro de Luna, su pri**v**ado; se utilizó como cárcel
10	y después se instaló el Archivo Nacional. El de la Mota, en Medina del Campo,
11	que fue alojamiento de la Reina Isabel la Católica y su afligida hija doña Juana
12	la Loca. El de Mombeltrán, en Ávila, donde dio comienzo a darse pá**b**ulo a los
13	ilegítimos amores de don Beltrán de la Cueva y la bellísima Reina doña Juana
14	de Portugal; muros que presenciaron her**v**orosas rebeliones y disturbios. El de
15	Turégano, en Segovia, de época medie**v**al, donde Juan II y su **v**alido, el de Luna,
16	se entre**v**istaron cuando don Álvaro era acosado por sus **b**elicosos adversarios;
17	en su cala**b**ozo fue preso el secretario de Felipe II, Antonio Pérez, acusado del
18	asesinato de Escobedo. El de Bellver, en Palma de Mallorca, circunvalado por
19	un espeso bosque; en **él** fue coronado el Rey Pedro IV de Aragón.
20	El farmacéutico que expenda medicamentos sin re**g**istro incurrirá en pena.
21	La desobediencia y la negli**g**encia del pasa**j**ero producen perjuicios.
22	La tra**g**edia en la región originó la seca de los **g**irasoles.
23	Tan**g**ente, sugestión y falange, son palabras difíciles de escribir.
24	Las normas de corre**c**ción se basan en criterios de discre(**c**)ción y cortesía.
25	Cogió lo que tejía el sastre y ru**g**ió de ira.

Corregir las faltas que haya en cada línea.

1	Me alegra y celebro mucho el ali**v**io de tus pasados males.
2	Después de tanto gasto el ahorro debe ser ahora tu deseo más fer**v**iente.
3	En el jardín de mi casa hay unos so**b**erbios árboles que dan frutos.
4	Desalojaron el viejo edificio, po**rq**ue se hundía.
5	La **h**orchata es una bebida refrescante y nutritiva.
6	He pasado unos días muy (**h**)aciagos pero me estoy recuperando.
7	Vi**o** en la **h**ondonada al ciervo herido y avisó al guarda forestal.
8	Los albañiles extendieron sobre la pared el **y**eso y este se secó.
9	La bestia salía del bosque muy tranquila.
10	Se apoyaba en su ca**y**ado para no res**b**alar.
11	Ex**h**alaba un olor que no se podía aguantar.
12	**Y**ema es la parte central del huevo del ave.
13	La labor ya está **h**echa y hay que esperar.
14	Las nieves se extienden perennemente sobre el collado.
15	La esca**y**ola es yeso espejuelo calcinado.
16	Tu**v**o una grave enfermedad en el tu**b**o digestivo.
17	El peli**r**rubio Sixto se embarcó en una nave que iba a América.
18	Los equinoccios y los solsticios son puntos de la eclíptica.
19	Miguel Ángel fue un genio e**x**uberante; en su labor exhaustiva de arquitectura,
20	pintura y escultura estampó su impronta. Cultivó todas las bellas artes sin que
21	realizase ninguna en interpretación pe**y**orativa. Diestro en música y excelente
22	poeta. Legó a la posteridad grandiosas obras ejecutadas principalmente en el
23	Vaticano: en ellas imprimió el se**ll**o de sincero creyente.
24	Se inició una activa campaña para (**h**)erradicar la tuberculosis.
25	¡Hasta cu**á**ndo el (**h**)asta de la bandera estará en la **b**aca del coche!

Corregir las faltas que haya en cada línea.

1	Tanto en la capital e**x**tremeña como en la ciudad del Guadalquivir se levantaron
2	elevados (**h**)arcos, se adornaron espléndidamente los balcones, hubo bulliciosas
3	ca**b**algatas, divertidos y alborozados festejos en honor a los Reyes. Isabel, que
4	fue madre de Felipe II, falleció en Toledo. Su cadáver ocasionó la conversión del
5	Duque de Gandía (San Francisco de Borja), fuertemente impresionado al hallarlo
6	horriblemente descompuesto. Abatido el Emperador por graves re**v**eses y afligido
7	por acer**b**os dolores que le originaba el padecimiento de la gota, imposibilitando
8	sus movimientos con harta frecuencia, abdicó en su hijo Felipe II y se retiró del
9	azaroso batallar, en 1557, al Monasterio de los Jerónimos de Yuste, donde dejó
10	de existir el 21 de septiembre del siguiente año. Deso**y**ó las prescripciones que
11	le privaban de los abusos en el **y**antar, que le tra**j**eron su fatal dolencia, cuyo
12	mayor **v**erdugo fue el excesivo ácido úrico. Tuvo varios hijos **b**astardos: entre
13	ellos, don Juan de Austria, el héroe de Lepanto.
14	Todas las mujeres que aparecen en la no**v**ela "Don Quijote" están pintadas con
15	un excelente verismo. Así, en Dulcinea se encarna la mujer, que aunque basta,
16	juzgamos como un dechado de perfe**c**ción; en Sanchica, la joven hacendosa; en
17	Teresa Panza, la mujer casera que se **v**anagloria de dar e**nv**idia a las vecinas;
18	en la Duquesa, la (**h**)ociosa que solo anhela divertirse y cuyos ligeros ribetes de
19	instrucción a**b**arcan solo cosas insustanciales; en Marcela, la mujer helada al
20	afecto; en Quiteria, la mujer ena**j**enada de amor, que logra **v**erificar una boda
21	que lleva consigo in**h**erentes privaciones.
22	Es maravilloso obser**v**ar el sentido de orientación de la cigüeña.
23	El expediente e**x**puesto, hace reflexionar sobre la a**m**plitud del problema.
24	La costumbre es exce**p**cional, y está en(**r**)raizada en la urgencia del momento.
25	Es inadmisi**b**le y bastante contradictorio el resultado o**b**tenido y recogido.

Corregir las faltas que haya en cada línea.

1	Desde los adarves del abandonado castillo, las mujeres de los guerrilleros
2	echaban (**h**)óleo hirviente sobre las cabezas de los i**nv**asores, que protegidos
3	por yelmos, seguían avanzando.
4	Con tu mal genio, me exasperas (**h**)e irritas, porque excede tu car**á**cter a toda
5	ponderación, pero no te valdrá la e**s**tratagema.
6	Se seccionó la yugular por razones inexplicables.
7	Saqué la dedu**c**ción de que aquella era una reunión sin ninguna finalidad.
8	Puso en él toda su confianza y no le defraudó.
9	Huyendo por la (**h**)orilla del arroyo, es fácil que haya perdido la ba**y**eta.
10	Debes hacer la jugada que más te convenga.
11	No re**ú**nes aptitud para ese cargo tan importante.
12	El convoy estaba compuesto por jóvenes y bravos **j**inetes.
13	Afila bien la na**v**aja, pues está me**ll**ada.
14	Subía por el sendero del viejo camino cuando me encontró.
15	La e**s**tructura de ese viejo edificio está bien **h**echa.
16	El amable co**nv**ersador nos hizo varias ad**v**ertencias.
17	El joven vendía blusas con objeto de poder comprarse un abrigo.
18	Las aguas subterr**á**neas se buscan debajo de cauces pobres.
19	¿Qué te **h**a parecido la casa nueva de mi hermano?.
20	La dia**b**etes le tenía des**v**elado y aumentaba su debilidad.
21	El e**s**trépito asustó a la perdiz que huyó rápidamente.
22	Hay que corregir semejante (**h**)ultraje para que no ocurra más.
23	Se **h**eló la huerta con los hielos de la noche.
24	El aviador realizaba acro**b**acias con su aeroplano.
25	El velero fue **h**undido por el submarino de un solo cañonazo.

Corregir las faltas que haya en cada línea.

1	El religioso Martín Lutero, promovedor del cisma protestante en Alemania, armó
2	un gran re**v**uelo entre los fieles ex**h**ortándoles a combatir los **v**otos monásticos,
3	el celi**b**ato de los sacerdotes, el Purgatorio y la comunión bajo una sola especie.
4	Tradujo la Biblia en lengua **v**ulgar. De aquí salió la se**c**ta de los protestantes. La
5	Iglesia, en en el Concilio de Trento, condenó dichos (**h**)errores y excomulgó a los
6	ade**p**tos de las mencionadas creencias.
7	Se iba apagando el día entre las piedras húmedas de la ciudad, a sor**b**os, como
8	se consume el fuego en la ceniza. Era un cielo de cáscara de naranja y la sangre
9	de las hayas goteaba entre las nubes, a veces coloreadas de rojo y a veces eran
10	rubias como el pelo del ma**í**z o el cuero de los pumas. En lo más alto del templo,
11	un vigilante vio pasar una nube a r**a**s del lago, casi besando el agua y posarse a
12	los pies del volcán. La nube se detu**v**o, y tan pronto como el cura la vio cerrar los
13	ojos, bajó al templo gritando que la guerra ha**b**ía concluido. El lago se cubrió de
14	luces rápidamente. Iban y venían las **b**arcas de los comerciantes, alumbradas
15	como si fueran estrellas.
16	Cautiva la belleza de los muros, (**h**)ornados de maravillosos y ricos cuadros con
17	pinturas murales, debidas a los más eximios artistas.
18	Se contemplan con e**mb**eleso la **v**enerabilidad de sus reliquias y las variadas
19	y esplendorosas joyas que se exhiben a diario al público. Bajo sus **b**ó**v**edas
20	reposan personajes de esclarecido a**b**olengo, reyes y santos.
21	Nada más conmovedor que ver a esos pobres **h**errar sus bueyes como si fueran
22	caballos; engancharlos a un carruaje de dos ruedas, en**c**ima del cual colocaban
23	su pobre y corto equipaje y sus hijos pequeños. Ellos, con las manos tendidas
24	hacia todas las ciudades que di**v**isaban en el camino, preguntaban si no era la
25	Jerusalén la que se veía en el horizonte.

Corregir las faltas que haya en cada línea.

1	No **h**aré lo que me pides, au**nq**ue insistas durante todo el día.
2	El pintor ha querido transmitir alegría en este cuadro.
3	Las obras del piso estarán acabadas para el próximo año.
4	¿Sueles ir a trabajar los sábados por la mañana?.
5	Volveremos a llamarte aunque tú contin**ú**es sin querer hablar.
6	¿Cu**á**nto dinero has gastado esta mañana en el mercado?.
7	Si llegas tarde al colegio no podrás entrar en la clase de Lengua.
8	Creo que ha llegado la hora de irnos a casa pues es muy tarde.
9	Me dijo que la mesa es de madera de cedro y yo le creí.
10	¡Con qu**é** poco te conformas!.
11	Necesito una batería nueva para mi coche y no sé c**ó**mo pagarla.
12	Dime sin ambages, ¿qué vestido me queda mejor, el rojo o el verde?.
13	Creo que aprobaré, pues he resuelto bien los problemas.
14	Ha llegado el momento de decidir qu**é** vamos a hacer esta noche.
15	No recuerdo d**ó**nde he puesto las llaves de tu coche.
16	Si quieres decirme algo, **h**azlo pronto pues me marcho ya.
17	¿Cuándo hay que recoger la cosecha de maíz?.
18	Trabajamos muy duro para poder vivir **h**olgada y dignamente.
19	El disco que me regalaste por mi cumpleaños no se escucha bien.
20	No me gusta que vuelvas solo por la noche desde tan lejos.
21	Si la puerta está cerrada debes llamar al ti**m**bre.
22	Aunque llores y patalees no conseguirás más caprichos.
23	Es el mejor jarrón chino de toda la colección del (**h**)anticuario.
24	Todavía no ha llegado el pedido que hicimos al almacén.
25	Es uno de los edificios más bonitos que he visto.

Corregir las faltas que haya en cada línea.

1	Alfonso XI fue sucedido por su hijo Pedro I, llamado el Cruel; pero el **b**astardo
2	Enrique, escudado en su noble y esclarecido a**b**olengo, le disputó, exasperado,
3	la Corona, y en los campos de Montiel, la malicia del su**b**vencionado caudillo
4	Duguesclín vio el modo e**x**peditivo de enfrentarlos. Como una ex**h**alación, se
5	fueron a las manos, Pedro y Enrique, ansiosos de e**x**terminarse. Como aquel
6	era más fuerte y de mejor salud cayó encima de Enrique, que yacía estrujado,
7	desco**y**untado y con las fuerzas exhaustas. Entonces, el traidor Duguesclín,
8	que a la e**x**pectativa espiaba la lucha, lejos de in**h**ibirse, utilizó la excelente
9	estrata**g**ema de darles la vuelta, pronunciando la paradó**j**ica frase: "Ni quito
10	ni pongo rey, pero ayudo a mi señor". El ambicioso Enrique llevó a cabo la
11	acción de hundir su daga en el corazón del des**v**alido Pedro, sin experimentar
12	afli**c**ción alguna al contemplarlo yerto. Así fue como subió al Trono Enrique II,
13	primero de la bastarda dinastía de los Trastámara.
14	Maritornes, harto hombruna, pero muy espléndida; Zoraida, tipo de belleza
15	mora, que se sacrifica en aras del objeto amado; Dorotea, la eterna víctima
16	del desvío de un hombre **v**eleidoso; Camila, hembra bella, frá**g**il, de efluvios
17	de simpatía y de excitante **v**oluptuosidad; Luscinda, la enamorada, que por
18	obediencia derriba del corazón a su ina**c**cesible ídolo; Altisidora, la amiga de
19	bu**ll**a; Claudia, atropellada y violenta; Leandra que se deja embaucar por
20	cualquier advenedizo que la emboba con sus e**s**purias palabras; y, la señora
21	Rodríguez, que no cesa de criticar a quienes sir**v**e.
22	El artista sufrió un va**h**ído porque habitaba en una casa (**h**)umbría.
23	Fue el **b**uzo de la aldea, pese a estar abocado a grave e**v**ento.
24	El río Óder desag**u**a en el mar Báltico.
25	Hemos estado a**j**enos a esta jugada de a**j**edrez.

Corregir las faltas que haya en cada línea.

1	Ale**j**emos sospechas tan salvajes pues no conducen a nada.
2	Fuimos al vivero, cerca del al**j**ibe, y recogimos las plantas.
3	En la alco**b**a tengo el traje para que te lo pongas.
4	La antig**ü**edad de la joya es verosímil, según el experto.
5	Eugenio, el cajista, ha tenido una hemorragia y está flo**j**illo.
6	La cajera llevó el aviso a la cerra**j**ería y nos harán la llave.
7	Lí**v**ido se puso cuando le dijeron que ignoraban sus ase**v**eraciones.
8	Su amigo corregirá semejante ultraje en cuanto sepa lo que ha ocurrido.
9	Por arte de prodigiosa magia, desapareció la bu**j**ía.
10	Este te**j**ido es de gran calidad y con **é**l le harán un buen traje.
11	Tejen, protegen y cote**j**en son tiempos de verbos.
12	Dime sin ambages qu**é** porcentaje nos da en el negocio.
13	Se aproximaron al lugar del suceso en actitud e**x**pectante.
14	Se reunieron en el boscaje todos los congéneres y, con proli**j**idad discutieron,
15	en su **j**erga peculiar, sobre los tejedores.
16	Urano es un planeta y uranio un metal.
17	Serán dados hoy de alta los heridos y podrán irse a su casa.
18	La hermosa ciudad italiana de Pompeya fue **h**ondamente sepultada bajo la la**v**a
19	de una horrorosa eru**p**ción del Vesubio.
20	Los ratones huyeron holgadamente, como (**h**)ardillas, por ese inter**s**ticio después
21	de hartarse de comer huevo **h**ilado, arenques y los hollejos de las habichuelas.
22	Los **v**ates más escogidos esculpieron en sus versos la portentosa e**s**tructura
23	de este edén de alucinador esplendor.
24	La adversida**d** se cebó en los mozal**b**etes cuando jugaban.
25	No fui capaz de ha**ll**ar la llave del lavadero del pueblo.

Corregir las faltas que haya en cada línea.

1	Ante un clamor y des**b**ordante entusiasmo, que permanecerá gra**b**ado con el
2	**b**uril de las hondas emociones, al rítmico son de los motores y después de un
3	verti**g**inoso ron(**r**)roneo de la **h**élice, se yergue arrogante el Plus Ultra, en el que,
4	sentados en la ca**b**ina, los a**v**izorantes ojos de los héroes españoles e**s**crutan
5	el espacio. **B**ate el viento sus (**h**)alas, al accionar en un hábil viraje, y, tras ligero
6	alabeo, va disminuyendo su **v**olumen hasta perderse a lo lejos. En el espacio,
7	reci**b**en los pilotos las palpitaciones del mundo por las (**h**)ondas hercianas, que
8	los orientan en su ruta y, sin desaliento, derrochando valor, llegan inde**m**nes a
9	**v**islumbrar las dilectas ur**b**es americanas, pueblos hermanos, de igual habla y
10	de idéntica historia. En las extensas bahías del Nuevo Mundo, millares de seres
11	se ad**h**ieren a un homenaje de bienvenida indescriptible, inenarrable, y aquella
12	nueva sa**v**ia de la vieja Madre Patria ahogó con lágrimas su exaltada emoción.
13	Acusados los moriscos de e**x**tralimitarse, manteniendo estrechas relaciones
14	para común auxilio con los turcos y ber**b**eriscos, fueron arrojados de España.
15	Excusamos decir que sus exa**g**eradas protestas y extravagantes prete**x**tos no
16	fueron escuchados ni lograron transa**c**ción alguna.
17	Es famoso el cuadro de Rembrandt que representa a la a**b**atida Artemisa, Reina
18	de Halicarnaso, bebiendo un bre**b**aje con la infusión de las cenizas del esposo
19	para buscar alivio a su acer**b**a tribulación. Dicha Reina levantó, en tri**b**uto de su
20	marido Mausolo, un so**b**erbio panteón, que se concept**ú**a por los sabios como
21	una verdadera maravilla. De **é**l proviene el nombre de mausoleo.
22	Lo que ocurrió en la fiesta de anoche no debe e**x**trañarte nada.
23	Con una audaz y valiente estratagema se ganó la batalla.
24	La re(**h**)ata de mulas está habituada a llevar provisiones al pastor.
25	El e**s**ófago es el conducto de la laringe al estómago.

Corregir las faltas que haya en cada línea.

1	Es extraño que los roedores e**s**tremezcan al naranjero.
2	El autor del homicidio e**x**piará su crimen.
3	El fiel cancer**b**ero se extravió en medio de aquel oasis.
4	Lo exiguo de su remuneración le hundió en la miseria.
5	Estaba e**x**tenuado por el esfuerzo desarrollado toda la tarde.
6	Armaron un zipizape con sus tra**v**esuras y fueron amonestados.
7	Son excelentes versos, dignos de e**s**culpirse.
8	No te expansiones leyendo cosas que re**v**elan mal gusto.
9	El fausto **h**allazgo le produjo una gran alegría.
10	No le hicieron la autopsia; sus (**h**)exequias se celebraron con todos los honores,
11	al octavo día de su trágico ó**b**ito.
12	Ayudé a que su bene**v**olencia fuera extrema ante tal situación.
13	El joven arguyó que diluviaba para no tener que salir de la casa.
14	La conducta de aquel individuo extraviado, cuyas **h**azañas y viciosos hábitos
15	todos conocían, ponían de relieve su mala condición.
16	No hubo excusa para la a**v**iesa idea al preparar la coartada.
17	El eli**x**ir que he pedido es muy bueno y te hará bien.
18	El ciervo volador es un insecto semejante al escara**b**ajo.
19	A duras penas y hacinado con la gente, pude estrechar su mano.
20	No existe excusa para eximirte de tu responsabilidad en la intoxicación.
21	Ese tapiz es de buena estructura.
22	Con excesiva exactitud comenzó el co**mb**ate de boxeo.
23	La zarzaparrilla es una bebida que no excita.
24	Me zambu**ll**í en un baño de agua ti**b**ia sin estremecerme.
25	Su e**x**travagante conducta exaspera a todos los que le conocen.

Corregir las faltas que haya en cada línea.

1	Yo, señor, no soy malo, aunque no me faltarían moti**v**os para serlo. Todos los
2	mortales tenemos los mismos cueros al nacer y sin e**mb**argo, cuando **v**amos
3	creciendo, el destino se complace en **v**ariarnos como si fuésemos de cera y
4	en destinarnos por sendas diferentes al mismo f**i**n: la muerte. Hay hombres a
5	los que se les ordena ir por el camino de los cerdos y de las chumberas.
6	Algunos gozan de un mirar sereno y el (**h**)aroma de su felicidad sonríe con cara
7	de inocente; otros sufren del sol **v**iolento en la llanura y arrugan el ceño como
8	las (**h**)alimañas para defenderse. Hay bastante diferencia entre adornarse las
9	carnes con arrebol y colonia, y hacerlo con tatuajes que después nadie ha de
10	**b**orrar ya. Nací hace muchos años, lo menos cincuenta y cinco, en un pueblo
11	perdido por la pro**v**incia de Badajoz; el pueblo se encontraba a dos leguas de
12	Almendralejo, agachado sobre una carretera lisa y larga como un día sin pan,
13	lisa y larga como los días -de una li**s**ura y una largura como usted, para su
14	bien, no puede figurarse- de un condenado a muerte. Era un pueblo caliente
15	y soleado, bastante rico en oli**v**os y guarros (con perdón), con las casas tan
16	blancas, que aún me duele la vista al recordarlas, con una plaza de losas y
17	con una hermosa fuente de tres caños e**n** **m**edio de la plaza. Hacía ya varios
18	años, cuando del pueblo salí, que no manaba agua de las bocas y sin embargo,
19	¡qu**é** elegante!, nos parecía a todos la fuente con su remate figurando un niño
20	desnudo, con su bañera rizada al **b**orde como las conchas de los romeros.
21	Si vienes conmigo, te enseñaré los **b**ienes que poseo en mi pueblo.
22	Desde la ri**b**era del arroyo disparó la escopeta y marró el tiro.
23	Era su obligación trabajar en la (**h**)era, e iba allá con exactitud.
24	Tu**v**o que esconderse en la caverna para que no le vieran.
25	S**i** **n**o cambias de actitud, no podrás demostrar tu a**p**titud en las pruebas.

Corregir las faltas que haya en cada línea.

1	En la metalurgia se utiliza el **y**unque y el martillo.
2	La hu**ll**a es una variante del carbón y emite olor **b**ituminoso.
3	La ba**ll**ena es un cetáceo que vive en el mar.
4	La gripe está producida por un **v**irus y es muy molesta.
5	Los e**x**ploradores lanzaron varios proyectiles en señal de advertencia.
6	El espectáculo de anoche nos servirá de escarmiento para lo sucesivo.
7	El vendedor estaba en conni**v**encia con otra persona en el negocio.
8	La veleta del pabellón giraba veloz, junto a la clarabo**y**a.
9	La insurrección de los isleños causó problemas a los dirigentes.
10	La yesca hizo arder la mecha y esta produjo el incendio.
11	La yegua **b**aya y el caballito alazán corrían alegres por la pradera.
12	No sé el porqu**é** de los mau**ll**idos quejumbrosos del gato.
13	Asumió sus yerros, y explicó el motivo que le llevaron a cometerlos.
14	La región de la atmósfera, superior a la troposfera, es la e**s**tratosfera.
15	En el ba**j**el sentimos bascas, y con el e**mb**ate de las olas nos a**b**alanzamos al
16	primer envite, con gran expectación, contra un e**s**pectador que fue e**mb**estido.
17	Con las hojas del esparto se fabrican sogas y (**h**)esteras.
18	Desde el adar**v**e del bastión, ca**y**ó al cauce y tu**v**o que ser rescatado.
19	El estaño brilla más que el plomo y cru**j**e al doblarse.
20	Tuvo que contar los racimos de uvas que el experto vendimiador iba e**x**tirpando
21	para luego poder determinar su jornal.
22	Ya muy agravado, parecía un e**s**pectro, y, a pesar de su escogida e**s**tirpe, fue
23	enterrado en una fosa común.
24	Levantaron el cadalso donde se castigaría su falta de pro**b**idad.
25	Era un hombre en extremo se**v**ero pero con un gran sentido de justicia.

Corregir las faltas que haya en cada línea.

1	Desde los **b**aluartes de la Alhambra anuncian tres cañonazos el acto sole**m**ne
2	en que es arriada la (**h**)izada bandera islamita. Boabdil se acerca, con desusado
3	**b**oato, al Cardenal Mendoza, y acompañado de sus huestes, entrega Granada.
4	Isabel devuelve al Rey moro el hijo que apre**he**ndió en rehén. Boabdil se dirige
5	a don Fernando; se apea de su caballo, y en prueba de fe**h**aciente vasallaje no
6	rehúsa besar su mano. Enseguida, (**h**)ondea la heráldica insignia cristiana, y
7	reful**g**e con atuendo el cele**b**érrimo **b**áculo arzobispal. El ejército íbero admira,
8	ávido y e**mb**elesado, la inolvidable escena, que gra**b**aba en su alma, al liberar
9	a los cautivos de los mo**h**osos hierros que los asían.
10	Se **v**islumbró un majestuoso relámpago, cuya proyección hendió el plú**mb**eo
11	cielo como una arista enrojecida y zigzagueante. El rayo agu**j**ereó la agreste
12	montaña, que se estremeció en un zumbido e**s**pectral, enervante y estentóreo,
13	de explosión volcánica, y los fuertes (**h**)ecos rebotaron en una extensa área, por
14	valles, barrancos y abismos, cual si el or**b**e fuera a derrumbarse. Los **g**élidos
15	aquilones silbaron, removiendo e**s**peluznantes remolinos, que astillaron las
16	(**h**)aspas de los molinos. Las nubes, vertiginosamente, se reco**g**ieron.
17	Los pájaros, tratando de esquivar la fuerte tormenta, se ovillaron acobardados,
18	co**b**ijados en las oquedades abruptas, y la tempestad, en su apo**g**eo turbulento,
19	adquirió ambiente apocalíptico, hasta que el alu**v**ión, en tromba, cayó sobre los
20	caminos, inundándolos. Anegó y de**v**astó vergeles u**b**érrimos y sepultó en la
21	aldea las débiles covachas de ado**b**es. El mar, embravecido, **b**alanceaba una
22	endeble corbeta, la cual fue a encallar, en brusco e**nv**ite, en un esco**ll**o.
23	Hágame usted un e**x**tracto de lo que ha leído.
24	El **h**uso es un instrumento muy útil para hilar.
25	(**H**)echa a la lumbre esos troncos de **h**aya.

Corregir las faltas que haya en cada línea.

1	Estos ejercicios contienen bastantes ejemplos de c**ó**mo debemos estudiar.
2	La (**h**)orquesta ha e**j**ecutado una bella pieza musical.
3	(**H**)echo de menos al habilidoso mecánico que había antes en mi su**b**urbio.
4	Me re**b**elo contra los que revelan secretos confiados a su discre(**c**)ción.
5	Hay que rei**v**indicar los derechos desde el cumplimiento de los deberes.
6	A tu vehículo le han **h**echo una chapuza en la **b**iela y las bujías.
7	No dejes que te digan ambig**ü**edades y conseguirás tu propósito.
8	Los productos que quitan los dolores físicos se llaman anal**g**ésicos.
9	Ahora vamos a aprender la forma de apre**h**ender barbos con anzuelo.
10	Hace dos semanas que no se riega la ma**c**eta.
11	Los bomberos acudieron dili**g**entes al incendio.
12	Siento un ma**le**star que nunca había experimentado.
13	Una **v**aca arremetió contra el automóvil tirando de la **b**aca las maletas.
14	Aremos el campo y mañana podremos salir a sembrar.
15	La tan**g**ente es la recta que toca en un punto a la circunferencia.
16	**An**oche cené con un amigo que hacía tiempo no veía.
17	El lobo del bosque está **a p**unto de e**x**pirar.
18	Aún se recuerda como el búho dirigía todos los que**h**aceres del bosque.
19	Nos echamos sobre la hier**b**a del parque.
20	Sus pensamientos eran ine**s**crutables.
21	Es una negli**g**encia por tu parte dejar el **b**utano abierto.
22	Solo llovi**z**nó un poco y los coches se mojaron.
23	**Sé** que pasarán muchos días antes de volver a verte.
24	Aquel objeto pun**g**ente es originario del volcán Vesubio.
25	Hinchaba un globo con más y más aire, **h**asta que hizo explosión.

Corregir las faltas que haya en cada línea.

1	Cristóbal Colón, nacido hacia el año 1446, fue el protagonista de uno de los
2	hechos más trascendentales de la Humanidad: el descubrimiento del Nuevo
3	Mundo. A pesar de los ad**v**ersos dictámenes de personajes y sabios que no
4	aprobaban y re**b**atían por absurdos y desca**b**ellados sus audaces proyectos
5	de buscar nuevas tierras, allende el océano, merced al mon**j**e del convento
6	de La Rábida, Juan Pérez, el cual di**o** hospitalidad a Colón bajo las bóvedas
7	del ceno**b**io y oyó sus explicaciones, logró este la prote**c**ción sin titubeos de la
8	Reina Isabel la Católica.
9	Con el apoyo moral y valimiento económico de tan egre**g**ia señora, adquirió y
10	**b**otó las tres memorables carabelas: Santa María, Pinta y Niña, que surcarían
11	la mar con rumbo a ignoradas y u**b**érrimas tierras. La exploradora e**x**pedición,
12	cuyos tripulantes re**b**asarían escasamente el centenar, pro**v**ista previamente
13	de abundantes **v**ituallas, se hizo a la **v**ela en la bahía de Palos en la mañana
14	del viernes 3 de agosto. Los fuertes vientos y el excesivo oleaje averiaron, con
15	un violento force**j**eo a ba**b**or y a estribor, las balanceadas naves obligándolas
16	a arri**b**ar a Tenerife, donde con habilidad fueron reparados los desperfectos.
17	Su estancia en la isla coincidió con la erupción del volcán del pico del Teide el
18	24 de agosto. Le**v**aron anclas y continuaron su valeroso viaje, cuya aventurada
19	navegación tuvo vicisitudes varias. Hubo momentos en que la desazón de no
20	hallar tierra llevó la **v**acilación y el desaliento al marinaje, pero jamás pro**v**ocó
21	actos de cobardía, hasta que el venturoso 12 de octubre surgió el maravilloso
22	hallazgo, que hizo hervir la sangre de los tripulantes, que atronaron el espacio
23	con sal**v**as y exclamaciones de estentóreos vítores, humedecidos sus ojos
24	por la emoción más ex(**h**)altada.
25	Estuvimos d**e pie** todo el rato que duró la película.

Corregir las faltas que haya en cada línea.

1	El escritor fue sacado de su éxtasis por el canto de un ga**ll**o.
2	La gra**v**a del camino se gra**b**a en las plantas de los pies.
3	Es necesario aplicar un gravamen a la comunidad, cuya situación s**é** que es
4	grave, pero también es preciso que gra**b**e la inscripción.
5	Que ice, si quiere, el conserje la bandera, que yo ya **h**ice bastante.
6	El hotel tiene una habitación con baño y **b**idé.
7	El **b**adajo de bronce cayó dentro del **b**astión y causó alarma.
8	Las pieles de **v**isón valen mucho dinero.
9	**V**areando los frutos de los árboles cayeron en la **b**alsa.
10	Los bo**ll**os eran caros, pues tenían hojaldre y huevo batido.
11	El balón es viejo y no **b**ota bien.
12	El **v**elero hundido por el submarino a**v**ituallaba al ejército.
13	El chaval se ocultaba en la cha**b**ola para que no le vieran.
14	En la cúspide del monte hay una casa con corriente eléctrica.
15	La **v**etusta dili**g**encia fue acribillada por los indios.
16	El chu**b**asco nos e**mb**adurnó de barro las botas.
17	El bicarbonato es una sal que (**h**)ablanda las legumbres.
18	El niño tiene **v**aricela y no puede asistir al colegio.
19	Me aburre ver en la televisión programas que no dicen nada.
20	Rellenaron con grava los **b**adenes antes de la época esti**v**al.
21	El odontólogo cura la caries dental.
22	Por tu holgazanería, no encendiste el **h**orno y la comida estaba fría.
23	Los cohetes que ha tirado ese truhan han ahumado la habitación.
24	El (**h**)ermitaño acariciaba a los dos perros para que no ladraran.
25	Lo exig**u**o de su remuneración le obligaba a muchas privaciones.

Corregir las faltas que haya en cada línea.

1	Se ase**v**era que producía éxtasis la efi**g**ie del Coloso de Rodas. Fue ejecutada
2	en bronce, y se erigía, a horcajadas, dando a**c**ceso al bello puerto de la bahía
3	de Rodas. Apoyaba, ufano, uno de sus mayestáticos pies en la isla. Los barcos
4	cruzaban bajo ella con su (**h**)asta **h**errada para el abordaje, y los alucinados
5	nautas elevaban sus ojos hacia la estatua, que, hierática, se erguía sobre las
6	cara**b**elas, en movimiento a**v**ante, con las velas extendidas, **h**inchadas como
7	un soberbio penacho de plumas al suave empu**j**e de las brisas marinas. Un
8	alarmante movimiento sísmico la derrumbó con desusado estrépito.
9	Acabado el a**j**etreo del Congreso, el 27 de diciembre de 1870, subió Prim a
10	su carruaje con dos ayudantes. El vehículo enfiló la (**h**)angosta calle del Turco,
11	que estaba alumbrada con luces **v**acilantes. Caía la nieve en albos vellones.
12	Ojos vigilantes e**s**crutaban a**v**izores, a hurtadillas, desde umbrales tenebrosos.
13	En la dese**mb**ocadura a la calle de Alcalá, se atravesó, estorbando el paso,
14	un coche, que acechaba con ahínco, y al (**h**)inquirir el General, asomado a la
15	ventanilla, los motivos de la detención, retumbaron en la noche disparos con
16	los que varios mal**h**echores fugitivos le acribillaron. Los espantados caballos
17	re**b**asaron las aceras, resbalando su herraje, y huyeron despavoridos ante el
18	espantoso **b**arullo. El General e**x**piró cuatro días después.
19	El cultivador de zana**h**orias vendió su cosecha en el mercado.
20	Aseguran que el agua de esa (**h**)acequia es inodora.
21	Haragán es el vago que rehúye el trabajo y vive en ocio.
22	Voy a la antigua usanza, con mi basto ta**b**ardo.
23	El bravo general derrotó a los insur**g**entes enemigos.
24	El ori**g**en de los apellidos lo estudia la Genealogía.
25	El agente de ventas ha sido esco**g**ido con la máxima pulcritu**d**.

Corregir las faltas que haya en cada línea.

1	Volaba sobre los embravecidos océanos el alado hidroavión, que, oteando a
2	barlo**v**ento y a sotavento, vio que las onduladas (**h**)olas batían a babor y estribor
3	a un barco, por cuya **h**ermética cubierta resbalaban las aguas.
4	¡(**H**)ojalá se salve el torero después de cornada tan aparatosa!.
5	Más tarde averigüé la causa de su ausencia.
6	Ya sabía yo que la sa**v**ia del árbol es útil.
7	El espléndido hu**é**sped fue el que animó la fiesta.
8	Compraríamos maletas s**i n**o tuviésemos baúles.
9	Cuando **b**otaron la cor**b**eta, yo estaba de viaje y no pude asistir.
10	Nos i**nv**itó a tomar café y le dimos las gracias por su amabilidad.
11	Fue atrope**ll**ado al intentar subir al autobús escolar en marcha.
12	El agua, al e**x**tenderse, se colaba por debajo de las puertas.
13	El ahorro es una posible fuente de riqueza para todo el país.
14	Fernando III el Santo destacó tanto por su santidad como por sus **h**azañas.
15	Al preguntarme po**r qué** lo hice le respondí que estaba exhausto.
16	Tras el naufra**g**io, consiguieron sobr**ev**ivir diez pescadores.
17	Figuraba entre los ha**b**itantes más desfavorecidos.
18	Las ga**v**iotas sobrevolaban las alegres ga**b**arras que volvían al puerto.
19	Le remito la resolución de los expedientes que me encargó.
20	Comenzó a estudiar a des**h**ora y no rindió lo necesario.
21	Lo siento, no lo **h**ice a propósito y estoy apesadumbrado.
22	El guardabosques nos ayudó mucho a encontrar la senda.
23	Me extraña que se ha**y**a vuelto **h**olgazán e irreflexivo.
24	El orador (**h**)arengaba a las masas con voz vibrante.
25	Este invierno no se han helado los **g**eranios ni las rosas.

Corregir las faltas que haya en cada línea.

1	Tuve un ri**v**al que, con su dilu**v**io de frases, causó no pocos disturbios.
2	Ollar es cada uno de los dos orificios de la nariz de las caballerías.
3	La a**b**negada y laboriosa joven padecía de flebitis.
4	Había que verla cuando se (**h**)aviaba para ir de fiesta.
5	Con **h**onda pena vimos que una súbita onda del mar nos arrebató a la o**v**eja.
6	El jugador de balompi**é** venía de la ca**b**ina telefónica.
7	El botulismo es un **v**ocablo que expresa intoxicación.
8	El radar es un detector y localizador de objetos.
9	Cogió lo que te**j**ía Francisco y este ru**g**ió de ira.
10	Traje el caballo de la dehesa, po**rq**ue cojeaba un poco.
11	Los que se alojan en el convento no se alejaron mucho con su **b**agaje.
12	Le condu**j**eron de noche a una casa de viajeros para pernoctar.
13	La enca**j**era llevó el aviso a la cerra**j**ería.
14	El jinete se hizo un jirón en su traje de montar.
15	El dibujo de ese herraje parece un **j**eroglífico.
16	No pudo in**g**erir el pequeño refrigerio contenido en una jícara.
17	Padecía de anginas y tenía irritada la larin**g**e.
18	Con harta frecuencia y sigilo infliges (**h**)ultrajes a la gente.
19	Eres el guía y **v**igía de esta generación tan escogida.
20	Los rebaños arribaron a su aprisco por un (**h**)atajo.
21	Mi hoz está sobre el haz de ga**v**illas de heno.
22	Los **b**isoños soldados hincaron sus ba**y**onetas en un saco de tierra.
23	Enviaron al co**nv**ento un convoy lleno de ví**v**eres.
24	El plexo solar es una red nerviosa que rodea la (**h**)arteria aorta ventral.
25	Se (**h**)enojó porque hervía en la o**ll**a otras hierbas.

Corregir las faltas que haya en cada línea.

1	Nadie adivinaría al astuto cleptómano, de car**á**cter veleidoso y mandí**b**ula de
2	exagerado prognatismo, cuando se reunía con sus colegas en los mullidos
3	di**v**anes del hotel, para hacer ostentación de su euforia y jactarse de todas
4	sus **b**aladronadas, mientras e**s**piraba el humo de su veguero, cuyas **v**olutas
5	iban impregnando la atmósfera de **v**oluptuosidad.
6	Al (**h**)orto del astro Febo, ocultos en los cañaverales divisamos el paisaje, por el
7	que avanzaban toda una hilera de falan**g**es cabileñas provistas de ala**b**ardas, a
8	cuyo frente marchaba airoso el jefe de la tropa. Dificultosamente, apoyábamos
9	los pies sobre **b**ituminoso suelo, que nos hacía res**b**alar con peligro de caer en
10	honda al**b**erca. Nuestros holgados calzones se engancharon en el matorral. Al
11	desasirnos, nos escabullimos. Esperábamos el momento propicio de continuar
12	la marcha entre las salvajes selvas de a**b**etos y abedules.
13	Amarga herencia la que recogió Isabel de su des**h**onrado hermano Enrique: la
14	Corte, convertida por su corrupción en un **b**urdel; desbordadas las pasiones
15	en todos los bandos; e**s**tragada la moral; abusiva conducta de los ambiciosos
16	cortesanos de basta epidermis, taifas continuadores de la obra re**v**olucionaria
17	del le**v**antisco o**b**ispo Carrillo, traidores los más, que amparaban a la Beltraneja,
18	fruto de las li**v**iandades de la mujer de Enrique IV con don Beltrán de la Cueva.
19	¡Repugnante e**s**pectáculo! Sin embargo, gracias a Isabel, de férrea fortaleza y
20	rígido carácter, se inició con los Reyes Católicos el reinado que abrió a España
21	las puertas del poder mundial, i**n**novando con habilidad innegable y con sabias
22	medidas coerciti**v**as los corruptos hábitos, y colocando bien erguido el pabellón
23	nacional con los gloriosos **h**echos que causaron admiración en todo el mundo:
24	el descubrimiento de América y la e**x**pulsión de los musulmanes de España.
25	La re**b**elión de las masas reveló la intransigencia del **j**erarca.

Corregir las faltas que haya en cada línea.

Nadie hubiera podido con**j**eturar que el Domingo de Ramos, día 19 de abril de 1886, se escribiría una página sangrienta en la misma Catedral de Madrid. Galeote, el ena**j**enado pres**b**ítero de subversivo carácter, cejijunto el rostro y enrojecidas las me**j**illas, se colocó vigilante, en escogido y estratégico lugar, y sin que adu**j**ese motivo alguno, imbuido y aguijoneado por oscuras razones, asesinó de tres tiros de rev**ó**lver al casi sexagenario Narciso Martínez Izquierdo, primer o**b**ispo de Madrid, al que acompañaba su pa**j**e.

En el límite de las provincias de Madrid y Ávila, cerca de Cadalso de los Vidrios, e**x**iste el sitio de Guisando, en el que hay cuatro berroqueños toros de la época de Sertorio (70 años antes de Cristo), histórico lugar donde se resolvió el liti**g**io de la sucesión del veleidoso Enrique IV, declarando este, sin amba**g**es en 1468, como heredera del Trono a su generosa hermana Isabel, inteligente Reina que había de **c**eñir la diadema de dos mundos. Firmó el Rey, de manera vergonzosa, un acta, que suscri**b**ió en Medina del Campo, confirmando su des**h**onra.

Existe una sustancia e**x**plosiva que es del hombre perfectamente conocida. Se compone de azufre, carbón ve**g**etal y salitre: es la pól**v**ora. Son horrorosos los e**s**tragos y afli**c**ciones que ha causado a la Humanidad este descubrimiento: el silbido de las extraviadas balas que se incrustan con e**s**trépito en las **h**endiduras de los baluartes; la alarma y el estruendo que turban la paz del campo en la dura batalla y (**h**)erizan los cabellos de las tropas combatientes, sembrando con salvaje locura la orfandad, la desolación, el e**x**terminio y el hambre. Con frecuencia, se utilizan en pirotecnia, como cuando se fabrican cohetes.

Andaba yo con parsimonia por el sendero que atraviesa los campos cuando el sol poniente guardaba avaricioso en la **h**ucha del monte sus últimos oros. Se hundían cada vez más las luces en la sombra, y la tierra descansaba ca**ll**ada.

Corregir las faltas que haya en cada línea.

1	Me invitó a visitar su chalé, pero no me dijo cu**á**ndo.
2	En Suiza hay gran cantidad de hayas, a**b**edules, a**b**etos y pinos.
3	El **h**ortelano anhelaba que sus **v**erduras crecieran más.
4	El idioma es un organismo vivo, y como tal, cambia continuamente.
5	La avoceta es un ave de cuerpo blanco y pico encor**v**ado.
6	El contrato que firmaron es bilateral y obliga a (**h**)ambos.
7	Garbín es una cofia hecha de red que se utilizaba antiguamente.
8	El co**nv**oy llegó a la **b**ifurcación del camino y se extravió.
9	El (**h**)ulular del viento ha desvelado a los ra**b**adanes.
10	Dejé el autom**ó**vil en el garaje y me fui andando a casa.
11	El estrépito asustó a la perdiz que huyó rápidamente.
12	¿Cuánto solicitó él para sí?.
13	¿Dónde compras tú el t**é**? Lo compro donde t**e** dije ayer.
14	¿Qué quieres que haga con esta carta de esa chica?.
15	Aquel es m**i** primo, y este, mi cuñado.
16	Esa pluma es de ese. ¿De quién es **e**ste bastón?.
17	Los que hablan no saben a**ú**n lo que dirán los que callan.
18	Me respondió con un rotundo s**í** y yo, desde luego, le creí.
19	Po**rq**ue soy curioso, quiero averiguar el porqué de tan extraña conducta.
20	No ignoro el c**ó**mo y el cu**á**ndo de lo ocurrido anoche en la fiesta.
21	Te doy las gracias por todo lo que hiciste por mí.
22	Estaba apo**y**ado en el antepecho del balcón y le vi pasar.
23	Calculo **a b**ulto que el regalo te ha de**b**ido costar bastante caro.
24	Ese tubo de vidrio tuvo hidrógeno del laboratorio de **v**acunación.
25	La enti**b**ación del túnel se hizo con re**v**estimiento de cemento.

Corregir las faltas que haya en cada línea.

Vespasiano fue felicitado por su acierto cuando se decidió a la constru**c**ción del Coliseo de Roma. Todavía cubre este una extensión de dos hectáreas. Ca**b**ían en sus gradas cerca de cien mil e**s**pectadores. En tan trágico recinto, la ple**b**e y la aristocracia romanas contemplaban impá**v**idas e inconscientes las luchas de los gladiadores y el irritante martirio de los estoicos cristianos que, la fora**j**ida y salvaje horda, entregaba en su **v**esánica vorágine a la tremebunda **v**oracidad de las fieras, las cuales, avanzando con gran rapidez se a**b**alanzaban sobre sus desva(**h**)ídas y des**v**alidas víctimas, las cuales gra**b**aron páginas excelsas, para lo(**h**)or del Cristianismo.

Dos jóvenes dese**nv**ueltos: Entendimiento y Voluntad, contrajeron nupcias y de este matrimonio surgió un esbelto y laborioso **v**arón, que se llamó Trabajo. No en **b**alde eligió el mancebo a una doncella llamada Economía, que vivía en una aldehuela próxima con sus austeros padres: Orden y Pre**v**isión. Sin más preámbulos se casaron y tuvieron un **v**ástago que se llamó Ahorro. Creció el neófito, y no titu**b**eó en enlazarse con Constancia, bella joven de ojos glaucos y labios **b**ermejos, hija del Honor y de la Firmeza y esclarecida nieta del Carácter y de la Rectitud, y de este matrimonio nació un espa**b**ilado y gigantesco infante, denominado Capital.

Jo**v**ialmente, se comenta la original e**s**tratagema de que se valió Aníbal para conseguir una conquista naval. La víspera del combate, se advierte un extraño tejemane**j**e sobre la cubierta. Los soldados de Aníbal llevan a bordo de la nave **v**asi**j**as de barro, cerradas herméticamente. Sonríe el enemigo al observar que, como (**h**)inocuos proyectiles, les abalanzan los cartagineses los e**nv**ases, que se des**h**acen al estrellarse contra la cubierta. Súbitamente, un marino lanza un terrible (**h**)alarido, y cae herido, y desa**h**uciado, por virulenta picadura de reptil.

Corregir las faltas que haya en cada línea.

1	El gentilhombre dejó el guardapolvo en el guardarropa.
2	La veleta del pabellón giraba veloz, junto a la claraboya.
3	Los habares en flor tienen fragancia y darán buenas habas.
4	Expuso sus yerros, explicando el porqué de dichos errores.
5	Se guardó la bonificación de la venta del escabeche.
6	Por tu culpa he cargado con el sambenito y tengo que pagar por ello.
7	El estaño brilla más que el plomo y cruje al doblarse.
8	Puso de relieve su hosco carácter y su despabilado ingenio.
9	Disputaba con un vecino a causa de las lindes de una finca.
10	Las espoleadas huestes expoliaron la finca con gran algarabía.
11	Aunaron sus esfuerzos y (h)urdieron un plan estratégico.
12	La llanta del vehículo la llevó una yunta a la herrería.
13	El carretero gritó a las caballerías al cruzar por un vado de la ría.
14	El bromuro se puede utilizar como calmante.
15	El viajero sufrió un vahído porque había dormido en una casa muy (h)umbría.
16	El grave evento se solucionó cuando intervino el buzo.
17	La re(h)ata está habituada a llevar provisiones al pastor.
18	Hisopo significa (h)aspersorio y, también, nombre de una planta.
19	Vendió una vaca que fue transportada en la baca del carruaje.
20	Contra su hostil compañero empuñó el mango de la (h)azada.
21	Ese bribón maneja diestramente el arpón y azadón.
22	En medio del hoyo expiró el gigante.
23	El fugitivo, que deambulaba por el monte, halló una joya de gran valor.
24	Las becas del orfanato se hallan vacantes.
25	No reveles la consigna del rebelde ni te rebeles contra él.

Corregir las faltas que haya en cada línea.

No cabe duda que fue a**b**ominable e inaudito que se procesara a Juana de Arco. Sin pruebas, se la acusó de utilizar artes de magia y brujería, de **h**erética y visionaria, cual si fuese la cancer**b**era de un (**h**)aquelarre. Con la promesa de su liberación, la conminaron que abjurase, y una noche, en contu**b**ernio, llevaron a cabo el hurto de sus vestidos de mujer, sustituyéndolos por un traje de varón, y en tal tesitura, este hecho ter**g**iversado, bastó para condenarla a la hoguera con el coaccionado **v**oto de veleidosos y osados jueces. Fue, más tarde, santificada pre**v**ia aprobación del expediente (**h**)incoado.

Se ha hecho pro**v**erbial el nombre del bárbaro Atila, rey de los hunos, al que se llamó el desaforado "Azote de Dios". Se **v**anagloriaba de que no volviese a surgir la hierba por donde **h**ollara su caballo. Era varón ro**b**usto, de exagerada cabeza, ojos vivarachos, barba hirsuta, mezcla de grandes vicios y virtudes, de a**v**iesa intención para los enemigos y de (**h**)acendrada **b**ene**v**olencia para los adeptos. Asoló urbes y desechó eximios amigos. De sus luchas salió incólume y sin menoscabo. Expiró a orillas del Danubio.

Viriato, caudillo de los lusitanos, fue, por traición, asesinado cuando dormía en su tienda. Asiduamente, con empu**j**e vertiginoso de veloz saeta, batió y venció sin bravatas a los romanos, como venganza a las a**b**usivas y a**b**ominables se**v**icias, siempre en auge, que con aviesa acer**b**idad cometieron en España. Hastiados y enrojecidos de rabiosa ira los co**h**ibidos romanos, no se coartaron en halagar, sin amba**g**es, a unos oficiales que, so**b**ornados, llegaron al extremo de consumar el trágico re**g**icidio.

El aire de la sierra vivifica a las plantas y a los animales.

Los a**c**cidentes del nombre son género, número y caso.

El azar hizo que en estos inhóspitos parajes asásemos pan en la lumbre.

Corregir las faltas que haya en cada línea.

1	Durante toda la noche estuve leyendo la novela que me dejaste.
2	Como no abreviéis, me agobiáis.
3	El conductor hacía correr a gran velocidad su vehículo.
4	El vaquero vapuleó a la vaca con una dura vara.
5	La va(h)inilla es un vegetal aromático.
6	Deja la varilla en la vasija y tráeme los nuevos utensilios.
7	La vaca tiene un becerro muy bonito.
8	Con esos ayes es extraño que no halles a nadie que te auxilie.
9	Después de una vida turbulenta volvió a su antiguo trabajo.
10	Si vacilo en exterminar el mal me hundiré en el abismo.
11	La sirvienta hierve la hierba para preparar una (h)infusión.
12	Seguís siendo tan pusilánimes como erais cuando os conocí.
13	Cuando leéis, parecéis un moscardón que no cesa de revolotear.
14	Me han asignado la misión de enseñar a los transeúntes el viejo árbol del jardín
15	que hay al extremo del paseo marítimo.
16	El espléndido huésped fue agasajado antes de despedirse.
17	El hortelano se bañó en la alberca después de la jornada vespertina.
18	Se movía al compás de la música que se oía desde la ventana.
19	Es bonito viajar en primavera por ser una estación privilegiada.
20	Le privaron de sus privilegios por querer absorber toda la mercancía.
21	El secretario recibió un varapalo del vicepresidente.
22	Esa tarea debéis realizarla al aire libre.
23	Faltaba media hora para la salida del tren y aún no habían llegado.
24	Anoche tuve un sueño caótico e inquietante.
25	¿Responderían después de lo que había ocurrido?

Corregir las faltas que haya en cada línea.

1	Se admira al célebre Fidias, genial escultor de la gigantesca estatua de Júpiter,
2	que se tiene por una señalada maravilla. Se e**j**ecutó en homenaje a esta deidad,
3	que aparecía sentada en un so**b**erbio trono de brillantes y rubíes. En la diestra,
4	(**h**)ostentaba orgullosamente una figura que representaba a la diosa Victoria, y
5	en la siniestra, un valioso **b**áculo con encajes de esmeraldas, obra de habilidosa
6	concepción de relevante (**h**)orfebre. El manto caía, desde los hombros, a guisa
7	de lluvia **á**urea, por sus atléticas espaldas. Los ignorantes creyentes le rendían,
8	hincados de **h**inojos, idolátrica **v**eneración.
9	Parece que llegó una mala racha de tri**b**ulaciones cuando los ilusos ga**b**achos
10	se apoderaron de España. Hasta en los suburbios más alejados de las urbes,
11	vibró el heroísmo contra el invasor extranjero. Ca**v**ilantes y cabiz**b**ajos, todos
12	los indígenas aguardaban, sin tibiezas, la hora del combate, desde el ra**b**adán,
13	en su cabaña, hasta el de más esclarecido a**b**olengo; desde el **h**ortelano hasta
14	el hosco sabiondo hundido en su la**b**oratorio, ávidos de ser para la patrulla de
15	rivales como lava hirviente y arrolladora. El aunado esfuerzo fue tan unánime
16	y a**v**asallante que logró vencer al in**v**asor.
17	San Ignacio de Loyola, de noble linaje, se dedicó a las armas. Tomó parte en
18	la e**j**emplar y legítima defensa que en Pamplona hicieron los indígenas, con
19	empuje valeroso, contra los franceses, y en la que una **b**ala disparada por los
20	extranjeros vino a agujerear la pierna de Ignacio.
21	Durante su larga co**nv**alecencia, la sigilosa lectura de la vida de los Santos le
22	llegó a causar tan **h**onda impresión, que decidió ser**v**ir a Dios por entero y, a la
23	edad de treinta y tres años, empezó (**h**)a estudiar para sacerdote.
24	Yo tampoco me conformo con ganar ta**n** **p**oco sueldo.
25	Tenemos que ir a casa de José, **a fi**n de darle la enhorabuena.

Corregir las faltas que haya en cada línea.

1	Andrés vio un extraño fenómeno atmosférico en su pueblo.
2	En la feria hay vocerío y algarabía, pues el festejo está en su máximo apogeo.
3	Esta pérdida fue un acerbo dolor, pues se quemó todo el acervo artístico.
4	Los sembrados se extienden hacia lo lejos y se pierden en el horizonte.
5	El italiano Verdi es ídolo inolvidable por sus obras Aida y La Traviata.
6	En efecto, lo que hacéis me parece un pasatiempo muy agradable.
7	Oboe es un instrumento músico de viento.
8	Estuve ojeando en la librería pero no encontré el libro que buscaba.
9	La hiedra está en aquel hueco del nogal viejo.
10	Como has escrito con ligereza, la carta está ilegible.
11	Echan una (h)ojeada los combatientes y su espanto es horrible.
12	La nave fue invadida por venenosas víboras surgidas del inesperado embalaje.
13	No quiero que el cirujano le extirpe ese grano.
14	Ese (h)artilugio sirve para rallar el pan.
15	Pasé toda la tarde en la biblioteca, pero sólo estuve hojeando unos libros.
16	Tu bienhechor está muy complacido con las notas que has obtenido.
17	El ácido sulfúrico es corrosivo si sale del volcán.
18	(H)usaremos de mucha higiene en las hemorragias.
19	Las lluvias de este invierno han llenado el aljibe.
20	El camello es un animal que posee una giba.
21	Las pilas eléctricas contienen cinc, cobre y yodo.
22	Un enjambre de abejas picó a las ovejas que estaban cerca.
23	Habrían dos o tres niños al abrir la puerta que había en el patio.
24	El líder de los bandidos, ha vendido la alhaja que me robó del arca.
25	No me arrebatarás los juguetes de manera capciosa y perversa.

Corregir las faltas que haya en cada línea.

1	El héroe exhaló sus últimos e**s**tertores, sucumbiendo, s**i n**o por el hierro de los
2	fugitivos, sí por el designio del Hacedor, por un exceso de tristeza, originada
3	por la (**h**)enojosa decepción que sobre él gravitaba, por el muy desventurado
4	descalabro de la batalla de Calatañazor, donde el arrojo de las (**h**)engreídas
5	huestes cristianas le exterminó.
6	Se desalojó la sala del hospital, (**h**)e hicieron la autopsia a aquel impú**b**er chaval.
7	Había muerto asfixiado. Desolado, acudió su abuelo, un enjuto ve**j**ete, el cual
8	sufrió un vahído. Un a**b**igarrado gentío se hacinaba, sosteniendo una diatri**b**a
9	inverosímil sobre lo aca(**h**)ecido al mozalbete. En aquella retahíla de opiniones
10	sin (**h**)ilación, unos lo atribuían al azar, en tanto que otros lo re**b**atían, opinando
11	que era un suicidio por haber mal**v**ersado parte de los ahorros que el dueño de
12	una joyería le había encomendado. No se pudo saber, a pesar de a**v**ispadas
13	investigaciones, el por**q**ué de **h**echo tan triste.
14	El si**b**ilino viento embestía y balanceaba furiosamente la na**v**e. Vano resultaba
15	el esfuerzo rí**t**mico de los remeros. El mensaje lo llevaba oculto en su ta**b**ardo
16	de dorados **b**otones, y había de llegar a manos del **g**eneral, el cual aguardaba
17	e**x**pectante. La orden recibida (**h**)apelaba a su civismo, aludiendo a la inmediata
18	y rápida marcha para el campo combatiente.
19	Aníbal atravesó los Alpes, y quedaron a su libre al**b**edrío los romanos, abatidos
20	en las batallas de Trebia, Tesino, Trasimeno y Cannas, en las que perdieron la
21	vida innumerables caballeros, y llegaron a prevenirse, por tener la convi**c**ción de
22	que Aníbal encontraría obvia la conquista de la propia Roma.
23	En el lugar donde se alzó la des**b**aratada torre de Babel, se emplearon, (**h**)allá
24	por el año 2640 antes de Cristo, dos millones de obreros, para dar a**b**asto, en
25	el menor int**e**rvalo, con **v**ertiginosa desenvoltura, a la edificación de Babilonia.

Señalar las faltas que hay en cada línea.

1	A**d**quiere un gran au**g**e hacer (**h**)elogios de la energía solar. * A * B * C D
2	La esfin**g**e es un monumento faraónico. * A B C D
3	Los ta**ll**os del **g**eranio son muy frá**g**iles. * A * B C * D
4	No existen vesti**g**ios del triste naufragio. A * B C D
5	No debes su**g**estionarte con esta tra**g**edia. A * B C * D
6	Can**j**ea por otras nuevas las bu**j**ías fundidas. * A B * C D
7	El **b**ajel e**mb**arrancó en el ba**j**ío de la (**h**)orilla. * A * B * C * D
8	El envejecido jefe de los insurre**c**tos era un fora**j**ido. A B * C * D
9	Observa con fijeza esta forma de injerto. A B C D
10	Necesitaremos un gran e**m**puje para mover este peñasco. A * B C D
11	**H**agamos una demostración de siembra con el tra**c**tor. * A B C * D
12	El colegio tiene una buena calefa**c**ción en invierno. A B * C D
13	Realiza la corre**c**ción de este p**r**oblema y dame el resultado. A * B * C D
14	Limítate a exponer lo e**s**trictamente necesario. A B * C D
15	En octubre comienzan las clases en los cole**g**ios. A B C * D

Señalar las faltas que hay en cada línea.

1	Es conveniente tu inter**v**ención para que se determinen los planes futuros. A * B C D
2	Para ca**v**ar la tierra de mi heredad necesito reca**b**ar dinero. * A B C * D
3	El **h**órreo es el granero de los países húmedos. * A B C D
4	La **h**ormiga es un insecto **h**acendoso que trabaja en verano. * A * B C D
5	El oso hormiguero tiene un pronunciado **h**ocico. A B C * D
6	Usa esta **h**orquilla para introdu(**c**)cir el pan en el horno. A * B * C D
7	Las hojas **h**úmedas producen en la hog**u**era mucho humo. * A B * C D
8	No **h**ostigues al hurón pues te morderá. * A B C D
9	El fragor del huracán ho**r**rorizó a los humildes habitantes del hospi**c**io. A * B C * D
10	El h**é**roe se mostró hostil a todo **h**alago. * A B C * D
11	Bajó el telón al aca**b**ar el cantante su **b**alada. A * B C * D
12	Estas **b**aldosas tienen un precio (**h**)asequible y son muy bonitas. * A B * C D
13	De un terrible coletazo la ba**ll**ena hizo zozobrar la **b**arca. A B * C * D
14	En la **b**arraca se e**x**hiben bellas **b**andejas y debemos ele**g**ir una. * A * B * C * D
15	Cierra la vál**v**ula de la botella de (**h**)oxígeno pues se está saliendo. * A B * C D

Señalar las faltas que hay en cada línea.

1	Traza una línea re**c**ta que sea **v**ertical. A B * C * D
2	Yo conozco al arquitecto que **h**a construido este edificio. A B * C D
3	Me **b**arrunto que hoy **h**abrá un buen jaleo. * A B * C D
4	Es maravilloso observar el sentido de (**h**)orientación in**h**erente a las aves emigrantes. A * B * C D
5	Aún tengo esperanza de que se d**é** por ven**c**ido. A B * C * D
6	Deambulo entre oli**v**os e higueras que exhiben jugosas bre**v**as. A * B C * D
7	En**h**ebraba la aguja para hilvanar la le**v**ita. * A B C * D
8	El viejo que cuidaba el ver**g**el padecía de la vejiga. A B * C D
9	La **b**abera del yelmo estaba llena de **h**errumbre. * A B C * D
10	El (**h**)orador elogió la rigidez y honestidad del fabricante de **b**ujías. * A B C * D
11	En las **h**endiduras de la dehesa hay a**b**ejas y **h**ormigas. * A B * C * D
12	Puso tanto an**h**elo en la acción que se desma**y**ó al cruzar la meta. * A B * C D
13	Era verdad que el bergantín fue atacado por una nave ber**b**erisca. A B C * D
14	El carburador del vehículo estaba e**s**tropeado y lleno de ho**ll**ín. A B * C * D
15	La ví**b**ora es un re**p**til **v**enenoso y carní**v**oro. * A * B * C * D

Señalar las faltas que hay en cada línea.

1	Los árboles de la huerta son de hoja pere**n**ne y madera blanda.
	A B * C D
2	Tiene un extenso **v**oca**b**ulario en el que resaltan los **v**er**b**os.
	A * B C * D
3	El auxilio contra la a**s**fi**x**ia de los ahogados debe hacerse mediante respiración artificial.
	A * B C D
4	Ayer me herí una pierna y me até una to(**h**)alla alrededor.
	A B C * D
5	Los re**b**años trashumantes arribaron a su (**h**)aprisco.
	* A B C * D
6	Aún hay gente en la calle saltando la va**ll**a.
	A B C * D
7	Tú, que nunca quisiste oír hablar del tema, ahora me preguntas por **é**l.
	A B C * D
8	¿Cuánto cuesta ese jerse**y** del escaparate?.
	A B * C D
9	El origen de los fenómenos paranormales es una incó**g**nita.
	A B C * D
10	El libro de las reglas **b**ásicas de ortografía nos está siendo muy (**h**)útil.
	A * B C * D
11	Este frigorífico no con**g**ela lo suficiente en **v**erano.
	A * B C * D
12	El te**r**remoto vino aco**m**pañado de un enorme e**s**truendo.
	* A * B C * D
13	La conferencia, si bien complicada, **h**a sido interesante.
	A B * C D
14	Me parece que tu razón fue la que influ**y**ó en la decisión tomada.
	A B * C D
15	Cuando nieve pasaremos un fin de semana en Granada.
	A B C D

Señalar las faltas que hay en cada línea.

1	El vaga**b**undo bené**v**olo y **b**enefactor fue bioquímico. * A * B * C D
2	El e**x**travagante viajero vivió como (**h**)errabundo y **b**iólogo. * A B * C * D
3	La amabilidad de Juan le a**y**udó a la mo**v**ilidad **b**ibliotecaria. A * B * C * D
4	Yo me **b**aso en que el **v**aso de agua y el **b**ate de béisbol son del vecino. * A * B * C D
5	Es **b**ello el vello de la cabe**z**a de Juan, el (**h**)amigo de tu prima. * A B * C * D
6	Caminó por los ignorados túneles y llegó a ignotas re**g**iones indias. A B C * D
7	Las fotografías que hay en el álbu**m** me recuerdan tie**m**pos pasados. A * B C * D
8	Salió con un convoy con ví**v**eres para socorrer a los náufragos. A B * C D
9	El hortelano cuida de sus **h**ortalizas y e**x**óticas **h**ortensias. A * B * C * D
10	Es ob**v**io que tu**v**e que andar mucho al ad**v**ertir y ver al enemigo. * A * B * C D
11	Con esa bo**b**ina de hilo no podrás coser estos te**j**idos tan **b**astos. * A B * C * D
12	Al **v**agabundo le hurtaron sus míseros **h**arapos. * A B C * D
13	El otro día vi en el cine una película de ciencia fic**c**ión. A B C * D
14	El té lo darán mañana en la sala de rece**p**ciones. A B C * D
15	El **b**ando recompensa la captura del **b**andolero. * A B C * D

Señalar las faltas que hay en cada línea.

1	El celi**b**ato es un problema a resol**v**er que no incumbe a los seglares. * A * B C D
2	Tras la condena, su e**x**carcelación tuvo restri**c**ciones terapéuticas. A * B * C D
3	Los (**h**)errores son obvios pero fueron tolerados con **b**enevolencia. * A B C * D
4	No o**b**stante el técnico reflexionó, pues en sus prescripciones era e**x**cesivo. * A B C * D
5	Cumplió con su de**b**er al denunciar el delito cometido. A * B C D
6	El texto sur**g**ido de la nada, es i**m**procedente y contro**v**ertido. * A B * C * D
7	A causa de la velocidad se re**v**entó una rueda en un **b**ache. A B * C * D
8	O**bv**iamente, el prece**p**to penal **h**a sido tácitamente infringido. * A * B * C D
9	Hay que absol**v**er al acusado por falta de pruebas. A * B C D
10	Los países del área o**c**cidental tienden paulatinamente a prote**g**er al menor. A * B C * D
11	El marino estaba embebido en la **v**ana persecución de una ga**v**iota. A B * C * D
12	Frun**c**iendo el entrecejo para no ro**m**per a llorar, le miré a los ojos. * A B * C D
13	El pueblo de los pigmeos es uno de los más primiti**v**os. A B C * D
14	El estrépito de los motores aún re**v**erberaba en mis oídos sordos. A B * C D
15	El hi**p**notizador reflexionó al (**h**)ex**h**umar el cadáver del asesino. * A B * C D

Señalar las faltas que hay en cada línea.

1	Los cazadores reh**ú**yen matar a las abu**b**illas por su pestilen**c**ia.
	A * B * C * D
2	Te e**x**horto para que rehú**y**as de las acciones des**h**onestas en tu trabajo.
	* A * B * C D
3	Cuando reclinaba mi cabeza en la almohada an**h**elaba dormir para no pensar.
	A B * C D
4	El hombre ahorró con (**h**)a**h**ínco las alhajas que hered**ó** de sus ant**ep**asados.
	A * B * C * D
5	El dictador depra**v**ado y d**é**spota sufrió el deshonor y la deshon(**r**)ra.
	A * B * C * D
6	El gran venda**v**al avivó la **ll**ama de la hoguera que estu**v**o a punto de apagarse.
	* A * B * C D
7	Tras impro**b**os esfuerzos revivió el bañista que estuvo **a p**unto de a**h**ogarse.
	* A B * C * D
8	Debemos decir que la (**h**)almeja es un molusco bivalvo y la lapa univalvo.
	A * B C D
9	El buceador cerró herméticamente la vál**v**ula de la botella de oxí**g**eno.
	A B * C * D
10	Cuando revolvió la esquina sacó el re**v**ólver y disparó a mansal**v**a.
	A B * C * D
11	De**b**emos decir que la palabra (**h**)adagio es sinónimo de refrán o pro**v**er**b**io.
	* A * B C * D
12	El gi**mn**asta danzó y realizó una e**x**hibición de agilidad rí**t**mica en la pista.
	* A * B * C D
13	Debes a**v**alarle con tu firma para que le con**c**edan el préstamo que solicita.
	* A * B C D
14	Después de llegar **a u**n acuerdo, se desco**nv**ocó la huelga de los (**h**)ujieres.
	A * B * C * D
15	El baluarte **h**a sido derruido con fuertes cañonazos disparados desde el na**v**ío.
	* A B C * D

Señalar las faltas que hay en cada línea.

1	El benerable anciano mató al búfalo hechando veneno en el varranco. A B C D
2	La caberna o cuvil del oso estaba situada en la trabesía del barvecho. A B C D
3	Preservar los abellanos es loable y emotivo; para mí, no es una averración. A B C D
4	Las vengalas asustaron a los avejarucos que despavoridos invadieron el pavellón. A B C D
5	El párbulo tiró el móvil y rompió el moviliario del hermano de mi cónyuge. A B C D
6	El longevo aveto fue injertado por mis antepasados con yemas de abedul. A B C D
7	Los peregrinos visitaron la ermita y vieron el proyecto del combento. A B C D
8	Yo sé el porqué de su expléndido salto y, por eso, no pude evitar sonrreír al verlo. A B C D
9	El brioso caballo murió al caerle encima una biga de madera de aya. A B C D
10	El pastor medita cayado apoyado en su basto cayado. A B C D
11	Una vez desecho este viejo muevle tira los deshechos a la oguera. A B C D
12	El farmacéutico nuevo, embasó el agua del envalse porque era potable. A B C D
13	Huíamos cuando construimos el puente aereo por temor a un derumbamiento. A B C D
14	Cuando el hasta del toro halla sido rota nos iremos de aquí. A B C D
15	El aero plano entró en varrena y se estrelló en el varranco. A B C D

Señalar las faltas que hay en cada línea.

1	En la dehesa había avellanos, (**h**)abedules, abetos y é**b**anos. A B * C * D
2	Te prevengo que le advertí del peligro de la longeva víbora. A B C D
3	El la**v**abo tenía un dibujo color amarillo que hac**í**a juego con el mo**b**iliario. * A B * C * D
4	El sibarita era un serio ri**v**al y el a**b**ulense perdió el campeonato. A * B * C D
5	Ca**v**ilaba si debía usar jabón para lavar las piedras manchadas de **b**enceno. * A B C * D
6	La sa**v**ia no llega**b**a a las hojas en el momento previsto por las **h**ormigas. * A * B C * D
7	Jugando a la **v**eleta golpearon a la a**v**utarda que ca**y**ó al suelo entre los cla**v**eles. * A * B * C * D
8	La **v**ela y la **b**ala son cosas válidas para vender en el mercado de a**b**astos. * A * B C * D
9	Tuvo un accidente; pero se recuperó en casa sin in**j**erencia de los médicos. A B C * D
10	El huérfano del (**h**)orfanato oscense era un humilde **h**ortelano. A * B C * D
11	El mahometano no pudo e**x**tirpar su noble e**s**tirpe y ca**y**ó en desgracia. A * B * C * D
12	El **b**orrego daba **b**alidos subido en la inestable **b**alsa. * A * B C * D
13	El in**g**ente iceberg amenaza la navegación marina en la zona polar ártica. * A B C D
14	El e**x**plorador ha salido hacia ignotos países por caminos desconocidos. * A B C D
15	El barquero canta al son de la **b**andurria mientras cruza el río en dirección a la ribera. A * B C D

Señalar las faltas que hay en cada línea.

1	La Alhambra de Granada, está (**h**)alambrada por todo el re**c**into. A B * C * D
2	La beren**j**ena envejeció al in**j**ertarla en la ca**j**etilla de semilla. * A B * C * D
3	Ese hombre diseccionó con discre(**c**)ción al b**ú**ho al derri**b**arlo. A * B * C * D
4	Antonio ca**ll**ó la boca, cuando cayó en el ho**y**o de la calle. * A B C * D
5	La cara**b**ela de Colón llegó llena de cala**v**eras humanas. * A B C * D
6	Co**mb**iné estas telas de colores porque me co**nv**ino hacerlo. * A B C * D
7	Si se **b**ota el barco en esos (**h**)astilleros, se hundirá. A * B C * D
8	Ha (**h**)echado a la basura las papeletas del **v**oto. * A B C * D
9	Aquel alu**m**no se está fijando en el trabajo de su compañero. * A B C D
10	Jamás **h**ará una cosa así y tú lo sabes muy bien. A * B C D
11	Observa que la veleta de la ermita **g**ira suavemente. A B C * D
12	Coge la maza de madera y **b**ate la masa de los bizcochos. A * B C D
13	El mensa**j**ero re**v**eló a sus jefes que la tropa se re**b**eló contra ellos. * A * B C * D
14	Blandiendo su ma**c**iza maza el gladiador se re**b**eló contra su opresor. A * B C * D
15	En la **b**arricada asomaban amenazadoras las bayonetas. * A B C D

Señalar las faltas que hay en cada línea.

1	La avoceta es un a**v**e de cuerpo blanco y pico encor**v**ado hacia arriba. A * B C * D
2	El contrato que firmaron es bilateral y obliga a (**h**)ambos. A B C * D
3	Garvín es una cofia **h**echa de red que se utilizaba antiguamente. A * B C D
4	El co**nv**oy llegó a la **b**ifurcación del camino y se e**x**travió. * A * B C * D
5	El (**h**)ulular del viento **h**a desvelado a los ra**b**adanes. * A B * C * D
6	Los vi**g**ías (**h**)escudriñan los cielos en espera del ataque. * A * B C D
7	El (**h**)atolondrado era incapaz de hablar de forma e**s**pontánea. * A B C * D
8	Ese sarcasmo (**h**)e indolencia le gran**j**ean enemigos. A * B * C D
9	Tengo que (**h**)arar toda una hectárea antes de que anoche**z**ca. A * B C * D
10	El reo, a**b**atido, aguantó mientras era llevado a la cárcel. * A B C D
11	Veo (**h**)ordeñar una vaca en el co**b**ertizo, donde una gallina se halla enco**b**ando. * A B * C * D
12	Los aldeanos están la**b**orando la ó**p**tima tierra con **h**erramientas varias. A * B * C * D
13	Encontré a mi tía hil**v**anando un vestido con hilo verde. A * B C D
14	Volvemos al poblado po**rq**ue nos han a**h**uyentado los a(**h**)ullidos de los lobos. A * B * C * D
15	Estuvo dos meses en la incu**b**adora y salió perfe**c**tamente. A B * C * D

Señalar las faltas que hay en cada línea.

1	Tras ejercer de e**j**ecutivo, pasó al e**j**ército y ejecutó las órdenes. * A * B C D
2	El huérfano vivía en el (**h**)orfanato jesuita y nazareno de las monjas. A * B C D
3	La metra**ll**a del pro**y**ectil produjo hemorra**g**ia en el hígado al hombre. * A * B * C D
4	La **h**azaña en la batalla captó la a**d**miración del ejército enemigo. * A B * C D
5	Las imágenes visionarias y (**h**)oníricas tienen una simbolo**g**ía idealista. A B * C * D
6	Una a**c**titud de rechazo y nostal**g**ia hacia su país lo mató. * A * B C D
7	El su**b**suelo y el espa**c**io aéreo con**s**tituyen parte del territorio de España. * A * B * C D
8	En la cultura o**c**cidental no hay más le**g**itimidad que la democracia. * A B * C D
9	Aún no llegó el m**á**rmol alemán a la tierra de la Alpujarra. A * B C D
10	Los mayas y aztecas consideraban la belleza di**g**na de **v**eneración. A B * C * D
11	Un enja**m**bre de a**b**ejas picó a las o**v**ejas que estaban en el aprisco. * A * B * C D
12	Este e**x**traño primate es de vida nocturna, silencioso y ar**b**óreo. * A B C * D
13	Estoy á**v**ido de reír pues **h**a habido mucha tensión en la reunión. * A * B C D
14	El (**h**)orangután es arborícola, come inse**c**tos, cortezas y su**c**ciona el n**é**ctar. * A * B * C * D
15	El ga**ll**o con su hermosa cresta, plumaje vistoso y e**s**polón de ataque. * A B * C D

Señalar las faltas que hay en cada línea.

1	Subía por el sendero del viejo camino cuando me encontró. A B C D
2	La e**s**tructura de ese viejo edificio está bien **h**echa. * A B C * D
3	El amable co**nv**ersador nos hizo varias ad**v**ertencias. A * B C * D
4	El joven **v**endía blusas con objeto de poder co**m**prarse un abrigo. * A B * C D
5	Las aguas su**b**terráneas se buscan debajo de cau**c**es pobres. A * B C * D
6	(**H**)echo de menos al habilidoso mecánico que había antes en mi su**b**urbio. * A B C * D
7	Me re**b**elo contra los que revelan secretos confiados a su discre(**c**)ción. * A B C * D
8	Hay que rei**v**indicar los derechos desde el cumplimiento de los de**b**eres. * A B C * D
9	A tu vehículo le han **h**echo una chapuza en la **b**iela y las bujías. A * B * C D
10	No dejes que te digan ambig**ü**edades y conseguirás t**u** propósito. A * B C * D
11	Vivía en una casa con muebles de nogal y pa**v**imento de mármol. A B C * D
12	Dese**nv**olvieron, sin desmayo, una actividad inconce**b**ible. * A B C * D
13	Las personas de cabe**ll**os rojos o rubios tienen la piel muy clara. A * B C D
14	Estoy co**nv**encido de que es muy difícil resolver el p**r**oblema. * A B C * D
15	El **g**iboso ejecutó una ligera maniobra que maravilló a todos los presentes. * A B C D

Señalar las faltas que hay en cada línea.

1	Tres cuer**v**os negros subieron a un ár**b**ol. * A B C * D
2	Las a**b**ejas viven en pequeñas colmenas. * A B C D
3	En la huerta del **v**ate hay mucha cosecha. A * B C D
4	Tocaron los ti**m**bres de las casas bajas. A * B C D
5	Eso que **v**es es para t**í** y eso para mí. A * B * C D
6	La lluvia ca**y**ó copiosamente y llenó los pequeños arro**y**os. * A B C * D
7	Los ríos parecen **h**incharse en sus breves traye**c**torias. A * B C * D
8	Entran en la arena ca**y**éndose y dando tu**mb**os para hacer gracia a los niños. A * B * C D
9	Pero aún hay gente en la calle y algunos al cierre saltan la va**ll**a. A B C * D
10	La asimilación y la pacífica co**nv**ivencia pueden ennoblecer. A B * C D
11	T**ú** presentarás t**u** versión de los **h**echos aca(**h**)ecidos en el templo. * A * B * C * D
12	María y **é**l, de**b**erán ser los dueños del **b**ote de pintura. * A * B C * D
13	La sustracción de la al**h**aja se produjo (**h**)a mediodía. A * B C * D
14	El e**nv**anecido mensajero se e**x**ponía sin moderación. * A B * C D
15	La te**m**planza exige una e**x**celente sobriedad. * A B * C D

Señalar las faltas que hay en cada línea.

1	El ta**ll**o de las plantas busca anhelante los rayos solares. * A B C D
2	Turbante. (**H**)ostra. (**H**)alfalfa. Harrear. A * B * C D
3	El cloruro sódico o sal común se obtiene por e**v**aporación. A B C * D
4	Berenjena. **B**eduino. Abigarrado. Tré**b**ol. A * B C * D
5	De los viñedos de estos campos se e**x**trae un e**x**quisito vino. A B * C * D
6	Buhardilla. (**H**)ilación. Oboe. Omóplato. A * B C D
7	Noctá**mb**ulo es la persona que no duerme por la noche. * A B C D
8	(**H**)alacena. Paroxismo. Amedrentar. Oveja. * A B C D
9	La atar**j**ea es un conducto por donde las aguas de la casa van al **s**umidero. * A B C * D
10	(**H**)amerizaje. Bistec. Mancillar. (**H**)orfandad. * A B C * D
11	Le re**v**eló, bajo secreto, la p**r**obable intervención extranjera. * A B * C D
12	A**b**otargado. Abovedar. Basto. Bisnieto. * A B C D
13	El término advertencia no es un ad**v**erbio. A B C * D
14	Dent(**r**)íf**r**ico. Gor**j**ear. A**v**erno. Di**v**ieso. * A * B * C * D
15	El en(**r**)rejado de hierro rodeaba el jardín de la casa. * A B C D

Señalar las faltas que hay en cada línea.

1	Después de la guerra se proclamó y se tra**n**smitió un edi**c**to elocuente. A B * C * D
2	Tenía inso**m**nio y dejó la lámpara en**c**endida con dos bombi**ll**as. * A B * C * D
3	El melocotón en (**h**)almíbar es absolutamente rico en fósforo. A * B C D
4	Me considero burlón, **b**uscavidas, buscapleitos y bien**h**echor. A * B C * D
5	Al abrir un cacahuete encontré una alhaja en él y la co**g**í. A B C * D
6	El a**g**ente logró in**g**erir gran cantidad de oxígeno por los pulmones. * A * B C D
7	Po**rq**ue soy curioso, quiero averiguar el po**rq**ué de tu a**c**titud. * A B * C * D
8	Se habían des**h**echo las filas; unos fueron a los baños, otros rodeaban la cantina. * A B C D
9	Me dijo por qué lo había **h**echo, au**nq**ue no supo decirme cómo. A * B * C D
10	La pérdida le produjo un acer**b**o dolor, pues se quemó todo el acervo artístico. A * B C D
11	(**H**)echado sobre una hamaca, echó la baqueta de su cara**b**ina a la hoguera. * A B * C D
12	Llena de hormigas estaba la (**h**)ortiga que guardaba en la **v**asija. A * B C * D
13	Los bisoños infantes **h**incaron sus ba**y**onetas en unas gavillas de heno. A * B * C D
14	El **h**ortelano sufrió un va**h**ído porque habitaba en una casa (**h**)umbría. * A * B C * D
15	Tenemos que apre(**he**)nder la forma de apre**he**nder barbos con anzuelo. A B * C D

Señalar las faltas que hay en cada línea.

1	Te dije que no vol**v**ieras tarde y no **h**as obedecido. A * B C * D
2	Apoplejía. Desa**h**ucio. Hinojo. I**nv**ernar. A * B C * D
3	He hecho lo que me dijiste: (**h**)echar comida a las o**v**ejas y vacas. A B * C * D
4	Latro**c**inio. Reta**h**íla Acerbo. Za**h**úrda. * A * B C * D
5	El pár**v**ulo lloraba sin consuelo por su balón destro**z**ado. * A B C * D
6	Izo. Ojear. Huso. Te**s**ta. A B C * D
7	Hirvió demasiado la **v**erdura y tuvo que desecharla. A * B C D
8	Botar. (**H**)ufano. Bacilo. Valido. A * B C D
9	Estaba lavándose la cabeza en la ri**b**era del río y le vio pasar junto a él. A B * C D
10	E**s**trambótico. Ó**b**ito. Ta**h**úr. Alféizar. * A * B * C D
11	Los gallos y los papaga**y**os tienen voz chillona. A * B C D
12	E**s**quilmar. **H**endidura. Vesanía. Hazme**r**reír. * A * B C * D
13	Me tiró a la cabeza una **b**ola de nieve pero no me dio. A B * C D
14	(**H**)inodoro. Novel. Asimismo. Ta**h**ona. * A B C * D
15	Paseaba por el verde prado y sabía que su (**h**)atuendo era motivo de e**nv**idia. A B * C * D

Señalar las faltas que hay en cada línea.

1	El enemigo (**h**)interceptó el mensa**j**e dirigido al **g**eneral. A * B * C * D
2	El cortejo nupcial pasó originando una gran algara**b**ía. A B C * D
3	La cosecha está en ó**p**timas condi(**c**)ciones para ser segada. A * B * C D
4	La televisión anuncia para mañana un (**h**)eclipse solar. A B C * D
5	El nadador quedó (**h**)a merced de las aguas y tu**v**o que ser rescatado. A * B * C D
6	Esta cápsula metálica es a**p**ta para nuestros fines. A B * C D
7	El mago **h**ipnotizó a la huidiza serpiente. A * B C D
8	Los remeros aspiraban, mientras **b**ogaban, los eflu**v**ios del mar. A B * C D
9	El generoso geno**v**és donó un importante donativo. A * B C D
10	El origen de los apellidos los estudia la Genealogía. A B C D
11	Tu amigo fue a**j**eno al robo de alhajas y se le declaró inocente. A * B C D
12	Estaba e**x**tenuado por el esfuerzo que **h**a**b**ía realizado. A * B C * D
13	El e**b**anista e**s**piaba al grabador de cinc para pla**g**iarle. * A * B C * D
14	Es increíble, (**h**)allí solo hay lances in**v**erosímiles y episodios incone**x**os. A * B * C * D
15	Más **v**ale morir con honra que vivir con **v**ilipendio. * A B C * D

Señalar las faltas que hay en cada línea.

1	Las bestias abre**v**aban en una poza llena de bazofia. A * B C D
2	**B**aliza. **B**asilisco. A**h**umar. Olimpiada. * A * B * C D
3	La marta cibelina tiene una piel e**s**timadísima. A B C * D
4	Alberca. Agilizar. Afín. (**H**)icono. A B C * D
5	Los cla**v**eles re**v**entones estaban so**b**ados y no los compré. * A * B * C D
6	Repro**b**ar. Puya. Devanar. Tra**j**inar. * A B C * D
7	En el laboratorio había un cone**j**illo de Indias para los experimentos. A * B C D
8	Re**v**oltillo. Ga**v**iota. Ameba. Expiar. * A * B C D
9	A pesar de que estoy des**h**echo, des(**h**)echo los auxilios de la ciru**g**ía. A * B * C * D
10	Infe**c**ción. (**H**)influir. (**H**)inocuo. Enojo. * A * B * C D
11	La respiración es la reacción o**x**idante de los principios químicos de los tejidos. A * B C D
12	**H**inojo. (**H**)oval. **V**ahído. Centilitro. * A * B * C D
13	Un público sele**c**to escuchaba con (**h**)arrobo al sesudo varón. * A B * C D
14	Ablando. Acervo. Bedel. Vello. A B C D
15	No me (**h**)enojaré porque hiervas en la (**h**)olla otras hierbas. * A B * C D

Señalar las faltas que hay en cada línea.

1	Súbitamente desapareció el e**mb**alaje de las **h**erramientas force**j**eadas.
	A * B * C * D
2	Huyendo por la ri**b**era del arroyo, es fácil que ha**y**a perdido la ba**y**oneta.
	* A B * C * D
3	Con furor bélico el capitán de la fragata ordenó al marinaje desplegar el (**h**)aparejo.
	A B C * D
4	Las penas pri**v**ativas de libertad tratan de la re**e**ducación y de la reinserción social.
	* A B * C D
5	Se encontró una **v**íbora en la **b**óveda del desván y tuvo que a**h**uyentarla.
	A * B * C * D
6	La te**x**tura o acción de te**j**er puso en difícil te**s**itura al tejedor.
	* A * B C * D
7	El **j**inete espoleó su caballo **a f**ín de poder evitar el e**x**polio de su hacienda.
	* A * B * C D
8	En aquella ca**v**idad no había cabida para todos y tuvieron que des(**h**)echarla.
	* A B C * D
9	La her**v**orosa rebelión di**o** comienzo al alba en el her**b**oso prado.
	* A * B C * D
10	La **b**orrasca hizo un **b**oquete en la pare**d** de la casa de m**i** cuñado.
	* A * B * C * D
11	Por el inte**r**sticio de la puerta penetró una (**h**)ardilla que se hartó de nueces.
	* A B * C D
12	La responsa**b**ilidad de la formación de los hijos es de los pro**g**enitores.
	* A B C * D
13	El (**h**)andrajoso encontró la agenda que el u**j**ier perdió en el beren**j**enal.
	* A B * C * D
14	En aquella (**h**)oquedad se culti**v**an verduras y árboles como el haya y el abedul.
	* A * B C D
15	El público esperaba e**x**pectante a que diera comienzo el espectáculo.
	A * B C D

Señalar las faltas que hay en cada línea.

1	El químico sueco Nobel, a quien se debe la dinamita, i**n**stituyó el premio de su nombre. A B * C D
2	Exaltar. E**x**poliar. Exequias. E**x**onerar. A * B C * D
3	Los re**b**eldes fueron castigados con furi**b**unda dureza. * A B * C D
4	Fe(**h**)úcho. Mo**h**íno. Espolear. E**s**tratosfera. * A * B C * D
5	Co**g**í una cigüeña y la entregué para que la curaran. * A B C D
6	Ané**c**dota. E**x**cremento. (**H**)ósculo. Alco**h**olímetro. * A * B * C * D
7	Corri**g**e al pró**j**imo sin rigidez y sé bene**v**olente. * A * B C * D
8	(**H**)áspid. **H**oradar. Ovación. (**H**)erizo. * A * B C * D
9	El cántaro ca**y**ó dentro del pozo y no pudieron sacarlo. A * B C D
10	E**v**ento. **J**ilguero. **V**ergajo. Prebenda. * A * B * C D
11	El partido hacía **v**ibrar al público pues estaba emocionante. A * B C D
12	Rivera. **B**izco. Bazofia. Ca**mb**alache. A * B C * D
13	Para vivir con dignidad hay que trabajar honradamente. A B C D
14	Valla. Injerencia. Conver**g**encia. Ambidiestro. A B * C D
15	La palabra ídem significa el mismo o lo mismo. A B C D

Señalar las faltas que hay en cada línea.

1	La me**z**quita destruida cayó al o(**h**)asis de agua turbia. * A B * C D
2	En la Guerra Civil pre**v**aleció la ru**p**tura con empresas extran**j**eras. A * B * C D
3	Aquí el narcotr**á**fico muestra un grado de institucionalización aprecia**b**le. * A B C * D
4	Las normas de corre**c**ción se basan en criterios de discre(**c**)ción y cortesía. * A B * C D
5	El farmacéutico que e**x**penda medicamentos sin re**g**istro incurrirá en pena. A * B * C D
6	Los traficantes que infrinjan el ré**g**imen fiscal il**í**citamente, tendrán pena. A B * C * D
7	La desobediencia y la negli**g**encia del pasa**j**ero producen perjuicios. A * B * C D
8	**B**aso mi explicación en el cristal del **v**aso roto, que tenía huellas. * A B * C D
9	El bestia de mi tío, vestía jerse**y** gris y calzaba una bellísima **b**ota. A * B C * D
10	El **v**ate recitaba la (**h**)oda al mismo tiempo que **b**atía el huevo. * A * B * C D
11	La víbora es un reptil que se desplaza por el césped de la ((**h**)aldea. A B C * D
12	El tímido análi**s**is del agente, **h**izo que el vehículo se estre**ll**ara. * A * B C * D
13	La policía ha**ll**ó la huella del des**h**onesto ciudadano al hilar el carrete. * A B * C D
14	El bien**h**echor e**x**hortaba al rehén para que no bebiese alcoh**o**l. * A * B C D
15	El destello de la bo**m**billa (**h**)encandilaba al i**mb**erbe. A * B * C * D

Señalar las faltas que hay en cada línea.

1	Co**n**statar equivale a co**m**probar algo personalmente. * A B * C D
2	Ahínco. **V**icario. Ambidextro. Ex(**h**)ultación. A * B C * D
3	Goethe es el más grande de los escritores alemanes, iniciador del romanticismo. A B C D
4	A**v**erno. Te**s**itura. (**H**)adiestrar. Ale**v**osía. * A * B * C * D
5	El tri**b**uto me puso en tal tesitura, que me dio un a**c**ceso de furia. * A B C * D
6	(**H**)astillero. Laringe. Ca**b**ida. **H**arapos. * A B * C * D
7	Era sexa**g**enario y gozaba de gran fle**x**ibilidad y mucha e**x**periencia. * A B * C * D
8	A**v**alancha. Per**s**picaz. Ingerir. (**H**)intrincado. * A * B C * D
9	El **g**igante filisteo Goliat cayó (**h**)inerte de una certera pedrada lanzada por David. * A * B C D
10	Ena**j**enar. E**s**pecular. La**x**ante. E**s**guince. * A * B * C * D
11	El agente de ventas **h**a sido escogido con la máxima pulcritu**d**. A * B C * D
12	I**nv**estir. Co**b**ijo. Atis**b**o. Hisopo. * A * B * C D
13	Hemos estado a**j**enos a esta jugada de a**j**edrez. A * B C * D
14	E**mb**estir. Sutil. Reúma. Mal**h**umor. * A B C * D
15	La e**x**plosión de la bomba originó horrorosos e**s**tragos. * A B C * D

Señalar las faltas que hay en cada línea.

1	Hablamos de una pere**n**ne diferencia que e**x**iste entre los núcleos de población. A * B * C D
2	Son fuentes de conflicto que solo la asimilación y la convivencia resuel**v**en. A B C * D
3	Quedáronse entonces en silencio como hi**p**notizados en la contemplación. A B * C D
4	El alcázar estrecho y redu**c**ido ofrecía un so**b**erbio punto de vista. A B * C D
5	Qu**é** quieres que haga yo **si no** sé cómo se llama el cha**v**al. * A * B C * D
6	Es lo m**á**s importante, mas a otros solo les interesa la di**v**ersión. * A B C * D
7	Los tiempos de auge son los de fe, de decadencia y de e**s**ce**p**ticismo. A B C * D
8	No sé c**ó**mo pudiste contenerme en la oscura tierra de tu alma. * A B C D
9	Las tiendas son **(h)**angostas y lóbregas dejando pasar a los m**á**s curiosos. A * B C * D
10	Eran las (**h**)ondas del mar tur**b**io y cenagoso a**g**itadas por el viento. * A * B C * D
11	¿Cómo es que te has enfadado? - Po**r**qu**e** no me han i**nv**itado. A B * C * D
12	A**ú**n no es el tiempo de la **v**endímia pues está lloviendo a mares. * A B * C D
13	El **b**arullo inhibía al (**h**)atónito agente. * A B * C D
14	Yacía junto al al**b**aricoque, pero **h**a sido e**v**acuado. A * B * C * D
15	Los ra**y**os obligaban al extran**j**ero a refugiarse. * A B * C D

Señalar las faltas que hay en cada línea.

1	El mayordomo leyó la carta apo**y**ado en la **b**arandilla del **b**alneario. A * B * C * D
2	Envite. Rivera. Recavar. E**mb**eleso. A B C * D
3	Salió la yegua al trote, con su potrillo, por los (**h**)ondulados campos, hacia la era. A B * C D
4	**Y**ermo. Papagayo. Sub**y**ugar. Cenit. * A B * C D
5	El guía de la cara**v**ana excavó para hacer cru**j**ir la base de la esfinge egipcia. * A B * C D
6	El espía **g**iboso, que estaba (**h**)ebrio de ajenjo, no pudo e**v**adirse. * A * B C * D
7	Vitola. Bi**b**erón. **V**íspera. Inhibir. A * B * C D
8	En la despensa hay (**h**)odres, y en sus vasares, varias botas de alcohol. A * B C D
9	E**x**hibir. (**H**)ortiga. Histérico. Re**h**úsa. * A * B C * D
10	El talabartero adquirió **b**adana para hacer arneses a los caballos. A * B C D
11	Hepatitis es la inflamación del hígado; y (**h**)otitis, la del oído. A B * C D
12	Con la paz cesaron las **h**ostilidades y acabó la guerra. A B * C D
13	**G**endarme. Confesonario. Acerbo. Convergencia. * A B C D
14	El cazador furti**v**o mató un **h**alcón el otro día y tendrá que pagar por ello. * A * B C D
15	(**H**)erial. Hidalguía. Sil**v**estre. **H**ostilidad. * A B * C * D

Señalar las faltas que hay en cada línea.

1	Como había **h**echo frío, se echó un ga**b**án por en**c**ima de la cabeza. * A B * C * D
2	Habían ido a la hacienda, cuando hacíamos la e**x**cursión a la sierra. A B C * D
3	Hubo una vez un obispo que mandó ir a Roma a los romanos. A B C D
4	Todos (**h**)echamos leña al fuego que hicimos allí. * A B C D
5	Han (**h**)echado la película que había **h**echo ese actor hermano de Juan. * A B * C D
6	No creo que hayan hecho muy bi**e**n (**h**)echando agua al fuego. A B * C * D
7	Ha**z**me el favor de hacer lo mismo que han **h**echo los demás. * A B * C D
8	Aquel alu**m**no se está fijando en el trabajo de ese. * A B C D
9	Jamás **h**ará una cosa así y t**ú** lo sabes muy bien. * A B * C D
10	El té lo darán mañana en la **s**ala de rece**p**ciones. A B * C * D
11	"Los miserables" es una famosa no**v**ela de Víctor Hugo. A B * C D
12	"La guerra de las gala**x**ias" es una pel**í**cula de ciencia fi**c**ción. A * B * C * D
13	El (**h**)indígena primo**g**énito se iba a **h**undir. * A * B C * D
14	Me gustaría ver c**ó**mo descongelas la **h**orchata helada. A * B C * D
15	La li**g**ereza con el mó**v**il menoscaba la sinta**x**is. * A * B C * D

Señalar las faltas que hay en cada línea.

1	Hércules realizó las más prodigiosas **h**azañas. En la cuna mató a dos serpientes.
	A * B C D
2	Intervalo. Pátina. Falan**g**e. Horca.
	A B * C D
3	Dejé mi automó**v**il en el garaje y me fui andando hasta la verbena de la plaza.
	* A B C D
4	Patina Ejecutoria. Homo**g**éneo. Extra**j**e.
	A B * C * D
5	Mi amor propio fue zaherido en lo más íntimo con sus (**h**)espúreas palabras.
	A B C * D
6	Al**b**arda. (**H**)espumadera. **B**ergantín. Razia.
	* A * B * C D
7	Era una horda salvaje y de**v**astadora que arrasaba todo a su paso.
	A B * C D
8	Re**c**io. Cine**g**ético. Larin**g**e. Fla**g**elar.
	* A * B * C * D
9	El (**h**)ornamento de la (**h**)ermita era muy antiguo y de gran valor.
	* A * B C D
10	Execrable. E**s**trías. Expoliar. Discreción.
	A * B C D
11	La **v**eleta del pabellón **g**iraba veloz po**rq**ue hacía mucho viento.
	* A * B * C D
12	Expectante. Adali**d**. (**H**)azotea. Exigüidad.
	A * B * C D
13	**H**ice las gestiones que me encargaste y luego me fui **a v**er una película.
	* A B C * D
14	A**b**igarrado. Alfanje. Apoplejía. Hilaridad.
	* A B C D
15	Dos líneas re**c**tas pueden ser entre sí convergentes por un extremo.
	* A B C D

Señalar las faltas que hay en cada línea.

1	Juega al **b**illar con **b**olas verdes, pero de poco le sir**v**e.
	* A * B C * D
2	El vejete urgó en la bolsa de he**r**ramientas y me la (**h**)arrojó.
	A B * C * D
3	**H**a producido gran indignación el intencionado ma**g**nicidio.
	* A B C * D
4	Esta singularidad es **g**eneradora de confli**c**tos de jurisdi**c**ción.
	A * B * C * D
5	El e**x**plorador se fue hacia otros países por caminos desconocidos.
	* A B C D
6	Con el (**h**)ajetreo del aterrizaje no vimos el ligero resplandor solar.
	* A B C D
7	Ante la victoria de mi equipo estaba (**h**)exultante y lleno de alegría.
	A B * C D
8	Un pelirrubio de mi pueblo se en(**r**)roló en un barco extran**j**ero.
	A B * C * D
9	El estallido de la bomba no dejó o**í**r el redoble del ta**m**bor.
	A B * C * D
10	En esta **v**asta llanura se ha sembrado una basta especie de trigo.
	* A B C D
11	Me **h**alaga que no te prives de pro**b**ar la emoción que siento.
	* A B * C D
12	Los **j**irones de su há**b**ito, escondían las heridas de la **b**atalla.
	* A * B C * D
13	La **h**onda melancolía del poeta, se produjo al oír las (**h**)ondas musicales.
	* A B C * D
14	El persona**j**e poético vive inmerso en su mundo (**h**)edénico.
	* A B C * D
15	El tragaluz del castillo emite rayos (**h**)ultravioletas de múltiples colores.
	A B * C D

Señalar las faltas que hay en cada línea.

1	El expediente e**x**puesto, hace reflexionar sobre la a**m**plitud del problema. A * B C * D
2	Rugido. Fingir. **J**inete. In**j**erto. A B * C * D
3	Es ina**d**misible y bastante contradictorio el resultado o**b**tenido y recogido. * A B * C D
4	La su**g**erencia y la su**g**estión, desvirtúan el texto poético. * A * B C D
5	Encora**j**inar. Espolear. Discre(**c**)ción. Sugestión. * A B * C D
6	O**b**edece a un **v**ictimismo superado, ir**r**eal y demagó**g**ico. * A * B * C * D
7	(**H**)ó**b**ito. Dí**g**ito. Aunar. Deso**ll**ar. * A * B C * D
8	Juan ha demostrado que en ciertas fórmulas jurídicas se **g**estan algunas teorías. A B C * D
9	Ibón. Ca**b**algar. Aventajado. **B**andurria. A * B C * D
10	Este extraño primate es de vida nocturna, silencioso y ar**b**óreo. A B C * D
11	Intervalo. Orca. Telegrama. A**c**entúo. A B C * D
12	Estoy ávido de reír pues ha habido mucha tensión en la reunión. A B C D
13	El (**h**)orangután es arborícola, come insectos, cortezas y su**c**ciona el néctar. * A B C * D
14	Paradógico. **B**agaje. Dígito. Gesto. A * B C D
15	Las penas pri**v**ativas de libertad tratan de la re**e**ducación y reinserción social. * A B * C D

Señalar las faltas que hay en cada línea.

1	C**ó**mo pudiste ace**p**tar ese insulto de pro**y**ecto de fin de carrera. * A * B * C D
2	Ese li**b**ro no lleva **í**ndice, pero aquel tampoco lo tiene. * A * B C D
3	Quiz**á**s allí podré encontrar un tra**b**ajo de **c**erámica azul. * A B * C * D
4	Pregúntele qu**é** le ocurre para que esté así de (**h**)eufóríco. A * B C * D
5	¿Sab**é**is qui**é**nes tenían un modelo de ese tipo?. * A * B C D
6	No sé si ese será tu trabajo. ¿Cuál será el siguie**n**te?. A B C * D
7	Allá lejos **h**allarás a tu amigo, pues no creo que se ha**y**a ido. A * B C * D
8	Cuando hayas (**h**)usado la madera de ha**y**a, ha**ll**arás lo divino. A * B * C * D
9	Hablaremos bien de ese ha**ll**azgo si lo anali**z**amos pronto. A B * C * D
10	Reali**c**é una visita de cortesía en el Instituto Tecnológico. * A B C D
11	Vete allá lejos con ese animal que has **h**allado en Almería. A B C * D
12	No ha**ll**o un **h**u(**h**)eco para que hablemos del chaqué que llevo. * A * B C D
13	El nuevo concepto "acción histórica", dará lugar al consenso y conflicto. A B C D
14	La demostración empírica del cu**á**ndo y c**ó**mo, plantea gran dificulta**d**. A * B * C * D
15	En sínte**s**is, la conce**p**ción social del partido afecta a los extremos de **é**l. * A * B C * D

Señalar las faltas que hay en cada línea.

1	Se (**h**)asomó al pretil del pozo que co**n**struí con mis manos. * A B C * D
2	El etíope trabajó con tesón y de forma muy há**b**il la roca. A B C * D
3	Depravación. Ca**v**iar. **V**esícula. Caníbal. A * B * C D
4	Aún no **h**a llegado el mármol alemán a la tierra de la Alpujarra. * A B C D
5	**B**adila. Envarar. Bache. Diatri**b**a. * A B C * D
6	Todavía será posible la reno**v**ación de esa embarcación tan frá**g**il. A B * C * D
7	El ladrón (**h**)utilizó una ganz**ú**a de punta fría y **b**asta. * A * B C * D
8	No quiero e**x**tralimitarme con mi **y**erno al e**x**poner mis notas. * A * B * C D
9	Le pido que hu**y**a pronto, po**rq**ue en la mina de hu**ll**a sonó una explosión. * A * B * C D
10	En esta ca**v**idad, hay ca**b**ida para todos y se puede en**c**ender fuego. * A * B C * D
11	Esa re**b**eca está des(**h**)usada, pues María no la utili**z**a nunca. * A * B C * D
12	La decisión ado**p**tada reafirmó la co**n**sciente duda del párroco. * A B * C D
13	Al tirar la piedra en la **h**onda alberca se originaron ondas concéntricas. A * B C D
14	El **b**astidor del camión (**h**)arrojó bastante peso en la **b**áscula. * A * B C * D
15	El **g**enerador de oxígeno dio origen a una gama maravillosa de colores. * A B C D

Señalar las faltas que hay en cada línea.

1	En ese e**x**tenso va**ll**e se hicieron las e**x**equias del padre de Julián. * A * B * C D
2	La felonía de Antonio, extinguió la e**x**uberancia de la f**é**rtil huerta. A B * C * D
3	El I.R.P.F gra**v**a a Manolo por gra**b**ar esculturas en su ta**ll**er. * A B * C * D
4	Luis tu**v**o que e**x**piar su pena, por espiar en el tra**b**ajo de Marcelo. * A * B C * D
5	La (**h**)onda que se formó en el agua, es de la piedra lanzada por la **h**onda. * A B C * D
6	La **v**illa de Lepe tiene en su pueblo un billar **g**igante para los paisanos. * A B * C D
7	La virtud y la co**h**erencia son susce**p**tibles de ser dogmáticos. A * B * C D
8	El método inducti**v**o es idóneo y contro**v**ertido para crear asignaturas. * A B * C D
9	Los tra**b**alenguas saltan todos los o**b**stáculos y son diversificados. * A B * C D
10	La instru**c**ción impartida en escuelas es libre, mixta y no se**x**ista. * A B C * D
11	El a**b**stencionismo **h**abria de ser pieza básica del régimen li**b**eral. * A * B C * D
12	El (**h**)arraigo conce**p**tual, es propio de las do**c**trinas a**b**solutistas. * A * B * C * D
13	El **g**eneral alemán ado**p**tó una solución diplomática en las co**nv**ersaciones. * A * B C * D
14	La corru**p**ción dio lugar a la a**b**stención y su**b**versión del pueblo. * A B * C * D
15	El aprendizaje debe ser ál**g**ido y se construye antagónicamente. A * B C D

Señalar las faltas que hay en cada línea.

1	Ayer tu**v**e un dolor de cabeza pasa**j**ero en la casa de Eva. * A B * C D
2	Los barcos de la ri**b**era se **b**alanceaban con el (**h**)oleaje. A * B * C * D
3	Quiero ponerle un encaje para tapar el agujero del **v**aso. A B C * D
4	En esa obra tra**b**aja un personaje que es **c**iego. A * B C * D
5	Teje una **b**ufanda para abrigarse y prote**g**erse del frío polar. A * B C * D
6	Acabaron con el embala**j**e de las **h**erramientas force**j**eadas. A * B * C * D
7	Hay que tener cora**j**e para hacer de relojero sin **s**aber. A * B C * D
8	El mejun**j**e del monje y del conser**j**e es un pota**j**e. * A B * C * D
9	El extran**g**ero avista el coraje de la vaca cornuda del **b**urladero. * A B C * D
10	En el siglo XX se consiguieron grandes a**v**ances científícos. A B * C D
11	Ya no tendrá más co**nv**ulsiones y le bajará la te**m**peratura. A * B C * D
12	El **s**egador se secó el sudor en un descanso de la siega. * A B C D
13	El relato no hacía s**in**o recoger en una fórmula sintética una viven**c**ia. A * B C * D
14	El cautiverio en las **h**ondas cuevas, daba al régimen más convi**c**ción. A * B C * D
15	La re**v**elación del secreto, esbozó un **b**ené**v**olo método atractivo. * A B * C D

Señalar las faltas que hay en cada línea.

1	Toda**v**ía no hierve el agua con la hier**b**a que le hemos (**h**)echado. * A B * C * D
2	Ayer ca**v**é una zanja donde ca**b**e un hombre grande y gordo. * A B * C D
3	Cuando va**y**a a comerme una **b**aya desecharé el hueso. * A B * C D
4	El sebero es una persona se**v**era, hética y famélica. A * B C D
5	La flor de aza**h**ar ol**í**a bien por a**z**ar de la vida. * A * B * C D
6	La re**b**elión de las masas, re**v**eló la intransi**g**encia del **j**erarca. * A * B * C * D
7	Se sentía feli**c**ísimo por la victoria (**h**)alcanzada en la re**c**ta final. * A B * C * D
8	Le produce triste**z**a la cicatr**iz** que le quedó en la nariz. A * B * C D
9	Fue una pro(**h**)eza encontrar unos zapatos azules en la cómoda. A * B C D
10	Es una be**ll**eza ver los cerezos, aunque ha**y**a gran escasez. * A B * C D
11	Me hace feliz acudir a la caza de la perdiz en el va**ll**e. A B C * D
12	Su cónyug(**u**)e pose**y**ó mansiones en las inco**n**stantes tierras res**b**aladizas. * A * B * C * D
13	La política es un a**j**edrez de ajedre**c**es, cuyo hormig**u**eo tur**b**a al político. * A * B * C * D
14	Muchas de esas jugadas de co**mb**inación son simples (**h**)amagos (**h**)erróneos. A * B * C * D
15	Jugar es **v**ulgar y tri**v**ial, aunque solo sea de cuando en cuando. * A * B C D

Señalar las faltas que hay en cada línea.

1	Estoy muy interesada en esa jo**y**a roja tan atra**y**ente. A B * C * D
2	Hoy voy o**y**endo un nuevo ensa**y**o en la radio. A * B * C D
3	Í**b**amos en el co**nv**oy acompañando a los a**y**udantes de los laca**y**os. * A * B * C * D
4	Se cayó el timón y la lancha quedó (**h**)a merced del **v**iento. A B * C * D
5	No me arre**b**atarás los jug**u**etes de manera ca**p**ciosa y perversa. * A * B * C D
6	En las sel**v**as y en las planta**c**iones de bananos abundan los re**p**tíles. * A * B C * D
7	Yo no interpreto las cosas desde esa óptica tan o**p**timista. A B C * D
8	Con las **ll**uvias el arro**y**o aumentó su caudal y arro**ll**ó al coche. * A * B C * D
9	Las dioptrías de Juan le arre**b**atan visibilidad a**p**ta para la condu**c**ción. A * B * C * D
10	Toma las lla**v**es del a(**h**)uto y lléname el dep**ó**sito de gasolina. * A * B * C D
11	Estoy indi**g**nado por el tratamiento dado al subyugante bien**h**echor. * A B C * D
12	El ra**y**o no pudo sosla**y**ar las atra**y**entes succiones del pararrayos. * A * B * C D
13	El agente e**x**igió in**g**erir gran cantidad de oxígeno por los pulmones. * A * B C D
14	El oleaje trajo co**ns**igo una vocación i**n**nata al océano grandioso. A * B * C D
15	Tras ejercer de ejecuti**v**o, pasó al ejército y ejecutó las órdenes. A * B C D

Señalar las opciones incorrectas.

1	Las pilas eléctricas contienen cin**c**, cobre y **y**odo. A **B** C **D**
2	Un e**m**janbre de a**b**ejas picó a las a**b**ubillas que estaban cerca. **A** **B** C **D**
3	**Ha**brían dos o tres niños al abrir la puerta pró**x**ima. **A** B C **D**
4	El (h)as de los bandidos, ha vendido la al**h**aja que me robó del (**h**)arca. **A** **B** C **D**
5	Vacilo en entrar a ese hospital, pues por (**h**)azar puedo coger un **b**acilo. A B **C** **D**
6	Cuando **h**alles un árbol con (**h**)azahar es que ahí hay grandes maravillas. **A** B **C** D
7	**Ha**s de saber que la bandera debe llegar **h**asta lo alto del (**h**)asta. **A** B **C** **D**
8	El **b**alido de las o**v**ejas se mostró **vá**lido para el tribunal. **A** **B** **C** D
9	Estoy ávido de reír pues ha habido mucha tensión. A B C D
10	Algunos afi**c**ionados a los toros siempre llevan **b**ota de vino. **A** B C D
11	La **v**ela y la **b**ala son cosas **v**álidas para **v**ender. **A** **B** **C** **D**
12	Con esa **b**obina de hilo no podrás co**s**er estos tejidos tan **b**astos. **A** B **C** **D**
13	El melocotón en almíbar es absol**u**tamente rico en fósforo. A B **C** D
14	Me considero burlón, buscavidas, buscapl**e**itos y bien**h**echor. A B **C** **D**
15	La **b**orrasca hizo un boquete en la pare**d** de la casa del **v**ampiro. **A** B **C** **D**

Señalar las opciones incorrectas.

1	Caminó en los i**g**norados túneles y llegó a i**g**notas re**g**iones indias. **A** B **C** **D**
2	Salió con un convoy con ví**v**eres para socorrer a los n**aú**fragos. A B **C** **D**
3	Hay una técn**i**ca e**s**pecial para esmaltar argo**ll**as de hierro dulce. **A** **B** **C** D
4	Yo esto**y** dispuesto a interceptar la trayectoria del proyect**i**l soviético. **A** B C **D**
5	En esta plani**c**ie puede sembrar**s**e una parcela con cerezos y cala**b**azas. **A** **B** C **D**
6	Demos un paseo con el tra**c**tor para que veas c**ó**mo crece la siembra. A **B** **C** D
7	Las jóvenes de esta **v**illa son muy **b**ellas y han inspirado los versos del **v**ate local. A **B** **C** **D**
8	El dependiente rompió este vaso de agua; **b**aso esta afirmación en que lo vi. A B **C** D
9	Vienes mañana con tus **b**ienes monetarios y la **b**ota de **v**ino. A **B** **C** **D**
10	En la cara**b**ela navegaba un hombre que llevaba el cr**á**neo de una cala**v**era. **A** B **C** **D**
11	Dejó de hablar y se enfadó, cuando tropezó y se ca**y**ó al agua. A B C **D**
12	El itinerario del via**j**e se ha **h**echo con co**h**esión por los organi**z**adores. **A** **B** **C** **D**
13	El embro**ll**o que se lio, cuando Juan intervino en la conver**s**ación. **A** B C **D**
14	Estoy a**b**straído y es o**b**vio, pues estoy obcecado con el albacea. **A** B C D
15	Es a**b**surdo el o**b**sequio que me diste(**s**) en la alco**b**a de la casa. **A** **B** **C** **D**

Señalar las opciones incorrectas.

1	El buzo e**x**trajo al obispo y al profeta del fondo de los mares. **A** **B** C D
2	La semana pasada obtu**v**e y sostuve el dinero con tesón. A **B** C D
3	En aquella e**x**cursión andu**v**imos bastante durante todo el día nu**b**lado. **A** **B** C **D**
4	Cuando el clavel se **y**erga airoso, se conclu**y**e la reda**c**ción del poema. A **B** **C** **D**
5	La hiedra está en aqu**e**l **h**ueco del viejo nogal. A B **C** **D**
6	En aquel hueco u (**h**)oquedad se cultivan verduras y **á**rboles. A B **C** **D**
7	La ingen**u**idad es un precioso d**o**n de las (**h**)almas **b**uenas. **A** **B** **C** **D**
8	El juez fue indul**g**ente con los índíjenas del país abori**g**en. **A** B C **D**
9	Ahora subiremos a la cu**m**bre de aquella in**g**ente montaña helada. A **B** **C** D
10	El super**h**ombre es subacuático y proclama al vi**c**eministro su honradez. **A** B **C** D
11	Después de la postguerra se proclamó y se transmitió un edi**c**to elocuente. A B C **D**
12	El tragalu**z** del castillo emite ra**y**os ultra**v**ioletas de múltiples colores. **A** **B** **C** D
13	El persona**j**e poético vive expulsado de su mundo (**h**)edénico. **A** B C **D**
14	No o**b**stante la ruptura abocó en un mar de cuitas. **A** B C D
15	Cicerón transmitió ideas estoicas, construyendo leyes co(**h**)activas. A B C **D**

Señalar las opciones incorrectas.

1	Te e**x**horto para que reh**ú**yas de las a**c**ciones deshonestas en tu trabajo. **A** **B** **C** D
2	Cuando dorm**í**a en la almohada anhelaba comer pescados a**h**umados. **A** B C **D**
3	El hombre ahorra con a**h**inco las al**h**ajas que hered**ó** de sus antepasados. A **B** **C** **D**
4	El dictador depra**v**ado y d**é**spota sufrió el deshonor y la deshon(**r**)ra. **A** **B** C **D**
5	El venda**v**al avivó la llama de la hog**u**era que estuvo a punto de apagarse. **A** B **C** D
6	Tras ímpro**b**os esfuerzos revivió el bañista que se ahogó en **G**ranada. **A** B C **D**
7	Debemos decir que la (**h**)almeja es un molusco bi**v**alvo y la lapa uni**v**alvo. **A** B **C** **D**
8	El buceador cerró herm**é**ticamente la v**á**lvula de la botella de ox**í**geno. **A** **B** C **D**
9	Cuando revolvió la esquina el **h**ampón sacó el re**v**ólver y disparó a Manolo. A **B** **C** D
10	Debemos decir que la palabra ada**g**io es sinónimo de refran, o pro**v**er**b**io. **A** B C **D**
11	El gi**m**nasta danzó y realizó una e**x**hibición de agilidad rí**t**mica en la pista. **A** B **C** **D**
12	La oferta p**ú**blica de a**d**quisición de ac**c**iones es espe**c**tacular. **A** **B** **C** **D**
13	Los interlocutores le **h**an hecho un di**á**logo sobre fármacos y apósitos. A B **C** D
14	No o**b**stante, soy o**p**timista con el máximo diri**g**ente de la nación. **A** **B** C **D**
15	El único principio incómodo para la burguesía es la soberanía absoluta. A B C D

Señalar las opciones incorrectas.

1	Prefirió e**nv**iar un mensaje radiof**ó**nico al mundo tras su huida. **A** B **C** D
2	La política tri**b**al de los generales del r**é**gimen es su o**b**jetivo político. A **B** **C** **D**
3	Lo sabíamos: tarde o temprano los fa**c**inerosos tenían que cometer la estupidez. A **B** C D
4	La decisión ado**p**tada reafirmó la co**n**sciente duda del párroco. A **B** **C** D
5	Se adquiere un gran auge al hacer elogios de la egregia efigie egipcia. A B C D
6	Como has escrito con li**g**ereza la carta, está ile**g**ible. A **B** C **D**
7	Debes **h**acer un apunte marginal en la hoja dieci**sé**is de la geometría. **A** B **C** D
8	La beren**j**ena envejeció al in**j**ertarla en la ca**j**etilla de semilla. **A** B **C** **D**
9	La bujía del coche del pasajero, crujía al flojear el rítmo del par motor. A B C D
10	Hasta cuando el (**h**)asta de la ba**n**dera soportar**á** los golpes del (**h**)asta del toro. **A** **B** C **D**
11	El público desbordado ova**c**ionó en pie diez minutos al **sax**ofonista. A B **C** **D**
12	Los ensayos se expusieron a tra**v**és de la colección de la soprano. A B **C** D
13	La clave del é**x**ito está en los **g**estos del cráneo y del o**í**do de los hombres. **A** **B** C **D**
14	La conexión de la televisión es coherente y egocéntrica consigo mismo. A B **C** D
15	La actitud que tienes en el cole**g**io no demuestra la aptitud profesional. A **B** C D

Señalar las opciones incorrectas.

1	Yo apre**he**ndí el alijo de droga, cuando aprendí a estudiar al contra**b**andista. **A** B C **D**
2	El aza**h**ar del naranjo tenía **b**acilos de **b**eldad indescri**p**tibles. **A** **B** **C** **D**
3	El bazo del niño se puso **b**asto al tropezar con la baqueta de la pistola. A **B** C D
4	Aquella persona e**x**céntrica tenía título de **b**arón de M**á**laga. A **B** **C** **D**
5	Ese hombre ca**v**ila co**n**stantemente para poder espiar la producción. **A** **B** C D
6	El ca**y**ado de mi abuelo, es de madera de un ha**y**a muy alto y robusto. **A** B **C** D
7	El artista sufrió un va**h**ído porque habitaba en una casa muy (**h**)umbría. A **B** C **D**
8	El reverendo de la ciudad de Toledo vendió una vaca **b**errenda. A B C **D**
9	Se vislumbró un majestuoso relá**m**pago que hendió el cielo az**u**l. A **B** C **D**
10	Soportó de forma viríl sin **qu**ejidos ni **g**imoteos el disparo. A B **C** **D**
11	Nos ahuyentan lejanos au**ll**idos de hambrientos lobe**z**nos en la noche. A **B** C **D**
12	Fue villano, a**b**ominable e inaudito que se pro**c**esara a Colón. A **B** C **D**
13	Es legítimamente beatificada, previa aprobación del expediente (**h**)incoado. A B C **D**
14	Cavilantes y cabizbajos todos los indigenas aguardaban sin tibiezas. A B C D
15	El romántico ca**p**ta el mundo a través de un método pre(**h**)establecido. **A** B C **D**

Made in United States
Orlando, FL
04 November 2026

90207193R00210